KB096884

당신이
자유로워졌다고
믿는 사이에

Mon corps ne vous appartient pas : Contre la dictature de la médecine sur les femmes
by Marianne Durano

© Edition Albin Michel – Paris 2018
Korean language edition © 2019 by ORANGEPAPER CO, LTD.
Korean translation rights arranged with Edition Albin Michel
through EntersKorea Co., Ltd., Seoul, Korea.

이 책의 한국어판 저작권은 (주)엔터스코리아를 통한
저작권사와의 독점 계약으로 책밥이 소유합니다.
저작권법에 의하여 한국 내에서 보호를 받는 저작물이므로
무단전재와 무단복제를 금합니다.

마리안느 뒤라노 지음

김혜영 옮김

당신이
자유로워졌다고
믿는 사이에

책밥

당신이 자유로워졌다고
믿는 사이에

—

2019년 4월 19일 1판 1쇄 인쇄
2019년 4월 26일 1판 1쇄 발행

—

지은이 마리안느 뒤라노
옮긴이 김혜영
펴낸이 이상훈
펴낸곳 책밥
주소 03986 서울시 마포구 동교로23길 116 3층
전화 번호 070-7882-2311
팩스 번호 02-335-6702
홈페이지 www.bookisbab.co.kr
등록 2007.1.31. 제313-2007-126호

—

기획·진행 기획2팀 김다빈
디자인 프롬디자인 한정수

—

ISBN 979-11-86925-75-1 (03330)
정가 16,000원

—

저작권자나 발행인의 승인 없이 이 책의 일부 또는 전부를
무단 복사, 복제, 전재하는 것은 저작권법에 저촉됩니다.

책밥은 (주)오렌지페이퍼의 출판 브랜드입니다.

이 도서의 국립중앙도서관 출판예정도서목록(CIP)은 서지정보유통지원시스템 홈페이지
(http://seoji.nl.go.kr)와 국가자료종합목록시스템(http://www.nl.go.kr/kolisnet)에서
이용하실 수 있습니다. (CIP제어번호 : CIP2019012808)

굴
티
에
에
게

"여성은 왜곡되고 불완전한 남성으로 간주될 수 있다."

아리스토텔레스, 《동물의 발생 The Generation of Animals》, II, 3, 737a

"내게 남자의 고추가 있었다면,
임신 때문에 배가 풍선처럼
부풀어 오를 일은 없었을 것이다."

레티시아 르사프르Laetitia Lesaffre, 《나는 고추를 가지고 싶어!Je veux un zizi!》

일러두기

1. 원문의 이탤릭체는 번역문에도 이탤릭체로 표시했다.
2. 한국어판으로 출간된 책은 한국어판 제목을 썼다.

잃어버린 나의 몸을 찾아서

나는 어디에서 왔는가

나는 오래전부터 의사들 앞에서 몸을 누여 왔다. 이 책은 상실에 대한
이야기며 잃어버렸던 것에 대한 탈환의 증언이다. 나의 증언이고 우리
의 이야기다. 우리라 함은 해방된 여성들, 일자리와 성생활과 정체성을
자유로이 선택할 수 있는 여성들을 말한다. 또한 뇌비르트 법loi Neuwirth*
이후, 베이유 법loi Veil** 이후, 에이즈 출현(1981년, 미국에서 발견되어 보고된
후 1985년 4월 조지아주 애틀랜타에서 개최된 제1회 에이즈연구회의에서 처음으로
의학적 지식이 정리되었다 - 옮긴이) 이후에 태어난 우리 여성들을 가리킨다.
그리고 여러분이라 함은 대담하지만 예민하고 관능적이지만 감정적인

---

* 프랑스에서는 출산 증진주의 영향으로 1920년 피임 도구 판매와 선전을 법으로 금지했다. 하지만 여성 인권 의
식이 확산되면서 피임을 허용하는 '뇌비르트 법'이 1967년 말에 통과되었는데 경구피임약은 금기시되고 있었으
며 의료보험 혜택도 없었다.

** 시몬 베이유(Simone Veil)는 1974년부터 1979년까지 5년간 프랑스의 보건장관을 역임했던 여성으로, 재임 당
시 여성의 권리 신장을 위해 특히 노력했다. 1974년에는 여성이 피임약을 쉽게 구매할 수 있도록 했으며, 1975
년에는 낙태 합법화 법안을 통과시키는 데 큰 공헌을 했다. 일부 남성 의원이 낙태를 '홀로코스트(Holocaust)'
에 비유하면서 법안을 반대하는 여론이 강하게 일었지만, 그녀는 "낙태를 가볍게 받아들이는 여성은 없다"면서
끈질기게 설득했다. 프랑스에서는 40년이 지난 지금도 그녀의 이름을 따 이 법을 '베이유 법'이라 부른다.

여성으로, 현대 남성들과 모든 지배와 모든 불공평에 대해 즉각적으로 규탄하는 모든 방면의 여성 해방 운동가들을 일컫는다. 나는 그런 여러분 중 한 명이다.

무종교 가정에서 자랐고 학업도 열심히 해왔던 나에게 성이 문제가 되었던 적은 단 한 번도 없었다. 각종 전단, 성교육 수업, 십 대를 위한 영화들, 《띠떼프Titeuf 성교육안내서Guide du zizi sexuel》(9~13세 연령의 아이들의 성과 관련한 질문에 대답해 주기 위한 목적으로 만든 안내서다 - 옮긴이) 등 내가 접하지 못할 것은 아무것도 없었다. 모든 여성이 그렇듯 나는 열여섯 살에 피임약을 먹었고 전국 평균 나이에 딱 들어맞게 열일곱 살에 순결을 잃었다. 애인도 많이 사귀었고, 섹스와 원 나잇 스탠드 그리고 피임약으로 이어지는 삶을 살았다. 나는 선도적인 여성이었고 힘든 공부도 했으며 보부아르Simone de Beauvoir, 사르트르Jean-Paul Sartre, 푸코Michel Foucault의 책에 빠져들었다. 고등사범학교 준비반 1학년 때는 너무 강박관념에 갇혀 산다 싶은 여자 친구들에게 《소돔의 120일Les Cent Vingt Journées de Sodome》을 빌려주기도 했다.

순종적인 여자

그럼에도 나는 순종적인 여자였다. 남자의 욕망이 지배하는 상황에서 나는 그의 성욕을 자극해야 했고, 의료 권력 아래에서는 언제든지 진찰받을 수 있어야 했다. 구직 시장에서도 마치 성매매 시장에서처럼 성욕을 자극하고 언제든 섹스를 할 수 있어야 했지만, 임신을 해서는 안 됐다. 나는 매일 피임약을 복용하고 매달 생리를 기다렸다. 섹스 파트너들은 아이를 가지고 싶은 생각이 눈곱만큼도 없어 늘 임신이 걱정되었기 때문이다. 정기적으로 산부인과를 방문해 모든 것이 '정상'이라는 것을 확인해야 했다. 내가 아프지 않다는 것을 확인해야 했고, 아픈 것보다 더 안 좋은 상황인 임신을 하지 않았다는 사실을 확인해야 했다. 많은 사람처럼 나 역시 의미 없는 섹스는 싫었다. 그럼에도 나는 분위기를 깰까 봐 섹스 파트너에게 콘돔을 사용하라는 말을 꺼내지 못한 채 라텍스 재질의 마찰보다 살갗이 와닿는 자극을 열망했다. 그렇게 주로 콘돔 없이 섹스를 했다. 나는 스무 살 때 이미 세 번이나 에이즈 검진을 한 상태였다.

내 적 혁 명

여러 해가 지난 후, 나는 노선을 바꾸었다. 그렇다면 행동주의적 페미니스트인 철학자이자 작가인 엘리자베스 바댕테르Elisabeth Badinter도 울고 갈 정도로 급격하게 방향 전환을 했을까? 그건 아니다. 나는 동성애자나 카르멜회 수녀가 된 게 아니었다. 단지 발기한 고추가 내 몸 속으로 들어올 때 부정적인 면보다는 다른 면을 볼 줄 아는 남자를 만났던 것이다. 그는 나의 몸이 성적 쾌락뿐만 아니라 생식력의 근원이라는 사실을 알고 있었다. 또한 나를 그저 하룻밤의 섹스나 즐길 수많은 여자 중 한

명으로 보지 않고, 임신할 수 있는 여성으로 보았다. 그때까지 나는 학생이면서 누군가의 애인으로 살아왔는데, 두 가지 다 정신적인 역할이었다. 한편으로는 지적인 여자로 다른 한편으로는 성적인 여자로 분리된 채 살아오면서 나에게 육체(생식력을 가진)란 존재하지 않는 것이나 마찬가지였다. 나는 섹스를 마음 편하게 즐기기 위해 산부인과에서 호르몬제의 도움을 받아 가며 몸을 길들였다. 남자들이 임신을 염려하지 않도록 나는 스스로를 난소가 없는 존재라고 여겼고, 나 역시 남자들의 세계에 속한 남자라고 생각하고 판단해야 했다. 여성적 사고는 여성 잡지 《엘르Elle》의 심리 코너에서나 펼쳐 보일 수 있었다. 내가 연구했던 철학자들은 여성의 몸에 별관심이 없었다. 그들에게 출산이란 훌륭한 여성의 걸림돌이었고, 겪을 가치가 없는 고통일 뿐이었다. 나의 육체는 사고의 대상이 아니었고 생식력은 욕망의 장애물이었다.

미래의 남편을 만났을 때 나는 지금까지 살아왔던 대로 살 수 없으리라는 것을 알았다. 그동안 나는 마치 정신분열을 겪듯 역할을 부자연스럽게 분리해 왔었는데, 이제부터는 모두 통합해야 했다. 내면에 세워 두었던 화학적인 벽과 심리적인 벽을 무너뜨려야 했다. 일상의 싸움이 시작된 것이다. 나는 쾌락과 성을 조화롭게 양립하기 위해 더 이상 호르몬 피임을 하지 않기로 했다. 이 책을 쓰는 목적이 바로 나의 자궁과 머리를 연결 짓고자 함이다. 나는 육체를 생각하고 경험하기 시작했다. 몸은 나와 철학에 어울리지 않는다고 여겨 왔지만 이제는 마치 많은 가래를 약으로 가라앉히듯 나의 몸 자체를 부정하는 것을 그만두기로 했다. 마침내 나는 결혼을 했고 첫째 아이를 임신했다.

새로운 발견

나는 임신 기간 동안 의사의 폭력성을 경험하며 우리 시대가 얼마나 여성의 몸을 경시하는지 실감했다. 의사에게 나는 그저 잠재적 환자에 불과했으며, 소위 해방을 이루었다는 사회는 나에게 경력을 망가뜨리는 어리석은 젊은 여성의 이미지를 뒤집어씌웠다. 나는 이제 겨우 교수자격증을 가진 채 스물셋에 임신해 버린 노르망디 여자였고, 어쩔 수 없이 기저귀를 준비하고 이유식을 살펴보았다. 사람들은 "참으로 유감스러운 일이야!"라며 한숨을 쉬었다. 고등사범학교에 들어가기보다 유아를 대상으로 교원자격증의 법적 유효성을 인정받는 편이 나을 듯했다. 나는 교수들을 비롯해 지인들의 눈빛에서도 실망감을 읽을 수 있었다. 세상에 이렇게나 화려한 경력을 포기하다니! 우리 시대는 어린 엄마라고 하면 아무것도 대표할 수 없게 했으며, 스스로 자신의 가치를 높일 수 없도록 했다. 임신한 여자가 지나가면 사람들은 마치 미확인 비행 물체를 발견한 듯한 눈빛으로 바라본다. 특히 나이가 어린데 임신해 배가 부르면 사람들은 거북해하거나 기분 나빠 하며 쳐다보기 때문에 어린 임산부는 공공장소에 갈 때면 자신의 생식력을 감추려고 애쓴다. 나는 도서관 복도에서 마주친 동료들이 내 커다란 배를 보고는 금세 시선을 돌리던 모습을 잊을 수 없다.

여성의 몸을 향한 기술적 지배

'성의 자유화'는 '기술 중립성'이라는 신화에 근거한다. 기술은 부여된 것 외에는 다른 가치가 없는 순수한 도구이며 그 자체만으로는 좋거나 나쁘다고 이야기할 수 없다. 기술은 어떻게 사용하느냐에 따라서 도덕성을 판단하기 때문이다. 이런 관점에서 보면 기술을 비판하는 것은 결국 이를 신뢰하는 사람에게 죄의식을 갖게 하며, 기술 장치가 아닌 그 사람을 비난하게 된다. 과학 기술 지상주의는 개인에게 감당할 수 없는 체제를 책임지라고 요구하면서 기술 그 자체에 대해서는 절대로 돌아보지 못하게 한다. 그것이 여성 해방의 관점에서 이루어지는 반성이라고 할지라도 말이다. 남성우위론부터 강간까지, 강제 결혼에서부터 남자의 결정으로 이루어지는 선택적 낙태까지 여성에 대한 폭력은 다양한 형태를 띤다. 이 책은 여성의 몸을 향한 기술적인 폭력에 집중한다. 그동안 이 주제는 너무 주목받지 못했으며 공개적으로 이야기된 적도 없었다. 기술의 폭력을 비판함으로써 다른 사람을 무시하려는 게 아니라 우리의 여성성과 여성의 인간성을 훼손시키는 모든 것에 대항하고자 하는 것이다.

기술은 중립적이지 않다

기술 자체가 무시해도 되는 부차적인 도구는 아니다. 오히려 개인이 어떤 선택과 행동을 할지 미리 결정짓는 체계에서 잊어서는 안 될 주요한 선택 사항이라고 할 수 있다. '체계'란 상호의존적인 현상들의 집합을 말하며, 개인은 사회적 구성체의 구조를 만들어 가는 통합 형태의 여러 선택지 중에서 고르기만 하면 된다. 디지털 사회에서 인터넷은 수단일 뿐만 아니라 우리의 관행을 만들어 내기까지 한다. 인터넷 없이 지내기로 선택했다고 할지라도 어쩔 수 없이 인터넷과 마주해야 하며, 인터넷을 선택하지 않겠다는 자신의 결정을 정당화해야 한다. 게다가 이런 결정이 곧 포기 혹은 상실이라는 것을 알아야 한다. 가상 세계에서는 인간관계, 민주적 기능, 미디어, 채용 기준, 오락거리 등 모든 사회적 관계가 수정된다. 우리는 모니터와 '함께하는' 세상 속에 살고 있는 게 아니라 모니터 세상 속에 살고 있다. 따라서 인터넷을 사용하는 데 개인에게 책임이 있다는 말은 그를 억압하는 기술의 압박과 조작의 힘이 얼마나 큰지를 제대로 알지 못한 채 과소평가하는 것이다.

출산과 인공 피임도 마찬가지이다. 출산과 피임은 여성의 몸을 전례 없는 지배와 통치의 대상으로 만들어 버린다. 여성은 피임을 할지 안 할지, 임신 중절을 할지 안 할지, 인공 수정을 할지 안 할지와 같은 선택을 홀로 결정하도록 강요받는다. 그녀가 선택했더라도 결국 기술 때문에 변형되어 버린 세상에서 그 선택의 의미를 찾아내야 한다. 우리는 피임약이 있는 세상에서 사는 게 아니라 피임약의 세상 속에 산다. 기술이 지배하는 체제는 여성에게 기술적 해결책을 통해 문제를 해결하라고 강요하며 모든 사회적 쟁점을 기술적 문제로 탈바꿈해 버린다. 이런 체제 속에서 여성의 육체는 단지 관리 대상으로만 존재할 뿐이다. 따라서 여성의 생식력을 다룬 이야기를 무대 전면에 내세우기 위해서는 여성이 스스로 생식력을 통제하고 제어할 수 있어야 한다. 그런 의미에서 피임, 낙태, 인공 수정은 기술주의적 페미니즘의 삼위일체라고 할 수 있겠다.

기술적 문제에는 기술적 해결을

기술 체제는 해결책을 필요로 하는 사회를 새로 창조해 내면서 스스로 몸집을 키워 나간다. 사회가 작위적으로 출산을 통제한다면 성적 불평등은 화학적 피임으로밖에 해결할 수 없을 것이다. 기술이 자유를 누리게 해준다는 사실을 확인하려면 기술 체제 자체가 기술에서 자유로워야 한다. 기술 체제는 원형 논리 안에서 스스로 유지되기 때문에 도리어 우리의 유일한 정치적 영역이 될 수도 있다. 정신을 차리고 주의해야 한다. 기술 체제에서 우리의 선택은 이미 결정되어 있으며 우리 모두는 공범일 수밖에 없다.

현대의 기술 체제에서 여성은 피임약 없이 지낼 수 없다. 이제 피임약은 여성이 성생활과 사회생활을 하기 위한 필요조건이 되어 버렸기 때문이다. 피임약은 관리가 필요하며, 임신에서 자유로운 심리가 무분별한 섹스로 이어질 가능성도 있기 때문에 성병에 쉽게 노출된다. 따라서 여성은 산부인과 의사를 멀리할 수 없다. 심지어 여성은 무통 없는 분만을 생각하기 힘들어졌는데, 이는 병원이 무통 분만을 당연하게 여기기 때문이다. 기술적 중립성이라는 이름으로 여성은 어깨 위에 모든 책임을 짊어지고 비인간적인 체제의 올가미 속에 갇힌다. 기술이 중립적이지 않다고 인정한다면 이 체제가 내세우는 해결책이 잘못되었음을 지적할 수 있으며, 체제의 톱니바퀴에 으스러지고 만 사람들을 손가락질하는 대신 그 바퀴에 문제가 있다고 비판할 수 있다.

예정된 임신부

생식력의 통제를 몸소 경험해야 하는 여성이 바로 첫 희생자라고 할 수 있다. 40년 전부터 우리에게 약속된 해방은 여성이 육체를 기술적으로 관리하도록 만들어 버렸다. 이성애자, 레즈비언, 트랜스젠더, 아이를 둔 주부 또는 아이를 낳은 적이 없는 여성, 청소년 또는 폐경 전 여성 등 모든 여성은 오직 생식력에 관련해서만 자신의 위치를 설정할 수 있다. 심지어 앞으로 절대로 엄마가 되지 않을 여성도 마찬가지다. 출산의 잠재성은 여성 모두를 기술적 제어에 영향을 받게 만드는 공통분모다. 퀴어 이론가 주디스 버틀러Judith Butler조차도 자신의 생식력과 타협해야 했다. 피임과 관련해서는 '수행성'도 '연극적 성격'도 신뢰할 만한 수단이 될 수 없다. 여성의 신체는 모성에 관한 것이다. 어머니가 되는 것이 '소명'이라든지 여성의 '운명'이기 때문이 아니라 임신이 그 어떤 여성도 무시할 수 없는 특권이자 무거운 짐이기 때문이다. 아이를 거부하는 여성 운동가조차 임신 자체로부터 자유로울 수 없다.

여성이 임신을 부정하든 요구하든 임신으로 남성과 여성의 차이가 계속 조직된다. 남성은 직접 자식을 낳지 않기 때문에 삶의 매순간 성생활의 결과를 고려하지 않아도 된다. 이런 자연적인 불평등은 생식력 관리에 대한 책임을 여성에게만 짊어지게 함으로써 더욱 뚜렷해졌다. 기술 체제는 여성의 이런 생물학적 고립을 더욱 분명하게 하는데, 이제는 이 고립을 하나의 선택으로 수용해야 하기 때문에 더욱 해로울 수 있다. 따라서 여성의 몸을 단순히 길들이기 위한 기술의 대상으로 보면서 통제에 순종해야만 하는 모체母體로만 이야기하는 것은 절대 옳지 않다. 두려움의 대상인 출산, 예정된 출산, 연기되었을 뿐인 출산은 여성이 모든 기술에 적대감을 품을 수밖에 없게 만들기 때문이다. 수 세기 전에 여성을 대상으로 했던 지배의 그림자가 새로이 드리워지고 있다.

기술적 제어로 인한 실종

육체 자체의 중요성을 깨달아야 육체를 억압하고 도구로만 간주하며 제멋대로 이용하려고만 하는 사회를 거부할 수 있다. 요즘은 기술적 조작을 통해 사회적 표상을 모형화할 때 여성을 아예 배제하기도 한다. 여성이 하는 많은 행동은 습관에서 비롯되거나 사회가 요구하는 문화적 지령을 따르기 위해 시작되며, 문화가 여성이 행동할 수 있는 여건을 만들어 준다는 것은 자명한 이치다. 문화가 이런 환경을 조성하는 데는 두 가지 방식이 있다. 먼저 경험적 지식과 사회적 표상을 통해 간접적으로 이루는 방식이다. 또 다른 방법은 기술적 개입을 통해 직접적으로 사회적 역할을 파괴하고, 몸속에 변화를 일으키는 의학적이고 화학적인 방식을 고안해 여성의 기질을 만들어 내는 것이다. 예를 들어 여성의 몸에서 지방을 제거하는 데는 피골이 상접한 모델이 런웨이를 걷도록 해 사회적 표상을 만드는 간접적인 방식과 지방 제거 수술이라는 직접적인 방식이 있다.

여성은 남성과 다르다는 압박에서 벗어나려고 피임약, 피임 패치, 질내 피임링, 삽입관, 피임백신, 진찰 등 상상을 초월하는 의학적 통제에 순응하고 만다. 이는 우리가 여성으로서의 육체를 제어하고 부정하려고 할 때 치러야 할 대가다. '여자'라는 특징이 드러나지 않기 위해 통제와 기술의 사회 속에 먼저 들어가야 한다. 안 그러면 손가락질과 눈총을 받기 때문이다. 여성의 몸을 부정하는 과정에서는 '여성'이라는 언어 표현을 빼버리는 것이 가장 완벽한 결말이라고 할 수 있다. 먼저 여성의 몸을 배제한 채 철학적으로 반성한 후, 다시 여성의 왜곡된 표상 속에 반성을 녹여 내고 생식력을 제어하는 기술적 도구를 개발하면 자연스럽게 여성의 몸을 부정하는 결과를 얻을 수 있다.

무력화된 성

사실 모체는 우리 여성들의 해방 이론에서 숨겨졌던 분야로 그동안 고려하지 않았던 게 사실이다. 이 같은 경시 때문에 여성들은 어쩔 수 없이 첫 번째 희생자가 되었다. 성별의 차이를 거부하려는 때마침 여성의 신체를 향한 기술적인 통제가 발생한 것은 우연이 아니다. 이 두 가지 현상은 상호적으로 영향을 주고받으며 더 강해진다. 실제로 페미니즘과 *젠더 연구*가 여성 생식력의 무력화를 토대로 여성 해방을 구축했으며 이로써 기술적 동향을 나쁘게 만들었다. 결과적으로 남녀 성별의 차이는 사라지고 성별 간의 모호함만이 남는 모순적인 상황이 되어 버렸다. 이는 남성우위론 입장에서 가장 큰 이득이 아닐 수 없다! 남녀 사이를 분화하지 않음으로써 여성의 특이성을 소멸했다기보다 여성을 사회적 구조물이자 육체에서 분리된 비물질적인 존재로 만들어 버렸다. 여성을 위해 부르짖었던 평등은 모체의 고유한 실재와는 상관없는 추상적인 것이 되고 말았다. 이런 상황에서 다시 모체의 실재를 불러온다면 본질주의의 비난을 받아도 할 말이 없다. 여성이 존재하는 것이 아니라 사회적으로 만들어진다는 말은 아기를 욕조 물에 던지는 것처럼 무모한 말이다. 여성이라는 대상 자체를 부정함으로써 여성의 자기 상실을 해결할 수는 없다. 게다가 임신부는 공적 영역에서 모체를 강요할 수밖에 없지 않은가. 남녀 간의 미분화를 지지하는 사람들은 바로 임신에서 체제의 효력을 잃을 위기에 봉착한다. 모체에도 미분화를 부여하고 남성에게도 마찬가지로 모호함을 원하다니 이처럼 어리석은 꼴이 어디 있겠는가! 내가 진정으로 나의 몸을 자각했던 것도 임신을 하면서부터였고, 나의 육체를 공적인 영역에서 사라지게 하기 위해 실현되었던 기술적인 제어와 폭력을 헤아려 보았던 것도 임신을 통해서였다. 폭력은 진보라는 가면을 쓰고 있기 때문에 더욱더 눈에 띄지 않는다.

새로운 부끄럼쟁이들

나는 약국에서 피임약을 사는 게 부끄러웠던 적은 없지만, 마트에서 생리대가 어디 있는지 물어야 할 때면 눈은 다소곳이 내리깔고 목소리는 낮추었다. 여성만 있는 코너인데도 여성은 생리대를 꺼내드는 것을 창피하게 생각한다. 마치 자궁을 지녔다는 사실을 서로 상기시키는 게 거북하다는 듯 말이다. 생리대의 공정 가격이 상승하는 동안에 호르몬 피임에 비용을 지출하는 사람이 늘어난다. 세상은 이중적이게도 여성이 육체를 보다 잘 제어하기 위해 자신의 몸을 기술적 제어에 내맡겨 버리도록 한다. 나는 어쩌다가 내 몸을 불결하고 저속하다고 생각하게 되었을까? 여성의 가장 보편적인 경험인 생리는 어쩌다가 불쾌한 금기로 변질되었을까? 어제처럼 오늘도 여성의 몸은 여전히 불순하며 혐오감을 주는 대상이다.

현대 사회는 성별의 차이를 부인과 진료실의 비밀로 처박아 둔 채 참으로 놀라운 청교도주의를 보여 주고 있다. 모든 것이 우리 여성에게 육체를 업신여기면서 성적 쾌락을 느끼라고 부추기느라 곳곳에서 가슴은 보이는데, 젖을 빠는 아이는 보이지 않는다. 도시의 벽에는 실체가 아닌 유령의 몸이 진열되고 여성의 실제 몸은 시험장인 진료실에 갇힌다. 여성의 몸은 미지의 상태로만 존재하는 것이 아니다. 미지의 몸은 불청객이다. 몸의 존재에 타당성을 따져야 하는 것, 몸을 조련하고 싶어 하는 것, 몸을 마음대로 복종시키는 것, 몸을 길들이는 사람의 눈빛으로 바라보는 것, 몸을 그저 섹스 머신이나 장애물 또는 위협 같은 이상한 물체로만 취급하는 것, 도대체 여기에 청교도주의의 제대로 된 정의가 어디 있다는 말인가? 고등학생용 성교육 유인물만 펼쳐 봐도 알 수 있다. 에이즈, 성병, 원하지 않는 임신…. 성욕은 슬픈 것이며 위험하다고 나와 있을 것이다. 여성들은 열네 살부터 피임약을 복용하고 인유두종바이러스 백신을 접종할 의무가 있다. 현대 청교도주의는 참회실에서 진료실까지, 코르셋에서 피임기구까지의 거리를 딱 한 걸음으로 성큼 뛰어넘는다. 예전에는 여성에게 성적 쾌락을 느끼지 않고 출산하도록 했다면, 이제는 출산 없이 성적 쾌락을 누리라고 한다. 그리고 여성이 여전히 아이를 낳고 싶다면, 칼뱅Jean Calvin은 말로만 장려하던 일을 기술이 현실화하게 될 것이다. 난자 냉동, 시험관 수정, 인공 수정, 대리모 등 성적 쾌락 없는 후손은 새로운 위생학자들의 만병통치약이다.

이런 진보의 첫 희생자는 여성이다. 피임약을 먹는 것도, 청진의 대상이 되는 것도, 낙태 시술을 해야 하는 것도 여성이다. '남성'이라는 단어를 내뱉었을 때는 아무도 화내지 않는데, '여성'이라는 말을 하면 모두가 강경한 태도를 취한다. 남성의 몸은 논쟁의 대상이 된 적이 없고, 어떤 형용사로도 우스꽝스러워지지 않는다. 남성의 육체는 추상적 관념

속에서도 인간의 몸과 다를 게 없다. 이와 반대로 공적 영역에서 여성의 몸은 특수성을 드러낼 수 없다. 여성의 육체는 길들일 수 있는 장치를 통해서만 이야기될 뿐이다. 여러분 주위를 보라. 무통 주사가 회음보다 더 잘 알려져 있고, 콘돔이 자궁경관 점액보다 더 잘 알려져 있지 않은가?

살 아 있 는 자 들 의 무 게

남자는 모르는 이런 속박 상태를 여자들이 너무 많이 알고 있을 뿐이다. 나는 내 몸이 가끔은 거추장스럽고 자주 괴롭다. 내 피부에는 임신으로 생긴 후유증이 남아 있지만 남편은 그렇지 않다. 그의 배는 탱탱하고 나의 배는 물컹거린다. 생리 때마다 착상될 수 있었을지 모를 아이가 떠오른다. 그리고 매달 생리혈을 보면서 여자와 남자를 구분 짓는 차이점을 새삼 실감한다. 이 고통을 가라앉히기 위해서라면 무슨 약이든 삼킬 준비가 되어 있다. 반항심이 꿈틀거린다. 생리를 하지 않으려고 피임약을 먹는 여성들, 스스로 피임 패치를 부착하는 여성들, 심지어 스스로 불임을 택하는 여성들. 나는 이 여성들을 진심으로 이해한다. 사람들이 비인간적인 육체에 대해 이야기하는 것과 여성을 무게로 규정하는 것을 거부하는 여성들 또한 이해한다. 자연은 우리 여성들에게 아이를 낳는 특권을 주면서 너무 비싼 값을 치르게 한다. 하지만 단지 특권을 거부하는 움직임만으로는 아무것도 해결할 수 없다. 여성과 여성의 몸 사이에 자리 잡은 이 같은 오해는 아마도 수 세기 전부터 여성의 모체를 부인해 왔던 결과일 것이다.

신비롭고 위협적이기도 하고 조금은 불결하다고도 여겨지는 여성의 몸은 늘 의혹의 대상이었다. 새삼스러운 일도 아니다. 여성의 육체가 과거에는 미화되었다가 지금에 와서 갑자기 비판받는 게 아니기 때문이다. 나는 옛날부터 지금까지 여성의 몸이 어떤 역경을 거쳐 왔는지 속속들이 알고 있다. 그 과정을 잊지 못한다. 나는 어제의 여성을 보호하기보다 오늘날의 여성을 지키려고 한다. 가부장적인 사회와 그 사회의 고정관념을 반성하지 않고도 이른바 여성 해방이라고 하는 것에 의문을 제기할 수 있기 때문이다. 반복적인 임신을 떠올려 보지 않고 화학적인 피임을 비난할 수 있으며, 미신을 맹목적으로 따르거나 자포자기하지 않으면서 의료 권력을 마냥 경계할 수 있다. 새로운 도덕적 질서를 제시하지도 않으면서 기존의 도덕적 질서 때문에 쾌락 위주의 섹스가 줄어든다고 규탄할 수도 있다. 나는 나와 같은 일을 겪은 여성이 존재할 것이라고 확신하면서 내 여정을 겸손하게나마 증언하고 싶다. 나는 회개한 창녀도 아니며 편협한 신앙을 가진 사람도 아니다. 나는 단지 가족계획이나 종교 단체에서 출판한 성교육 책자가 말하는 갑갑한 목소리와 다른 열망을 가졌을 뿐이다. 만약 신청교도가 이 때문에 화가 난다면, 어느 쪽이 금기이고 교리인지 확실히 알 수 있는 기회가 될 것이다.

임신을 겪으면서 나는 모든 수동적이었던 과거의 경험을 다시 떠올리며 되새겨 볼 수 있었기에 임신에서부터 이야기를 시작하는 게 가장 합리적인 듯하다. 또한 나는 임신을 통해서 여성의 몸이 생식력을 지녔기 때문에 어릴 때부터 희생자로서 폭력을 겪고 굴욕을 당했던 일을 이해하게 되었다. 청소년기의 거북함, 무례한 미적 기준 강요, '부모 만들기 프로젝트'의 모순적인 강압, 화학적 호르몬의 뒷말, 생물공학의 거대한 상업화, 철학 자료 속에서 변하지 않는 여성혐오 등이 내 눈에 들어온다. 이것은 여성이 자유를 얻은 다음 치러야 했던 대가일까?

1

병에 걸린 게 아니다

나는 임신을 했을 뿐,

갑작스런 임신

나는 아이를 계획해서 가진 게 아니었다. 아이를 가져야겠다고 미리 계획하지도 않았고 임신에 대한 환상도 없었기 때문에 아이를 받아들여야 했다면 그건 순전히 내 자유였다. 출산을 생각해 본 적이 없었으므로 언제쯤이 출산하기에 가장 적절할지도 생각해 보지 않았다. 어떤 사람들의 기준에 따르자면, 나는 지금보다 더 성숙해진 후 안정적인 환경이 마련되었을 때 아이를 낳았어야 했다. 너무 어린 나이에 엄마가 되면 큰 잘못을 저질렀을 때와 같은 눈총을 받게 된다. 예전에 미혼모들이 비난의 시선을 받았듯이 말이다. 때로는 "사고 쳤구나?" 하고 확신에 찬 눈길로 바라보며 의심을 한다. 그러면 여성은 사고 친 게 아니라고 증명해야 할 것 같은 압박을 받는다. 반대로 기다리던 임신이었다고 하면 아직 철이 없어서 그렇다며 지나치게 걱정한다. "네 젊은 시절을 망쳤다는 생각은 안 들어?", "그 힘든 걸 뭐하려고 이렇게 빨리 겪으려고 해?"(이 말은 아이가 생기면 죽을 만큼 힘들다는 뜻이다), "이제 공부는 어떻게 하려고?

일은 어쩌고?"와 같은 질문을 하면서 말이다. 임신이 사고였다고 하면, "그러니까 피임약도 안 먹었다는 거야?", "다른 방법은 생각해 본 적 없어?"("왜 낙태 시술을 안 받아?"라고 묻고 있는 것이다), "21세기에 어떻게 이런 일이 일어날 수 있지?"라면서 무책임한 사람으로 몰아붙이는 목소리에도 대꾸해야 한다. 나이가 어린 엄마는 죄인 취급을 받는 동시에 생각 없는 사람으로 몰려 힘들어진다. 나이가 어리지 않아도 미리 계획해서 임신을 하는 사람도 있고, 뜻밖의 재난으로 억지로 받아들일 수밖에 없는 사람도 있다. 그런데 이상하게도 어린 나이에 임신했다는 이유 하나만으로 그냥 넘어가는 법이 없고, 임신을 한 당사자는 변명을 늘어놓아야만 한다.

임신은 곧 반역이다. 임신이란 애초부터 독립과 자유는 물론 우리 사회가 그토록 추켜세우는 직업적 발전이라는 이상에도 반하는 사건이다. 임신은 삶을 불안하게 만들 뿐만 아니라 상대주의를 모두 강력하게 반박한다. 임신은 생각하거나 계획한 대로 되지 않으며 주체적으로 할 수 없고 사회적으로 구성되지도 않는다. 죽음과 더불어 모든 기술적 지배와 구성주의, 의지주의에 가장 완강하게 대항하는 경험이 바로 임신이다. 생명의 탄생과 죽음은 인간이 좌지우지할 수 없으며 일단 생명을 받아들인 육체는 예전으로 돌아갈 수 없다. 임산부는 스스로 제어할 수 있는 게 전혀 없다는 점에서 시체와 별반 다르지 않다. 나에게 임신은 충격 그 자체였다. 내 품 속에 갑작스레 등장한 이 생명을 기술적으로 미리 막아야 하지 않았을까 하는 생각도 들었다. 하지만 나는 임신한 나의 여성성이 엄청난 신비로움으로 다가왔고 의심하거나 거부하고 조작해야 할 게 아니라 기쁨과 존경의 근원이 될 특권 같았다.

임신은 내가 지금까지 업신여겨 왔던 나의 육체가 남자는 절대로 알수 없을 한계와 아름다움, 고통과 기쁨임을 알려 주었다. 임신을 통해모든 문명의 토대와 시초가 이루어지는데도 사회는 왜 여성의 육체에진 빚을 외면하는 것일까? 사회는 여성들에게 기술적인 책임과 위생을강조함으로써 새 생명을 품은 몸을 치욕적이고 불안한 것으로 만들 뿐이다.

내가 이렇게 나의 몸을 다시 발견했을 때조차도 나는 기술이 지배하는 시스템에 납치당한 기분이 들었다. 임신한 여성이 자신의 몸에 일어난 신비로운 일을 깨닫기 무섭게, 그녀의 몸은 통계 및 방정식의 저속한목적으로 이루어지는 의료 행위에 노골적으로 노출되고 만다. 공개적으로 허물을 벗기듯 옷을 벗김으로써 임신의 숭고함은 온데간데없이 상스러움만 남는다. 엄마가 되어 가는 여성들은 정신분열증의 고통을 겪을지경이다.

베타 HCG 수치: 1,600 IU/L

9개월 동안 임신한 여성은 모순적인 관심의 한가운데 서게 된다. 의사들이 내 몸을 진료할 때면 나는 그들이 개인으로서의 나를 경시한다는 느낌을 자주 받았다. 매달 나는 더듬어졌고, 무게를 달았고, 검사를 했고,주삿바늘에 찔리기도 했다. 당 수치에 작은 변동이 보이면 불안에 떨며 검사를 해야 했다. 임신한 여성은 의사가 잠재적 합병증의 가능성을 점치고 있다는 것을 알게 된다. 임신을 단번에 병리학적 범주로 넣어 버리는 이런 처방과 검사, 진단 때문에 새로운 생명은 영 뒷전이다. 임신한 당사자인 여성은 자신의 배 뒤로 완전히 자취를 감추어 버린다. 내가 오로지 의사를 위한 그릇이나 항아리 같다는 기분이 들었던 적이 몇 번인지 모른다. 이 용기 안에 든 내용물에 접근하려면 초음파 검진, 소변 검사, 다양한 촉진觸診이 필요했다.

임신 여부를 알기 위해 처음으로 채혈을 했을 때다. 채혈 담당자는 나에게 한마디 말도 없이 온갖 약어와 난해한 수치가 가득한 종이 한 장을 내밀었다. 나의 베타 HCG 수치는 1,600IU/L 이상이었다. 종이에 작성된 내용만 보고는 의사가 어떤 진단을 내렸는지 아무것도 이해할 수 없었다. 나는 바들바들 떨면서 나와 마주하고 있던 의사가 이게 무슨 뜻인지 해석해 주기를 바랐다.

"제가 임신했나요?"

그녀에게 물었다.

"네!"

의사는 마치 문맹자를 대하듯 별다른 설명도 없이 명확한 대답만 던졌다. 내 옆에는 한 노인이 불안하게 소변 검사 결과를 기다리고 있었다. "다음 분!" 이후 나는 해독이 불가능한 종이를 들고 길 위에 홀로 서 있었다.

긴장되기는 해도 아이를 기다리는 시간은 행복하다. 그런데 생각해 보면 임신한 당사자인 나는 아이를 낳기에 곤란한 십대 소녀일 수도 있고 폭행을 당한 피해자일 수도 있으며 외롭거나 병약한 여자일 수도 있다. 그러나 어떤 상황에 처해 있든 간에 여성이 임신을 알리는 순간 사회는 여성을 인생의 이 거대한 사건 앞에 홀로 서게 한다.

1,600IU/L. 우리 집에는 나를 기다리는 남자, 나를 에워싸는 부모님, 임신 소식에 기뻐하는 친구들도 있다. 하지만 이런 기회가 없는 여성은 사회에서 따뜻한 지지를 얻지 못한다. 그녀에게 생명을 품었으며 이제 막 삶의 일상적이면서도 장엄한 모험을 시작하는 출발선에 서 있고, 곧 다가올 시련에 맞서 싸울 때 혼자가 아니라고 말해 주는 사람들은 없을 것이다. 학교에서 나는 콘돔을 어떻게 착용하는지, 피임약은 어떻게 마련하는지 또는 낙태 시술은 어떻게 받는지 배웠다. 하지만 아이를 기다릴 때 내가 무엇을 갖추어야 하는지는 배우지 못했다. 국가의 가족 정책 담당 부서로 수신자 부담 전화를 걸어 궁금한 것을 물어볼 수도 있었겠지만 이런 곳에서 주로 내세우는 표제에는 섹스, 피임, 낙태만 있을 뿐 임신은 없다. 나로서는 아무 관련이 없다.

옷을 벗으세요!

이 혼란스러운 상태에서 여성이 합법적으로 구원을 요청할 수 있는 사람은 누구일까? 바로 산부인과 의사다. 사실 의사들이 여성의 임신에 얼마나 결정적인 역할을 하는지 잘 모르는 경우가 많다. 임신부에게 산부인과 의사란, 속내를 털어놓을 수 있는 사람일 수도 있고 절대적인 권위

자일 수도 유일한 지표일 수도 있다. 나를 담당했던 의사는 나에게 대뜸 기다리던 임신이냐고 물었다. 아마도 내 나이가 너무 어려서 그랬던 것 같다. 그리고 질 초음파를 하기 위해 나를 진찰대 위에 눕혔다. 의사는 아무런 말도 없이 질 안으로 기다란 탐촉자를 쑤셔 넣었고 검사를 마치고 기기를 뺀 후에는 조용히 기구를 닦았다. 나는 뒤늦게야 질 초음파는 굴욕감을 줄 뿐만 아니라 큰 도움도 안 되고 값도 비싸다는 것을 알게 되었다. 의사는 여전히 탐촉자의 머리를 내 다리 사이에 둔 채, 주변에 임신을 알리기 전에 그래도 조금 시간을 두는 게 좋다는 이야기를 해주었다. 유산의 위험은 언제든 도사리고 있으므로 너무 애정을 갖지 않는 게 낫다고도 했다.

"그렇다고 대단한 일은 아니에요. 흔히 일어나는 일이니까요!"

아주 대단한 위로였다.

막 임신 초기인데 견디기가 너무 힘들 때가 많았다. 아마도 언제든 '유산될 수도 있다'는 위험 때문에 임신부는 첫 3개월 동안 엄청난 피로가 몰려오고, 입덧 때문에 수시로 헛구역질을 하고 이제야 임신이 무엇인지 실감하더라도 마치 아무 일도 없는 것처럼 행동하며 임신을 견뎌내야 한다. 의사들에게 여성의 임신은 잠재적인 것이며 태아는 여전히 집행유예 중인 시체다.

내 새끼, 이 세상에 온 걸 환영한다!

이어지는 임신 기간 동안에도 이런 상황은 계속되었다. 의사는 다시 한번 이름을 물은 후, 나의 익명성을 더더욱 완벽하게 다져 주려는 것처럼 매번 아무 말 없이 옆에 함께 있는 남편의 존재도 완전히 무시한 채

질 속으로 긴 막대기 같은 탐촉자를 넣었다. 진료 시간의 대부분이 의미 없어 보였다. 질 초음파 검사가 끝나고 나면, 내가 일상에서 느끼게 될 최소한의 변화를 설명해 주었고 친절하게도 초콜릿을 자제하라고 하면서 마치 나를 저속한 비곗덩어리 취급하듯 무게를 달도록 했다.

"초콜릿을 계속 먹었다가는 출산하고 나서 그동안 쪘던 살을 감당하지 못할 거예요!"

미래에 엄마가 될 사람을 어린아이처럼 만들고 표준화하여 누구나 탐낼 인형으로 만들고 싶은 것 같았다. 의사는 나에게 채혈뿐만 아니라 셀 수 없을 정도로 많은 검사들을 하라고 했지만, 왜 해야 하는지 설명은 해주지 않았다.

"여기에 소변을 받고, 몸무게도 측정하세요."

의사에게 나의 아이는 뱃속에서 3개월을 지낸 후에도 여전히 그저 태아일 것이다.

임신 6개월에 산부인과 의사는 나에게 무심한 말투로 아기가 너무 아래로 내려와 있다면서 안정을 취해야 하며 그렇지 않으면 '자연 유산'이 될 수 있다고 했다. 그 말에 나는 눈물이 차올랐다. 내가 슬퍼하자 의사는 처음으로 나를 감정을 지닌 한 인간으로 인식하는 것 같았다.

"아니, 무슨 일이에요?"

"선생님께서 지금 임신 6개월에 유산될 수도 있다고 하셨잖아요!"

내가 말했다.

"아니에요, 걱정하지 마세요. 별일 아니에요!"

의사는 그렇게 말하더니 또다시 특유의 무심함을 되찾았다.

의사의 인간미는 지속 시간이 아주 짧았다. 유산 가능성이 '별일이 아니라는 사실'을 알게 된 데 행복해야 했던 나는 두려움에 떨며 진료실을 나섰다. 의사에게 나는 이미 유산이나 고통스러운 낙태 수술을 겪은 사람이든, 아무 일도 겪어 보지 않은 개인이든 상관없었다. 나는 결국 자궁일 뿐이었고 증상들의 집합소, 꽃병이었다.

움직이지 마세요!

엄마가 그릇일 뿐이라면 아이는 내용물에 지나지 않다. 중기에 들어서던 초음파 검진 때 아이가 몸을 웅크리고 있어서 초음파 스캐너 상으로 왼쪽 귀가 보이지 않았는데, 이번에는 오른쪽 귀가 보이지 않았다. 그날도 의사는 별다른 말없이 초음파 검진을 했지만 지친 기색이 역력했다. 그녀는 신경질적인 한숨을 내뱉으며 내 배 위를 이곳저곳 스캐너로 힘주어 눌렀다. 남편도 곁에서 함께 지켜보는 중이었다. 나는 진찰대 위에서 옷도 걸치지 않은 모습으로 경직되어 있었다. 스크린을 보니 아기가 더 몸을 웅크리고 있었다. 나는 의사에게 너무 세게 눌러 아프다고 말했다.

"아기 귀를 봐야 해요."

의사가 짧게 대답했다. 그러더니 더 세게 누르며 말했다.

"움직이지 마세요!"

결국 의사는 짜증을 내며 소리쳤다.

의사에게 아기는 그저 움직이는 불활성 물질 덩어리에 불과했고 나의 배는 작업에 방해되는 장애물일 뿐이었다. 남편이 지켜보는 가운데, 의사는 나에게 미리 말하지도 않고 갑자기 질 안으로 기구를 밀어 넣었다. 질 초음파를 하려고 탐촉자를 넣은 것이다. 의사는 이렇게 두 번째 시도를 하고도 내부 초음파와 외부 초음파를 여러 번 반복해야 했지만 결국 성공하지는 못했다. 그러는 동안 나는 그 자리에서 움직이지도 못한 채 누워 있어야 했다. 속도 울렁거렸고 아직 입덧 때문에 힘들었다. 아마 아기도 마찬가지였을 것이다. 아기가 비정상적으로 아래로 내려와 있다는 사실을 알게 된 것도 이런 정신적 외상을 경험을 하고 난 다음 날이다. 나를 담당했던 산부인과 의사는 부인하겠지만, 나는 초음파 검진이라 하면 난폭하다는 생각이 먼저 든다.

나는 막달이 되기 전까지 두 명의 의사를 거쳤는데 그들은 하나같이 내 몸을 어떻게 대해도 절대로 깨지지 않는 그릇처럼 성가신 듯 대했다. 내 아기 역시 제품 취급을 받았으며 남편은 어느새 대단치 않은 중인 내지는 거추장스러운 사람이 되어 있었다. 막달이 되어 병원에서 초음파 검진을 받을 때 나는 거의 울 뻔했다. 새로운 의사는 아기의 상태를 아주 성의 있게 이야기해 주었기 때문이다. 아이는 더 이상 '태아'가 아니었고, 의사는 아이가 잘 있다며 나를 안심시켜 주었다. 비로소 나는 잠재적 환자가 아니라 미래의 엄마로 대우받았다. 바로 그때 지난 몇 달 동안 내가 폭력을 당했다는 것을 깨달았다. 그동안의 진료는 나를 향한, 아이를 향한, 미래 아빠를 향한, 인격을 무시하는 폭력이었던 것이다.

행복한 사건

그럼에도 나는 임신 기간 동안 심각할 정도의 큰 사건 없이 행복했다. 내가 앞서 이야기했던 폭력은 특별히 이례적인 일들이 아니다. 인터넷상에는 그보다 더한 일들로 가득하다. 안 샤를로트 위송Anne-Charlotte Husson과 베아트리스 캄머러Béatrice Krammerer가 2015년에 만든 인터넷 사이트인 '나는 동의하지 않아jenaipasconsenti.tumblr.com'에는 이런 일상적인 폭력의 수많은 증언들이 수집되어 있으며, 의학적 관계에서 동의의 단점을 지적하고 있다.

"임신한 날이 언제인지 추정해야 하니까 초음파 검진을 하겠습니다." 그가 말한 건 이게 다였다. 이 초음파 검진이 질 초음파인지 언급도 없었거니와 나는 그런 검진이 있는지조차도 몰랐던 상태였다. 의사는 커다란 막대기 같은 탐촉자를 쥔 모습이었고 콘돔 같은 것을 씌웠던 것 같았다. 젤같이 미끄러운 것도 바르지 않았다. 아무것도. 그리고 갑자기 내 안으로 쑤셔 넣었다. (중략) 나는 아무런 설명도 듣지 못했기 때문에, 마음의 준비도 전혀 할 수 없었다. 너무 아팠다. 그런데 그게 다가 아니었다. 누군가가 진료실의 문을 두드렸고, 의사가 대답했다. "들어와." 나는 치마를 가슴까지 끌어올린 상태로 여전히 거기에 누운 채, 질 안으로 들어온 탐촉자 때문에 아파서 인상을 쓰고 있었다. 복도를 지나가는 사람들이 보였고 문을 두드렸던 사람이 들어와 의사에게 말하는 것도 보였다. 나는 너무 충격을 받았다. 누구든 나를 볼 수 있는 상태로 문은 얼마 동안 열려 있었다. (중략) 두 번째, 의사가 나에게 진료 침대 끝에 엉덩이를 걸치고 누워 다리를 들고 구부리라고 했다. 나는 미처 자세를 잡을 시간도 없이 엉덩이를 침대 끝에 가져다 대려는 중이었는데, 의사는 장갑 낀 손가락을 이미 질 안으로 집어넣었다. 이런 식이다. 항상 아무런 말이 없었다. (중략) 나는 깜짝 놀라기도 했고 아파서 소리를 질러 버렸다. 나와 조금 떨어져 의자에 앉아 있던 남편도 화들짝 놀랐다. 그런데 의사는 별일 아닌 듯 전혀 개의치 않고 할 일을 계속했다. 의사는 나에게 왜 몸에 잔뜩 힘이 들어가 있느냐고 꾸짖기까지 했다. 이런 상황에서 어떻게 긴장하지 않을 수 있을까? 의사가 질을 후벼 파는 동안 나는 아파서 몸을 뒤틀며 끙끙거렸다. 진료는 끝날 기미가 보이지 않았다. 집으로 돌아온 나는 충격에 빠져 있었다. 강간을 당한 적이 있었는데, 그때의 기분과 다를 게 전혀 없었다. 죄책감과 구역질이 날 정도로 불쾌하고 더러운 기분이 들었고, 이 상황을 이해할 수도 없었으며 동시에 나에게 일어난 이 모든 일을 그저 부정하고 싶었다.

처음으로 임신을 했을 때, 시내 병원의 산부인과 의사에게서 첫 진료를 받았다. 나는 임신이라는 이 경이로운 소식에 너무 행복했는데, 두 번의 진료를 받았을 당시 의사의 태도가 너무 차가워서 이상했지만 그게 의사로서의 프로 정신이라고 여겼다. 내가 과체중이라서 질 초음파 검진을 한다고 생각했고 나중에야 그게 바보 같은 생각이었다는 것을 알게 되었다. 이제 곧 엄마가 될 나는 천진난만하게 질문을 해보았지만 의사의 대답은 냉정하고 건조할 뿐이었다. 세 번째 진료를 받으러 갔을 때 임신 9주였는데, 의사는 내가 살이 쪘다는 이유로(3킬로그램 증가) 호되게 혼냈고 초음파 검진을 하게 되었다. 무거운 침묵이 흐른 뒤, 의사는 나에게 아기의 심장 소리가 들리지 않으며 이건 문제가 있다고 말했다. 나는 옷을 갈아입고 의사에게 설명해 달라고 했다. 의사는 뭐라고 대답했을까? "유산될 게 분명합니다. 혹시 하혈하게 되면 병원으로 가세요. 조치를 취하고 나면 90유로가 나올 겁니다." 나는 2분 뒤 거리에 덩그러니 서 있었다. 가슴이 미친 듯이 벌렁거렸고 눈물이 쏟아졌다. 내 머릿속에는 '이제 아기는 죽는 거야?'라는 질문뿐이었다. 3일 뒤 피가 약간 나왔고 나는 곧바로 병원으로 달려갔다. 내 상태를 확인한 간호사들의 얼굴이 하얗게 질렸다. "다니시던 병원에서 의사가 다른 병원으로 가보라고 하지 않고 그냥 집으로 돌려보냈다고요? 며칠 전부터 이런 상태로 계셨던 거죠?" 이후 의료상 필요에 따른 낙태를 할 수 밖에 없었고 너무 고통스러웠다. 나에게 도대체 무슨 일이 일어나고 있는지 설명하려고도 하지 않던 의료인 하나 때문에 나의 가족계획이 산산조각 나버렸다. 나는 내가 고작 한 명의 환자에 불과하다는 사실에 동의할 수 없다.[01]

인터넷상에는 이런 비슷한 이야기가 수없이 많다. 끔찍하다 싶을 정도의 이야기도 많다. 우리는 주위에서 폭력을 당하고 충격을 받고, 멸시를 당한 여성들의 이야기를 들어 왔다. 나의 시누이는 나에게 어떻게 임신 2개월에 응급실 대기실에서 플라스틱 의자에 앉은 채로 유산이 되도록 내버려 둘 수 있냐고 물었다. 심지어 그녀는 간호사였다. 고작 무심하게 어깨 한 번 으쓱 올렸다 내리는 게 전부였던 간호사의 냉대에 적당히 파렴치하게 대응했어야 했다며 분노했다. "이번에는 어쩔 수 없네요. 더 이상 해드릴 게 없어요." 작은 태아를 눈물로 보내야 하는 상황을 고작 '어쩔 수 없다'는 말로 함부로 규정지어 버리는 잔인함 앞에서 제대로 된 의견 하나 내뱉지 못했던 여성이 할 수 있는 거라고는 그저 눈을 감고 이를 악무는 것뿐이었다. 신기한 도치다. 눈살을 찌푸릴 수밖에 없는 피로 물든 어쩔 수 없는 상황에 고통받는 육체, 스스로 다른 육체를 창조하는 바로 그 순간 육체와 분리되어 버린 임산부.

이렇듯 충격적으로 다가오는 증언들은 그럼에도 가장 가볍다고 할 수 있다. 왜냐하면 이런 폭력은 이미 일상화되어 수많은 여성들이 겪었기 때문이다. 그중 제일 일상화된 폭력은 여성을 아픈 사람 또는 임신을 제대로 감당해 내지 못할 환자로 대한다는 데 있다. 여성은 이를 악물면서 남자는 상상조차 할 수 없는 폭력을 감내한다. 여성은 의사에게 자신의 삶과 자유에 대해 신세를 지고 있다는 생각에 의사가 존엄성을 해치는데도 감히 목소리를 높이지 않는다.

건강 상태 양호

질병의 위협은 실제로 모든 소외를 정당화한다. 여성과 마주할 때 의사는 단순히 지식적으로 잘 *아는* 사람일 뿐만 아니라 통제하는 사람으로, 그리고 어디가 위험한지를 잘 알고 또 진료를 통해 얻을 수 있는 좋은 점을 더 잘 아는 사람으로서 자신의 위치를 설정한다. '건강'하다고 말해 주려면 그것이 정확하게 무엇을 의미하는지 말해 주어야 하기 때문이다. 건강이 단지 살아 있는 상태를 유지하기 위해 노력하는 육체의 생명력이나 각 개인의 존재를 의미할까? 건강하다고 느끼는지 또는 건강하지 않다고 느끼는지 말할 수 있는 것은 개인 혼자뿐이다. 그래서 의사는 개인이 주관적으로 경험한 고통을 어루만지는 역할을 한다. 그런데 건강이 신체 상태의 이상적인 표준과 달리, 전문가들만이 소유할 수 있는 법전에 실린 이론적인 법률을 뜻하는 것이라면 어떨까? 그렇다면 의사는 환자가 느낀 증상으로 만들어진 추상적 관념에 대해 일치 또는 불일치에 대한 판결을 내리는 위치에 있게 되고, 병에 걸린 사람은 *환자*가 되고 무게를 재고 감정하는 대상이 된다. '건강'이라는 이름으로 임산부의 신체를 향한 의사의 영향력을 정당화하는 사람들이 말하는 건강은 도대체 무엇일까? 임산부에게 강요되는 모든 검사, 측정, 통계의 목적은 도대체 무엇이란 말인가?

산부인과가 비병리학적 임신에 대해 행하는 검사는 철학자 미셸 푸코가 '권력 지식의 장치들'이라고 일컬었던 것이 무엇인지 말해 주는 완벽한 구현이다. 《임상의학의 탄생Naissance de la Clinique》에서 푸코는 질환을 확인하고 치료하는 본분에 만족하지 않는 의사가 어떻게 표준을 결정하고 적용하는지 보여 준다.

여성이 의사에게 자신의 느낌을 말하기보다 자신의 상태가 정상인지 먼저 묻게 되는 것, 이것이 바로 의료계가 환자들을 표준화하는 힘이다. 실로 대단한 힘이 아닐 수 없다. 여성은 스스로 몸 상태를 알리기보다 자신의 몸과 아기가 얼마나 적합성을 지닌 대상인지 알려 주는 분석 결과에서 임신 과정의 변화를 해독하려고 애쓴다. "선생님, 정상인가요?" 나는 초음파 검진을 할 때마다 이렇게 물어볼 수밖에 없었다. 의료계가 가진 표준화의 힘은 먼저 의사와 환자 간의 눈에 띄는 지배 관계에서 느껴진다. 이런 관계에서 환자는 자신의 느낌보다 전문가인 의사의 진단에 신뢰감을 더 부여한다. 따라서 대상화된 육체는 개인이 스스로 체감하는 몸과 완전히 분리된다. 임산부는 이처럼 의사의 시선 말고는 자기 자신과 아이에게 접근할 다른 방법이 없는 하나의 대상이 되는 것이다.

안수按手하다

의료 정보화를 바탕으로 번영을 이루는 모든 대체 '기술'을 경계해야 한다. 모든 태아접촉법, 소프롤로지분만, 자연요법, 그리고 다른 최면술 역시 임신부에게 자신의 몸을 어떻게 느껴야 하는지 가르쳐 주고 싶어 하는 학자들의 기술이다. 나는 의료계의 냉대에 상처받은 뒤, 태아접촉법을 통해 위안을 얻고자 했다. 회당 80유로라는 저렴한 비용의 태아접촉법을 통해 나는 배를 어루만지며 아이와 소통하는 법을 배웠다. 나는 다시 한번 기다란 의자에 누워 벌거벗은 채로, 타인의 손에 만져졌다. 물론 의사의 손처럼 거칠지 않고 부드러운 손길이었지만, 나는 여전히 무지한 사람의 위치에 있었다. 그녀는 나에게 어떤 경멸의 모습도 보이지 않은 채, 태아가 이미 나의 아이로 존재하며 아이는 내 감정과 내가 어루만지는 것을 느끼고 내 피부에 닿는 손을 좋아한다고 말했다.

나는 마사지를 받았고, 남편은 더 이상 꿔다 놓은 보릿자루 같은 존재가 아니었다. 주변은 온통 유아적인 언어로 가득 채워졌고 나는 이러한 분위기에 감동하지 않을 수 없었다.

"아기가 뱃속이 포근한 방 같은가 봐요. 몸을 잔뜩 웅크리고 있네요. 이 방에는 층이 여러 개인가 보네요. 아기를 윗방으로 올라가게 하세요."

마사지를 다 끝내고 나오면서 나는 몹시 기뻤다. 이 전문가는 의사는 잊고 있는 것을 나에게 가르쳐 주었다. 그 비용으로 치른 80유로가 전혀 아까지 않았다. 나는 엄마였고 뱃속의 태아는 나의 아이였으며, 우리는 둘 다 감정을 느끼고 자각할 수 있는 육체를 지닌 존재였다. 나는 한 달에 두 번 전문가에게 방문했고 나 혼자서도 이미 너무 잘 알고 있었던 것을 다시금 마음에 새길 수 있었다. 하지만 임산부 주위에는 의학이라는 이름으로 달콤한 상술로만 돈벌이를 하려는 전문가들이 마구 몰려든다. 코칭, 릴랙스 요법, 요가, 심지어 해산하는 법도 배우라고 한다!

조종당하고 통제당하는 여성들

사실 전문가의 평가란 동전의 양면에 불과하다. 전문가의 평가에 따라 여성 자신의 육체와 임신한 여성의 관계가 달라진다. 이것은 미셸 푸코의《성의 역사 Histoire de la sexualité》1권에서 이야기하는 생체 권력biopouvoir이라는 개념이 바로 동전의 양면에 있다고 볼 수 있다. 푸코는 마지막 장에서 이 권력을 설명하는데, '죽음의 권리와 생명에 대한 권력'은 더 이상 단순 제약, 금기 체계로 이해되어서는 안 되고 몸을 통제함으로써 행동하게 한다고 이해해야 한다. 푸코에 따르면 생체 권력은 일련의 기존 지식에 의해 승인되며, 개인과 개인 자신 사이에 개입함으로써 개인을 이해하고 분석하고 실험의 대상으로 설정한다. 더 간단하게 말하자면, 개인 자신의 외부에서 권력을 찾으면 안 되고 각자의 내부에서 자신과 어울리는 방식을 찾아야 한다. 육체를 지배하고, 과학과 육체의 경험적 지식을 통해 권력을 행사하는 의료 기관은 푸코가 분석한 권력 지식과 생체 권력의 가장 기만적인 결정 기관 중 하나다. 푸코는 다음과 같이 분석한다.

고전주의 시대 동안, 위대한 양면적 기술의 성립은 권력의 가장 높은 기능을 이제 죽이는 것이 아니라 생명에 투자하는 것으로 특징지었다. 해부학적이고 생물학적인, 개별적이고 명시적인 이 기술은 죽음보다 육체의 성능으로 고개를 돌려 삶의 과정을 바라본다. [02]

따라서 생체 권력은 개인이 '성과'를 올리기 위해 육체를 관리하는 '기술'보다는 덜 억압적인 결정 기관이다. 임산부가 일을 그만두거나 다시 일을 시작할 수 있도록 허락하는 것도 의사들이며, 쉬어야 하는지 더 많이 먹어야 하는지 덜 먹어야 하는지, 자동차를 탈 수 있는지 여행을 가도 되는지, 출산 후 부부 관계를 하려면 얼마나 기다려야 하는지 혹은 둘째를 가지려면 얼마나 기다려야 하는지 등을 물어볼 수 있는 것도 의사들이다. 산부인과 의사 진료실이 지배의 장소라면 그것은 여성이 특히 임산부가 스스로를 박식한 사람과 마주한 무지한 사람으로 여겨 자신의 몸과 느낌에 대한 진실을 의사에게 털어놓아야 한다고 생각하기 때문이다. 이 권력이 너무 당연하게 받아들여지고 내면화되는 바람에 벗겨지고 조종당하고, 들추어지고 거칠게 다뤄지고, 검토의 대상이 되어도 이상하다고 생각하지 않게 된다. 미셸 푸코는 '권력의 관계들이 육체의 내부로 지나가다 Les rapports de pouvoir passent à l'intérieur des corps'라는 제목의 토론 중에 "권력의 손길이 몸에 닿았다는 것은, 권력이 사람들의 의식 속에 내면화되었다는 의미이다"[03]라고 말했다.

의사 선생님, 도와주세요!

그래도 의사들을 비난하지는 말자. 그들 역시 그들을 초월하는 체제의 요소일뿐이다. 유능해야 하고 표준이 되어야 하고, 자기 자신과 운명을 지배해야 하는 사회 때문에 발생한 불안에 대처하는 사람들이 바로 의사들이다. 의사들은 정해진 규격과의 어떤 편차도 허용하지 않으며 연약함도 위험도 용인하지 않는 시대에 등장한 새로운 신탁神託이다. 구순열을 잡아내지 못하는 초음파 검진, 삼염색체성 질환을 제대로 진단하지 못하는 부인과 의사, 제왕절개를 해야 할 상황을 제때 예측하지 못하는 산파, 이들은 소송을 당하거나 불명예를 짊어져야 할 위험이 있고 해명해야 할 입장이 된다. 여성은 자신의 몸을 규격화하는 데 너무 잘 동화되는 경향이 있으며, 동화된 후에는 그 기준에서 벗어나지 않기 위해 자신을 몰아세운다. 모든 임신은 불확실성과 위험성을 내포하지만, 임산부는 엄격한 다이어트 식단을 따르고 검사와 채혈을 되풀이하면 태아가 비정상으로 자랄 가능성을 미리 막을 수 있다는 환상을 품는다.

임산부는 정작 자신의 피로와 고통에 침묵해야 하고, 임신 8개월까지 일을 해야 하고 경쟁력을 유지해야 한다는 압박을 받는다(모두의 이야기지 않을까?). 그래서 아주 사소하더라도 병적인 증상을 걱정스럽게 살피고, 사회가 주지 않는 관심을 의사로부터 받고자 한다. 우리 시대가 임산부에게 강요한 삶의 리듬 때문에 피곤해지고 충분히 쉬지 못한 탓에 조산할까 봐 두려워 배가 뭉쳤던 적이 몇 번일까? 임산부는 다른 사람들 앞에서 자신의 근심거리를 말하고 싶지 않고, 잦은 소변과 꼬리뼈 통증 때문에 동료는 물론 상사까지 신경 쓰이게 하고 싶지 않아 한다. 그녀가 자신의 어려움을 단순하고 합법적이게 만들기 위해서 의사 앞에서 걱정을 털어놓고 그것을 병명이나 학술 용어로 정리해 주기 바라는 것은 당연하다. 우리 사회는 약물과 기술적 부양과 의학적 매뉴얼을 제공함으로써 임산부에게 사회적 존재로서의 권리를 상징적으로 부여했다고 안도한다.

우리 사회 조직은 모두가 정치적 공동체 안에서 동화되었다고 생각하려고, 배가 남산만 한 임산부를 소홀히 여긴다. 제아무리 너그러운 의사라고 할지라도 혼자의 힘으로는 대처할 수 없다. 임산부와 엄마들에게 그녀들의 이미지를 만들어 주었던 계승과 관례, 신화 그리고 사회적 표상이 부재 상태일 때, 이 자리를 의사가 일시적으로 채워 줄 수는 없다. 여성을 그녀의 육체와 생식력으로부터 너무 분리해 버리면 여성이 가진 고유의 특이성을 그만큼 부정하게 되고, 그 결과 젊은 여성은 엄마가 될 준비를 전혀 하지 못한다. 여성이 받아 온 조언이라고는 의학적 지시, 처방과 금지 사항들밖에 없기 때문이다. 임신한 여성은 앞으로도 인생 최대의 급변을 가져올 사건을 경험하지 못했던 때처럼 계속 살아야 하고 일해야 하기에 더욱 외로워진다. 육체는 개인 정체성의 일부가 아니라고 전제하기 때문에 임산부의 몸에 일어나는 격변은 그녀의 영혼에 피해를 입히지 않는다고 생각한다. 의료기기가 검사실 전체를 차지한 채, 그 외의 살펴야 할 것들은 자취를 감추어 버린다. 불행히도 여성들은 이런 이중적 현실을 체념하고 받아들여야 하는 일을 자주 겪는다.

신 비 로 움 은 없 어 !

임신은 육체와 영혼이 전혀 분리되지 않는 경험이다. 임신은 모든 이원론적 체계를 무색하게 만들어 버린다. 여성은 임신을 통해 우리가 별생각 없이 습관적으로 사용하는 어휘에서 우리와 신체의 관계가 잘못 설정되어 있음을 깨닫는다. 육체와 영혼은 없다. 다만 육체적인 정체성만 있을 뿐이다. 몸은 동력이 없는 물질이 아니라 살아 있는 이야기, 즉 역사다. 몸은 나에게 속한 것이 아니라 나와 함께 생겨난 것이며 나는 이 몸을 다른 사람과 공유한다. 임신부는 통제와 의지, 행동, 계획의 의미가 담긴 언어가 출생 앞에서는 무의미하다는 것을 안다. 그리고 감정이, 훼손된 지식이 아니라 다른 사람과 우리의 관계에 대한 본질 그 자체라는 것을 안다. 또한 세상이 영혼을 투영하는 것도 아니며 행동을 유발하는 일종의 재료가 되는 게 아니라, 본래 세상이 아이를 구성하고 자리 잡게 하며 또 소멸하게도 한다는 것을 알며, 살아가면서 타인의 몸 그리고 그 타인의 세상과 뒤섞이기도 한다는 것을 안다. 임신한 여성은 스스로 행동하고 생각하는 경험이 아닌 몸 자체를 느끼고 새로운 생명에 감탄하게 된다. 임신은 세상에 대한 우리의 무의식적인 이해 방식을 뒤엎어 버린다. 따라서 우리는 임신이 인간의 얼굴과 감각, 불안과 두려움 그리고 신비로움을 생성할 수 있는 것에 부여하는 표상들의 상징이며 경험이라는 것을 제대로 이해해야 한다.

모든 사회가 작품, 예술, 관습, 신화로 항상 임신을 찬양해 왔었는데, 그와 반대로 현대 사회는 미래의 엄마에게 슬픈 허망함, 출산 후에 날씬한 몸매를 유지하기 위한 일련의 조언, 일할 때 긴장을 풀기 위해 자투리 시간에 금방 할 수 있는 요가 동작, 터무니없이 비싼 유아 용품 카탈로그만 권할 뿐이다. 임신은 여성의 자기 상실의 원인이라고 너무 목 놓아 부르짖은 나머지 우리의 사회적 상상계類에서 임신은 사라져 버렸다.

여성은 모순되는 두 지령을 따라야 한다. 한쪽에서는 출산 전날까지 일을 하라고 부추기면서 '임신은 질병이 아니다'라는 말을 되풀이한다. 또 다른 한쪽에서는 환자이자 책임을 물을 수 없는 병자로 여긴다. 한쪽에서는 임신이 병적이지 않다는 구실로 임산부의 처지를 부정하고, 다른 한쪽에서는 임산부를 병적으로만 바라본다. 전문 잡지에서 소개하는 임산부의 모습도 흠이라고는 찾아볼 수 없을 정도다. 여기서 다시 임산부는 임신을 하고 아이를 낳는 데도 성공해야 하며, 튼살 크림을 바르고 임산부용 미니스커트를 입어 여전히 매력적인 모습이어야 하고 성관계 역시 늘 준비되어 있어야 한다는 압박을 받는다. 사회적으로 훌륭한 성과는 소비로 이어지며, 강조된 여성적 매력은 마케팅에 이용당한다. 상업적 기술은 다른 것들만큼 인간성을 상실하게 만드는 장치다. 임산부는 그 어디에서도 자신의 특이성을 마음껏 드러낼 수 없다. 여성은 남성의 체험으로 환원될 수 없는 독자적이고 특별하고 환원이 불가능한 경험을 한다는 사실을 인정해야 한다. 임신이라는 비환원성의 경험은 사회적 범주 안에서는 거부된 후, 의사들과 광고업자들에게 맡겨졌고 임산부의 유일한 특별 관심사는 진료와 채혈, 화장품과 피트니스 수업이 되어 버렸다.

비켜 주세요, 마담

의학 전문가들은 여성의 몸을 기계처럼 관리하고 바라보는 데 익숙하다(새삼 놀랄 것도 없다). 출산 역시 새 생명이 세상에 태어나는 통과 의례로 보지 않고 그저 기술적 문제로 간주한다. 폭력적인 출산, 폭력 행위, 숨겨진 정신적 외상 등 증언은 넘쳐 난다. 의료진은 행동 대신 기술을 개입해서 출산 과정을 해결하려고 한다. 나는 토요일 저녁에 병원에 도착했다. 진통은 기하급수적으로 심해지는데 분만은 진전이 없었다. 무통 주사를 맞고 분만실로 가기에는 자궁이 충분히 열리지 않은 상태라 분만 대기실에서 홀로 기다려야 했다. 조산사(프랑스에서는 '사주팜, sage-femme'이라고 하는 전문 조산원이 출산을 담당한다. 출산 직전까지는 의사가 임신부를 담당하고, 출산 과정과 산후 조리, 모유 수유의 과정은 조산사가 담당한다 - 옮긴이)는 따뜻한 말 한마디 없었고, 진통을 완화할 수 있는 자세나 호흡법 등에 대한 조언도 전혀 없었다. 매시간 아무런 진전이 없다는 사실만 확인한 게 다였다. 만약 남편이 그 자리에 적극적으로 함께 있어 주려고 하지 않았더라면, 아마 나는 환한 형광등 불빛 아래에서 계속 혼자 있어야 했을 것이다. 만약의 경우에 긴급하게 제왕절개 수술을 해야 할지 모르니(미리 알려 주셔서 어쩌나 감사하던지!) 마음대로 먹지도 마시지도 못한 채 딱딱하고 좁은 침대 위에서 몸을 뒤척이면서 말이다.

사실 해줄 게 아무것도 없었기 때문에 조산사도 자신의 존재가 불필요하다고 생각했던 것 같다. 그렇지만 설사 할 일이 없었다고 하더라도, 나를 격려하고 안정시키기 위해 말을 해줄 수는 있었을 것이다. 만약 아무런 행동을 할 수 없었다고 할지라도 그렇다면 더 함께 있어 주는 게 필요했다. 임신 기간 동안에도 그랬듯이 출산의 현장인 이곳에서도 사람과 그 사람의 정신, 그의 이야기는 기술 뒤로 사라져 버렸다. 이 불쌍한 조산사의 잘못은 아니다. 그는 단지 몰랐을 뿐이다. 조산사는 사람들과 함께하는 훈련을 하지 않고 그저 임산부의 해산을 돕는 방법만 배웠기 때문이다. 출산이 내 생각과는 다르게 진행될 거라고 깨닫고 이해하는 데는 수개월이 필요했다. 나는 분만 대기실에서 대기한 지 몇 시간이 지난 끝에 결국 무통 주사를 요구했다. 나의 요구에 저항하는 모습은 전혀 찾아볼 수 없었고, 나는 더 이상 소외되지 않았다. 그 순간부터 나는 더 이상 혼자가 아니었다.

무통 때문에 내가 감각을 잃었던 그 순간조차 의료진들은 모든 과정의 합법성을 떠올렸을 것이다. 아들을 출산한 건 내가 아니었다. 그들이 나의 마취된 배에서 아들을 끄집어냈다. 나는 미소 지으며 그들이 진행한 출산 과정을 적합하다고 평가해야 한다. 나의 출산은 외상을 유발하지 않았다. 단지 기술적 해결책을 사용하지 않던 시간 동안 의료진의 무질서가 기억에 강하게 남을 뿐이었다. 현실에는 폭력적 출산이나 무례한 지적, 예고 없이 실행된 의료 행위를 고발하는 이야기들이 서로 앞다투어 증가하고 있다. 당혹스러운 회음절개술, 양막 분리, 옥시토신 주사, 심지어 무슨 일이 일어났는지 알지도 못한 채 깨어나게 되는 제왕절개수술 등이 이미 진통에 어쩔 줄 몰라 하는 여성의 출산 과정을 통해 공적 영역 안으로 굴러떨어진 것 같다. 이런 광경 앞에서 아이의 아빠는 까무러치지 않으려면 밖으로 나가야 하지만, 차마 그럴 수 없다면 이 현장에서 자신은 무기력한 존재라는 사실을 받아들여야 한다.

너는 100년 전이었으면
산후조리 중에 죽었을지 몰라!

내가 감히 산부인과의 폭력을 고발할 때면 사람들이 나에게 주로 반박하는 내용이 있다. 기술을 비판하는 것은 배은망덕한 행위이며 응석부리는 아이가 하는 짓과 다르지 않다는 것이다. 이런 반론은 사유 작용을 하지 못하도록 하는 아주 효과적인 방법이다. 무엇보다 과거가 흉악한 어둠이었다고 해서 현재의 무미건조한 삶이 무조건 옳은 것은 아니다. 지나간 불행을 회상하면서 지금 이곳의 생활 조건을 개선하려고 하지 않는 지적으로 태만하다는 징후일 뿐이다. 더욱 참을 수 없는 것은 사실상 잘못된 정보를 토대로 한 보수주의적 태도이기 때문이다.

분만 시 산모 사망의 첫 번째 원인은 개탄스러운 위생 상태인 의사에게서 전염되는 전염병인 산욕열이었다. 산모에게 가장 위험한 존재가 바로 의사였다는 이야기다. 출산 중 사망했던 여성은 마치 병원에 처박아 두었던 천민이나 마찬가지였다. 파스퇴르의 미생물 이론의 연구 업적 덕분에 무균 원리가 확산되면서 사망률이 극적으로 떨어졌다. 장치나 기계 없이 수술 후 손을 씻도록 하는 단순한 원칙으로 수많은 여성과 아이의 생명을 살렸던 것이다.

두 번째 사망 원인은 18세기의 능력이 없는 조산사들이었다. 그들은 성직자를 통해 임명을 받았는데, 조산사들의 조상 대대로 내려오는 권력을 메워 주기 위해서였다. 조산사에게 요구되는 조건은 교회를 향한 충성 외에는 없었다. 이 조산사들의 무능력과 맹신은 부당하게도 이들 때문에 쫓겨났던 조산사들의 책임으로 돌아갔다.[04] 당시 집게, 겸자鉗子, 외과용 메스 같은 도구의 계속 치솟던 가격 역시 높은 산모 사망률과 무관하지 않을 것이다. 마지막으로, 태어나는 아이의 수와 함께 증가하는 산모 사망률은 산모의 사망 위험 자체를 감소시켰던 산아를 제한했을 때보다 분만을 위한 의료 시설을 보급했을 때가 낮았다. 만약 출산 중 사망한 여성의 수가 제2차 세계 대전 이후에 감소했다면, 세계적으로 생활 조건이 개선되고 무균 적용이 확산된 덕분이라고 할 수 있겠다. 하지만 1950년부터 출산할 때의 의료 환경이 지속적으로 더욱 좋아졌는데도 산모 사망률은 아주 조금밖에 줄어들지 않았다. 예를 들어 제왕절개 수술 비율이 1960년 5%에서 2014년 20%로 늘어나는 사이, 분만을 인위적으로 '개시'하는 유도 분만은 프랑스에서 1972년 8.5%에서 오늘날 20%를 넘어서고 있다.[05] 따라서 출산 중 사망률의 감소는 감염 우려가 있는 기술의 증가와는 관련이 없다.

반대로 불필요한 의료 행위가 분만을 방해하는 유해한 스트레스를 야기하며, 더구나 또 다른 의료 행위를 필요로 하는 합병증을 유발한다는 연구 결과도 많다. 예를 들어, 불친절한 분위기로 인한 스트레스는 옥시토신 호르몬의 생성을 억제하기 때문에 합성 옥시토신의 주입을 할 수밖에 없는데 이는 자궁 수축을 극도로 고통스럽게 만든다. 그 결과로 경막외마취는 필수가 되어 골반을 마비시켜 아기가 천천히 내려가도록 분만을 유도한다. 그렇지 않으면 아기를 흡입하거나 겸자를 사용해 꺼낼 수밖에 없다. 나 역시 이런 경우였다. 나는 분만 당시 이루어졌던 모든 과정들이 정말로 필요했는지 실리적이었는지 판단할 수 없다. 의학적 개입은 분만 경과가 좋지 않은 경우에 예정되어야 한다는 것은 분명하다. 의사들에게는 이런 의료 개입이 합법적일 뿐만 아니라 필수불가결한 것도 맞다. 그런데 합병증의 위험을 너무 강조한 나머지, 아무리 고통스럽다한들 분만은 무리 없이 해결될 수 있는 자연적인 행위라는 사실을 까맣게 잊어버렸다. 대부분의 여성은 사망 위험이 극히 낮은데도 의사의 도움이 없다면 분만 시 목숨을 잃을 것이며 기술적으로 뒷받침되지 않는다면 출산을 할 수 없다고 확신한다. 이제는 이런 착각을 내던져 버려야 한다.

산욕기 産褥期 의 금기

분만은 환자에게 위험이 거의 없는 수술로 간주된다. 마치 육체가 내용물을 신중하게 넘긴 후, 아무 일도 없었던 듯이 다시 닫히는 것처럼 역사가 바로 그 순간에는 멈춘다고 믿는다. 출산에 감격해 다소 피곤한 상태로 다시 본래 자신으로 그대로 돌아온다고 생각한다. 외과적 처치도 흔적을 남기지 않는다고 생각한다. 마취를 하고 아이를 빼내고 다시 꿰맨다. 그리고 그동안 있었던 일에 대해서는 더 이상 말하지 않는다. 그 누구도 뒤이어 무슨 일이 일어날 테니 잘 대비하라는 말은 전혀 해주지 않았다. 이리도 괘씸하게 외면해 버리다니! 나의 몸 가장 사적인 곳에 찢어질 듯한 고통이 있을 거라는 말을 왜 아무도 해주지 않았던 걸까. 차마 남에게는 표현할 수 없는 이 수치스러운 고통은 아기가 세상에 태어날 때 찢어졌던 상처를 다시 봉합하기 위한 것이다. 잘 아물어야 앉을 수 있다. 그동안은 화장실에도 편하게 갈 수도 없고 출혈도 있으며 계속 긴장할 수밖에 없다. 아기와 가족에게 온 정신을 쏟고 싶지만 그럴 수 없다. 간호사 무리가 우리의 상처에 대해 설명하기 위해 나타나면 우리는 다리를 벌리고 보여 주어야 한다. 이제 배는 비어 버려 처졌고 가슴은 퉁퉁 불어 아프다. 신체의 이 수치스러운 아픔을 공개해야 하고, 성은 파괴된다.

그럼에도 젊은 산모는 미소 지으며 병문안을 오는 사람들을 생기발랄하게 맞이해야 한다. 병원에서는 침대 위 새하얀 이불 속에 누워 깨끗한 모습으로 좋은 향을 풍기며 지내면서 사흘을 꽉 채워 잘 쉬고 난 뒤, 이전처럼 품 안에 사랑스러운 '인형'을 안고 집으로 돌아가면 그것으로 끝인 줄 안다. 젊은 엄마를 대상으로 하는 대부분의 블로그에서는 '소개할 만한 이야기'랍시고, 출산하기 전에 드라이 샴푸와 화장품 파우치를 가방 속에 미리 준비해 둘 것을 추천한다. 임산부 대상의 인터넷 사이트에는 산부인과 병원에서 머물 때 필요한 것들에 대한 조언이 넘쳐난다. 그러나 산욕기의 진짜 현실에는 입을 꾹 다문다. 여성들의 이 수치스러운 비밀에 대해서는 이야기하지 않는 것이다. 친정엄마만이 나에게 일명 '도넛 방석'이라는 회음부 방석을 사야 그 위에 앉을 수 있다고 알려주었다. 하지만 나는 이 귀한 충고를 따르지 않는 잘못을 저지르고 말았다. 내가 앉고 걸을 때 어려움을 겪을 것이고 몇 주 동안 출혈이 있을 것이며, 10킬로미터 사방으로 내 땀 냄새가 퍼지고 소변을 지리게 될 것이고, 언젠가 남편과 잠자리를 다시 한다는 생각만으로도 힘들 것이라고 아무도 말해 주지 않았다.

이것은 '산후 우울증baby blues'이라고 부르는데, 마음이 다소 괴롭고 우울한 기분이 들고 바닐라 향이 나는 펠트를 쓴 느낌이 들며 기쁘기도 하고 그리움에 젖기도 하면서 눈물이 맺힌다. 플로렌스 포레스티Florence Foresti는 그녀의 유명한 연극 〈마더 퍼커Mother Fucker〉에서 이렇게 말했다.

"'산후 우울증'은 예뻐요, 진짜예요, 귀여워요, 다들 가지고 싶어 할걸요."

출산 후에도 여성은 자신의 고통에 침묵해야 하고, 부끄러워해야 하며, 질 때문에 괴로워하지도 말아야 한다. 여성이 출산한 후 눈물을 흘린다면 그건 우울과 아무런 관련이 없다. 아파서 우는 것이고 상처 때문에 우는 것이다. 여성은 나쁜 엄마가 되려는 게 아니라면 고통을 공개적으로 드러낼 수 없기 때문에 눈물을 흘린다. 얼마나 행복한지 보여 주기 위해 산부인과 밖으로 나서자마자 우아해져야 하고 활동적이고 활기 있고 '스몰' 사이즈의 호리호리한 몸매가 되어야 한다. 여성은 출산 후 나흘 만에 반짝이는 외모와 환상적인 실루엣을 선보이는 사람들의 이미지에 파묻혀 버린다.

여성 잡지는 수많은 페이지를 할애해 스타들이 임신 기간 동안 찌웠던 살을 얼마 만에 다시 뺄 수 있었는지 설명한다. 영국 왕세손비인 케이트 미들턴Kate Middleton의 떠들썩했던 임신을 기억한다. 언론 매체들은 케이트 미들턴이 산부인과에서 나오는 사진들까지 형광 초록색의 화살표들로 점을 찍어 표시하면서 검토하기까지 했다. 출산 후 나흘밖에 지나지 않았던 그녀의 배는 여전히 둥글게 나와 있었는데 말이다! 이처럼 공개적으로 몸매를 비판하는 것을 가리키는 '*바디 셰이밍body shaming*'이라는 용어가 있기도 한다. 이처럼 유럽에서는 임산부의 15~20%가 몸매를 유지하기 위해 자발적으로 영양실조에 이른다고 한다. 실제 임산부들은 기진맥진하고 땀에 절어 있는 냄새가 나고 몸도 너무 무겁게 느껴진다. 이게 진실이다. 사실을 말해야 한다. 단순히 배려를 하려는 게 아니다. 스스로를 약하고 아무것도 아니며 보람이 없다고 느끼는 모든 여성의 짐을 덜어 주기 위해서다. 그녀들은 유혹 가능 지수가 '0'에 가까운 상태인데도 살을 빼보겠다며 조깅 중일 것이다. 사회는 출산 후의 여성에게 수치스러운 이미지를 씌우기 급급하며 외면하게 만든다.

40일

전통적으로 그리고 여전히 오늘날 일부 국가는 임산부가 출산 후 다시 기력을 되찾도록 40일의 기간을 허락한다. 가톨릭에서는 '산후 산부産婦의 축성식'을 하는 날이다. 어떤 사람들은 어리석게도 여성을 마치 징계라도 받아야 하는 불순한 존재로 여겼기 때문에 고립시켜야 한다고 주장하기도 했다. 하지만 선조들은 아이를 낳은 엄마에게 축복의 40일이라는 휴식의 시간을 마련해 주는 섬세함이 있었다. 이 기간 동안 산모는 사회적 책임은 물론 가사의 의무에서도 면제받았으며 오로지 아기를 위해 헌신하면서 그동안 고생했던 자신의 몸을 돌보았다. 성경 *레위기*에도 여성을 위한 이 특별한 기간에 대해 기술한 작자 미상의 감동스러운 글이 있다. 나는 이 글을 자주 떠올리는데, 오늘날 어련히 주어지는 출산 휴가보다 훨씬 더 존중받는 느낌이 든다. 산모가 직장 생활의 책무에서 벗어나 한숨 돌릴 수 있도록 하면서, 그녀가 이제 막 겪은 사건이 얼마나 중요한지 공감해 주면서 동시에 사회 전체도 새로 태어난 사회 구성원을 환영할 준비를 하는 것이다. '산후 산부의 축성식' 때는 신부가 성당 입구로 나와 산모를 맞이한다. 이 축성식은 예배자를 어리석은 자로 낙인을 찍는 의식과 거리가 멀다. 모든 사람들이 모여 젊은 엄마로 인해 기뻐하고 새로 태어난 생명체에게 인사하며 맞아들이는 축복의 행위로서의 기념식이라고 할 수 있다.

이 40일이라는 기간은 마그렙le Maghreb(모로코·튀니지·알제리를 포함하는 북아프리카 지방 - 옮긴이) 문화, 아유르베다(아유르베다Ayurveda는 '생활의 과학'이라는 뜻의 산스크리트어로, 우주와 인간을 함께 고찰하는 고대 인도의 전통 의학이다 - 옮긴이) 원칙에 부합하는 문화, 중국 또는 아프리카 문화와 다른 문화에서도 발견된다. 40일 동안 사회는 아기를 낳은 엄마를 지원하고 돌보며 그녀가 집안일의 부담을 내려놓을 수 있도록 한다. 그래야 산모는 낯설기만 한 아기를 이해할 수 있고 삶의 리듬을 재정비할 수도 있고 아이를 돌보고 먹이는 방법을 습득할 수 있으며, 그녀가 당면한 모든 불안과 직면할 수도 있다. 40일의 휴식을 권장하는 이유는 회복이 필요한 산모의 지위를 인정하고 산모의 고통과 출산으로 겪은 변화의 폭이 얼마나 큰지 공감하기 위해서다. 사실 '산후 산부의 축성식'을 베풀며 모든 출생의 신비 앞에 경의를 표하기도 하지만 그보다 산모가 불순하다는 예전의 의식을 가리려 했다. 병원은 산모의 고통과 공포를 수용하고 의미를 부여하기 위해 사회 전체가 했던 노력을 어떻게 대신할 수 있을까?

출산은 사망과 맞먹는 과정이다. 출산은 실로 엄청난 일이기 때문이다. 출산은 신비로운 행위이고 마치 저승을 횡단하는 것과 같다. 즉, 죽음을 면할 수 없는 경험이다. 예전에는 한 마을에 출산을 경험한 여성이 있으면, 이미 같은 고난을 겪었던 여성들이 모두 그녀를 찾아와 둘러싸고는 공동체의 일원으로 맞이했다. 여기에서 공동체란 고통의 경험을 '아는' 여성들, 즉 '슬기로운 여성들'(프랑스어로 조산사(산파)는 'sage-femme'으로, 'sage'는 '현명한', '슬기로운', 'femme'은 '여성'의 합성어라고 할 수 있다 - 옮긴이)의 공동체다. 어원적으로 '여성들에 대한 담론'이라는 의미가 있는 '부인과학婦人科學'이라는 용어와는 달리, '조산사'라는 단어에는 여성들이 지식의 대상이 아니라 주체이다. 여성들이 바로 지식을 갖춘 사람들이고, 지식이란 다른 사람들의 연구 대상이 아닌 여성들만 보유하고 있는 것이다. 조산사는 단지 분만만 돕는 게 아니었다. 분만의 자리에 함께 있어 주었다. 오늘날 산모는 아마 예전보다 효과적으로 출산을 하게 되어 부담은 덜 수 있다. 그러나 사회적으로 버림받은 것처럼 유니폼을 입은 낯선 사람들만 잔뜩 있는 살균된 장소에 덩그러니 혼자 머물게 되었다. 우리 시대가 더 이상 의미를 부여하지 않는 모든 고통과 신비의 피난처가 바로 병원이다. 죽음, 고통, 탄생은 기술적 문제로 탈바꿈된 통과 의례일 뿐이다.

인력 부족

많은 의료 종사자들은 사회의 비참함과 고통을 처박아 두는 장소가 바로 병원이라고 말할 것이다. 사회가 상징적 정책을 다루기 거부하는 경우, 그로 인한 결과가 병원 안에서 증상의 형태로 불쑥 튀어나온다. 그래서 안타깝게도 간호사들은 비탄에 빠진 엄마들과 버려진 노인들과도 마주해야 하고, 성과를 중시하는 경주가 벌어지는 사회 속에서 나약함 때문에 제동이 걸리지 않도록 대처해야 한다고 압박을 받는다. 사회가 포기한 곳에서 낙태와 안락사 요청에 대처해야 하고, 체제로부터 소외된 모든 사람이 응급 벨을 울릴 때 그들과 마주해야 하며, 그들을 도울 모든 기술적 수단과 항상 부족한 인력을 관리해야 한다. 살아 있는 사람에 대한 제어를 상징하는 병원에서 사회적 과제는 질병으로 탈바꿈된다. 부족한 간호사 인력을 보충하고 시간이 모자란 의료팀을 대신하기 위해 기술적 수단이 임시방편으로 남용되는 경우가 많다. 간호 인력이 너무 부족하고 과로에 시달리다 보니 더 이상 환자와의 인간적인 관계는 기대할 수 없다. 《세상에서Au monde》를 통해 조산사 샹탈 비르만Chantal Birman은 설치된 스크린으로 동시에 여러 산모의 자궁 수축 상황을 살피는 모니터링이 어떻게 분만실의 부족한 조산사 인력을 궁여지책으로나마 대신하게 되었는지 다음과 같이 설명한다.

조산사는 이제 손으로는 아기를 받으면서 동시에 다른 분만실에 있는 산모들의 상황을 보여 주는 벽에 걸린 스크린에 시선을 고정한다. 출산 과정에서 점진적으로 인간성이 말살되고 있는 이 상황에 대해 반란을 일으켰던 조산사들에게 원장은 이렇게 대답했다. "사람들이 당신에게 질문하고 당신이 그들에게 대답할 때 반드시 그들을 바라보아야 한다는 말은 그 어디에도 쓰여 있지 않다. 벽을 쳐다보며 묻고 대답해도 아무 상관없다. 게다가 조산사 직위의 수를 늘리자는 걸 거절했던 건 내가 아니라 조산사 감독이었다. 결국 대역이라도 찾아야 하는 어려움을 고려해 조산사들이 나에게 동의를 했다 하더라도 후보자가 없는데, 같이 일할 조산사 인력을 어떻게 채우겠는가?" 조산사들은 모니터 화면으로 다시 나누어졌고, 논쟁은 끝을 맺었다.

같은 방식으로, 경막외마취와 제왕절개의 수가 산모와 동행할 수 있는 조산사의 수에 반비례함을 확인할 수 있다.

경막외마취를 하느냐 마느냐 하는 양자택일의 순간, 산모의 선택에 따라 그날의 업무량이 달라진다. 경막외마취의 좋은 점 중 하나는 인력을 늘리지 않고도 증가하는 분만을 소화할 수 있다는 것이다.[06]

기술이 허용하는 '선택'은 여성을 고립시키고 그 기술이 없이는 대책조차 세울 수 없는 상황에서 나타나는 해로움은 모두 여성을 향해 있다. 기술적 해결책은 인간의 동행을 사치로 만들어 버렸다. 이제 인간의 동행은 흔한 일이 아니며 유일하게 주어지는 선택도 아니다.

자유주의 체제는 개인이 자립적이고 생산적인 존재라고 찬양한다. 그러면서도 개인을 그들의 사생활에서는 소외시키기가 어려우니, 인간이 연약해진 공간인 병원에서 그들을 통제하려는 비열함을 보인다. 모든 돌봄의 근간이 되는 인간관계가 위태로운 상황 속에서 의료 종사자들은 매우 불안할 수밖에 없다. 다시 말해 개인이 살면서 여러 사건에 상처받을 때, 더 이상 혼자서는 해결할 수 없어서 다른 사람의 도움이 필요할 때, 이 체제는 인간성을 말살하는 방향으로 나아간다. 노인, 장애인, 임산부는 사회를 향해 이러한 연대를 간절히 호소하는 대표적인 사람들이지만 그들에게는 기술적인 응답만 돌아올 뿐이다. 공권력과 시민사회가 약자들의 목소리를 회피하는 동안 간호 인력은 연약하고 스스로 제어하지 못하는 사람들의 삶과 한계, 거추장스럽기만 한 육체, 계획과 성과 그리고 광고용 이상에 맞지 않는 모든 것 등, 이 모두를 책임져야 한다는 견딜 수 없는 상황에 놓이게 한다. 기술적 통제의 현장에서 전문가는 부족한 인력을 대신해야 한다. 인간성을 상실하게 만드는 엄격한 프로토콜과 조치들에 얽매일 수밖에 없으며 혹여나 사소한 실수라도 하면 법원의 위협을 받게 된다.

여성에게서 원인을 발견하고 한탄하다

하지만 인력이 부족한 상황만으로는 폭력적인 행위와 부적절한 언행을 정당화할 수 없다. 임신한 나는 무례한 산부인과 의사들 앞에서는 사물과 다름없었다. 나는 이런 경멸하는 태도와 우월감, 임신이라는 인간의 모험과 여성의 육체라는 경이로움에 대한 지독한 무관심은 어디에서부터 왔을까 궁금했다. 임신 기간은 기술 체제가 일관성 있게 진가를 발휘하는 순간이었다. 여성이 의사에게 생식력의 관리와 성생활의 통제를 위임하면 임신 기간 동안 의사의 평가를 받는 일은 당연했다. 여성의 육체는 화학적으로 교란시킬 수 있고 실험실에서 복제할 수 있는 기계 장치의 집합체로 간주되었고, 더 나아가 아기를 품은 몸 역시 마음껏 조작할 수 있는 꽃병으로 보아도 자연스러웠다. 세포 덩어리로 규정되는 태아는 수술실에서 낙태 시술을 하는 의사에게조차 하나의 생명체로 대우받을 수 없었다. 여성은 아이를 가지지 않기 위해서도, 아이를 갖기 위해서도 의사에게 의지할 수밖에 없는 현실에 처했다.

사회의 집단적 회피가 가져온 결과의 대가를 고스란히 치르는 대상이 바로 임산부다. 그런데 의사들의 냉혹함이 이런 상황의 유일한 원인인 듯 그들을 비난하는 것은 옳지 않다. 우리 여성들이 사물화된 까닭은 바로 우리가 기술 앞에서 너무도 만족스러워하면서 포기했기 때문이다. 여성들이 사이비 여성 해방을 기술적으로 실행하기 위해 의사에게 백지 서명을 헌납했고 그 결과, 의사는 우리가 엄마가 되는 순간조차 우리 몸을 마음대로 다룰 권리를 부당하게 취득했다. 잠재적 병리학에 가려 임신이라는 사건을 제대로 볼 수 없는 이유는 생식력을 마치 질병처럼 여겼기 때문이다. 태아를 품은 여성이 인간성을 상실한 이유는 태아가 인간으로서 간주되지 않기 때문이다. 여성 스스로가 자신의 생식력을 어렸을 때부터 대비해야 하는 위협이자, 모든 사회적이고 인간적인 가치의 개입이 중단되는 기술적인 문제로밖에 대하지 않는데 어떻게 기술자인 의사에게 그렇게 하지 말라고 요구할 수 있겠는가? 여성들은 사춘기 때부터 자신의 육체를 통제해야 하는 기계 장치처럼 다루도록 받아들이는데, 의사가 임신한 여성의 몸을 마치 알을 품은 암탉 취급한다고 해서 어떻게 화를 낼 수 있는가? 청소년기 때부터 여성은 자신의 몸을 건강상의 위협처럼 생각해 왔는데, 왜 갑자기 어른이 되었다고 생각이 달라지는 것일까?

2

겁에 질린 젊은 여성들

나의 첫 산부인과 검진이 생각난다. 그래도 정말이지 꼼꼼한 의사였는데 내가 엄마 뱃속에 있을 때 담당 의사이기도 했다. 나는 처음으로 사귄 남자친구가 피임약을 처방받으라고 했기 때문에 그 의사를 찾아갔다. 비록 알몸으로 검진을 받아야 했지만 큰 문제는 없다 싶은 그때 몇 가지 불편한 질문이 이어졌다.

"항문 성교도 하나요?"

"낙태 수술을 했던 적은요?"

"지금까지 섹스 파트너는 몇 명이었죠?"

결국 나는 의사가 또 한 번만 쓸데없는 질문을 하면 진료실을 박차고 나가야겠다고 마음먹었다.

"만약 낙태를 해야 하는 때가 오면 다른 데를 알아보세요."

참나, 나는 열여섯 살이었고 나에게조차도 내 몸은 미지의 세상이었다. 산부인과의 첫 진료로 비로소 나는 성의 해방으로 인한 기쁨이 무엇인지 맛볼 수 있었다.

자, 손가락 하나만 넣을 거예요

유독 내가 특별한 경험을 하지는 않았을 것이다. 내 이야기는 특별히 충격이랄 것도 없다. 하지만 다르게 생각해 보면, 그만큼 많은 소녀들이 불편하지만 의무라고 여겨 어쩔 수 없이 그 불편함을 감내하고 있다는 의미다. 2015년 2월, 수면 중인 환자들을 대상으로 산부인과 내진을 했던 사건 이후로 그래도 말로 하는 것은 정상적이라고 여겨 너무 오랫동안 침묵해 왔다. 그런 사례로 텀블러 '나는 동의하지 않아'에서 발췌한 세 가지 증언이 있는데 슬픈 공감을 불러일으킨다.

　　진료실로 들어가니, 산부인과 의사는 최소 쉰 살은 되는 듯 나이가 아주 많아 보였다. 의사는 나를 편하게 해줄 수 있는 노력은 조금도 하지 않았다. 나는 너무 겁을 먹은 채로 의사에게 피임약을 처방해 달라고 했다. 그는 성 경험이 있는지 물었고 나는 그렇다고 했다. 그러자 나에게 옷을 벗고 다리는 받침대에 올리라고 했다. 그리고 나는 산부인과 내진을 경험했다. 그는 부리 집게로 질을 벌려 매우 차가운 금속 재질의 커다란 막대기 같은 것을 안으로 밀어 넣었는데, 질이 찢어지는 느낌에도 나는 이러지도 저러지도 못했다. 너무 아팠고 불편했다. 의사는 내 배를 여러 번 꾹꾹 누르면서 이렇게 딱 한마디만 했다.

　　"긴장 푸세요."

　　하지만 나는 이 말에 더 몸에 힘이 들어갔다. 나는 의사가 무엇을 하는지 전혀 알지 못했다. 의사는 나에게 어떤 행위를 하는지 전혀 설명해 주지 않았고 왜 하는지도 알려 주지 않았다. 물론 이 모든 행동에 전혀 동의를 구하지 않았다. 나는 피임약을 원했을 뿐이었다. 생각해 보면, 이처럼 불쾌한 생식기 검사는 내가 그를 위해 지불해야 하는 비용이었던 것이다. 정말이지 함정에 빠진 듯한 기분이었다.

자, 지금부터 하는 이야기는 내가 산부인과 진료실에서 지옥을 맛본 이야기다. 열여섯인가 열일곱 살 때였고 처음으로 산부인과 진료를 받게 된 날이었다. 여자 의사는 질 내진을 한 다음, 내 가슴을 손으로 만지고 검사를 끝냈다. 그러고는 의사는 다시 진료실로 가 진료비를 수납하기 위해 엄마를 찾은 다음 엄마 앞에서 이렇게 지껄였다.

"학생이 더 이상 처녀가 아니라는 걸 엄마 앞에서 말해도 되나요?"[07]

모두들 안녕하세요! 오늘 저는 처음으로 산부인과 검진을 받았어요. 생각했던 것만큼 끔찍하지는 않았는데 진료했던 의사가 너무 불친절했어요. 너무 차가웠고, 계속 지적질을 하는데 너무 불쾌했고요. 나는 무척 부끄러웠어요. 옷을 벗어야 하는 게 정말이지 어려운 일이었거든요. 심지어 의사 앞에서 벗어야 했으니까요. 칸막이가 있기는 했지만 의사는 내 앞에 계속 있었어요. 내가 의자 위에 눕자 의사는 나에게 다리를 어디에 올려야 할지 알려 주었죠. 의사가 손가락 두 개를 질에 넣으려고 하는 바람에 나는 소리를 질렀어요. 아프다고 하자 의사는 열세 살짜리 어린 아이보다도 못하면서 물었어요.

"그런데 경험이 있어요, 없어요?"

내가 너무 아파서 남자친구가 할 수 없었다고 이야기했죠. 그러자 의사가 말했어요.

"음···. 그럼 손가락 하나만 넣을게요."

의사는 진료를 계속했고 나더러 정말 어린애 같다는 말을 끊임없이 했어요.

"도대체 본인이 몇 살인지 알고나 있어요?"

의사는 내가 뭐라고 이야기하는지 제대로 듣지도 않았어요.

의사는 피임과 관련해 알약 처방전을 쓰고 있었어요. 요청하지도 않았는데 말이에요. 피임링을 원한다고 이야기했지만 의사는 내가 뭐라고 하든지 개의치 않았어요. 내가 질문을 할 때마다 의사는 건조한 말투로 이미 말을 해주었다고만 대답했어요. 의사의 이런 태도가 정상인가요? 아닌가요? 산부인과 검진은 매번 이런 식인가요? 여러분의 답변에 미리 감사드려요. [08]

그늘 아래에서 울고 있는 소녀들

이게 정상인가? 우리에게 잘못이 있을까? 광장에서 심경을 토로하는 이름 없는 젊은 여성들의 외침에 우리는 귀를 기울여야 할까? 여성들의 혼란은 다음과 같은 과제를 던져 준다. 내 몸을 향한 시선은 어떠하고, 대접은 어떠한가? 우리 사회는 나에게 어떤 대답을 제시하는가? 이런 폭력에는 뭐라고 대답해야 하는가? 아무 대답이 없다. 여성을 경멸하는 전문가인 산부인과 의사의 차가운 손과 과학적 차원의 통제뿐이다. 여성의 몸과 여성의 성은 의사의 폭력적이고 공포감을 주는 상상계로 연결될 것이다. 여성은 자신의 몸을 두 배로 위험하다고 여기게 될 것이다. 잠재적으로 생식력이 있고 질병에 걸릴 수 있는 몸으로 말이다. 여성이 받았던 성교육 수업은 이와 같은 산부인과 진료를 알려 주지도 않을 뿐만 아니라 여성의 몸은 남성과 다른 게 아무것도 없다고 믿게 한다. 여성의 몸은 의사들에 의해 조작되고 사물화된 육체인 동시에 여성이라고 정의할 수 없는 지엽적인 육체로 이상하게 변해 버릴 것이다. 제대로 돌아가는 게 전혀 없다.

청소년 시기에 갑작스럽게 육체의 존재감이 느껴지고 성 정체성은 견디기 힘든 부담으로 다가온다. 가슴이 부풀어 오르고 생리가 시작되고 첫 경험은 고통스럽고 산부인과는 반드시 거쳐야 할 곳이 된다. 젊은 여성을 젊은 남성과 구분 짓는 것은 중요한 일이 된다. 여자아이와 또래 남자아이가 완전히 육체적으로 다르다는 사실을 부정하는 게 오히려 음란하지는 않은지 생각해 보아야 한다. 여자아이가 또래 남자아이와의 단절을 가장 가혹하게 체감하는 순간은 바로 여성의 성 평등과 해방, 미분화를 이야기할 때다. 육체적으로는 당연히 남녀의 차이가 있다는 것을 알면서도 실제로 존재하지도 않는 성적 중립성을 아이들에게 강요하는 일은 위선적일 수밖에 없다. 성적 미분화를 지지하는 일부 사람들은 여자아이가 배트맨을 흉내 내는 모습에 경탄하며, 그 여자아이가 보통의 남자아이처럼 남아 있기를 강요하면서 정작 결정적인 변화의 순간은 모른 척하려 한다.

사실상 사춘기 때까지 소년들과 소녀들을 다르게 대하는 데 아무것도 정당화하지 못한다 하더라도, 청소년기가 성별 차이에 모든 조치를 취하는 데 적합한 순간일 듯하다. 성별의 차이를 제대로 이해하지 못한 채 성장하면, 남성은 전혀 알지 못하는 순응할 수밖에 없는 일련의 시련에 생각 없이 마주하게 되는데 이것이 더 불공평하다는 생각이 든다. 열네 살이 되면서부터, 아니 심지어 더 어릴 때부터 여성의 육체는 듣기만해도 위험해 보이고 마음을 꺼림칙하게 하는 인유두종 바이러스라고 불리는 '자궁경부암', '피임약', '자궁경관의 세포 도말', '피임 패치', '원하지 않은 임신', '성병 감염' 등에 노출된다. 성적으로 '활동적'이기 전이더라도 여성은 첫 산부인과 진료의 '행복'을 마음껏 누리게 된다. 여성의 사생활은 사랑하는 남성의 손길이 닿기도 전에 의사가 마음대로 부리게 될 것이다. 우리는 많은 소녀들이 산부인과 첫 진료로 얻는 불안에 대해서는 거의 이야기하지 않는다. 수많은 소녀들이 이 진료를 어쩔 수 없이 겪으면서 심한 충격을 받는다. 필요도 없는데 시행되는 질 내진, 조심성 없고 무례하기 짝이 없는 언행, 가끔은 방해가 되는 행위 등이 성생활에 들어서기 위해 으레 거쳐야 하는 단계다.

저기요, 제가 지금 열두 살이거든요

그들은 모두 소녀들이고 공포에 질려 있다. 검색창에 '산부인과 첫 검진'

이라고 써보면 이를 쉽게 확인할 수 있다. 인터넷에 올라온 어떤 글을 읽다 보면 그 내용에 간담을 서늘해지기도 하는데, 그보다 댓글이 더 심할 때도 있다. 모든 글은 하나같이 도움을 요청하고 있고, 또 하나같이 불안을 증폭시키는 댓글들로 혼란이 반복된다. 공포, 걱정, 수치스러움, 부모의 압력. 여성들이 그렇게도 갈망하던 발전과 해방과는 거리가 멀다.

열한 살이에요. 산부인과 의사를 만나러 가야 해서 우울해요. 남자 의사나 여자 의사 중 내가 선택해야 하는 건가요? 자궁 세포 도말 검사하는 것도 싫고요, 나를 주물럭거리는 것도 싫어요.

내 생각에는 아무래도 우리와 같은 과정을 겪은 여자 의사가 더 나을 것 같아요. 남자 앞에서 벌거벗는 건 정말이지 노 땡큐! 참고로 나도 열 살이고 성 경험은 없어요. 생리도 아직 시작하지 않았고 냉만 보이지만 나도 산부인과 진료에 마음의 준비를 하려고 해요.

안녕하세요! 저는 열두 살이에요. 방금 엄마가 산부인과 진료 예약을 하러 간다고 말했어요. 제가 지난 7월에 생리를 시작했거든요. 저는 정말이지 가고 싶지 않고 너무너무 부끄러워요. 그리고 내 나이에는 왁싱을 하지 않잖아요. 굳이 해야 하는 건지도 모르겠고요. 모든 게 잘 될 거라면서 안심하고 진정하려고 해보지만 의사가 나를 안 좋게 생각할까 봐 걱정도 돼요. 내 몸이 전혀 이상 없이 완벽한지 궁금하기도 하고 진찰이 필요한 것 같기는 해요. 그런데 무서워요.

정말 너무 무서워요. 조언 좀 해주세요. 정말, 제발이요.[09]

소녀들의 이런 불안감에 우리는 어떤 대답을 해주어야 할까? 소녀들을 안심시키는 데 목적을 둔 기사들은 대개 기술적 행위들이 총망라된 목록만 작성하는 게 다다. 그러면서 항상 "이를 악 물어라. 안 좋은 순간은 금방 지나갈 거다"와 같은 식의 명령조로 결론을 내린다. 그 증거로 수많은 기사 중에서 *레튀디앙*letudiant.fr 사이트의 2013년 3월 28일자 기사 '산부인과 첫 진료: 무슨 일이 일어날까?'를 함께 보고자 한다. 철저하게 정보 제공 위주였던 이 기사는 이렇게 시작한다.

첫 산부인과 진료는 소녀가 처음으로 성관계를 시작했을 때부터 이루어져야 한다. 하지만 소녀가 적합한 피임을 택할 수 있기 위해서 가장 좋은 시기는, 첫 경험을 하기 전 특히 초경을 하기 전에 진료를 받는 게 좋다. 그리고 엄마와 동행하는 것이 가장 이상적이다.[10]

소녀들에게 명령형의 글을 통해 어려서부터 책임감을 가져야 한다는 의무감(법률적, 의학적, 도덕적?)을 교묘하게 제시하고 있다. 선택의 자유와 신체의 자유로운 사용은 그 다음 문제다. 그러므로 최선을 다해 첫 성경험을 준비하려면 가능한 엄마와 동행해 진찰을 받아야 한다. 판타지, 로맨티시즘, 사생활이여 안녕! 만약 소년들에게 아빠와 함께하는 비뇨기과 검진을 계획하면서 첫 검진을 떠올려 보라고 한다면, 사생활을 존중하지 않는 행태라며 사이렌 소리가 더 커질 것이다. 왜냐하면 여성이 엄마와 함께 피임, 임신 중절, 성병 감염을 이야기하는 동안 또래 남성은 전혀 다른 종류의 입문 의식을 치르기 때문이다. 《포르노 나라의 앨리스 Alice au pays du porno》[11]의 저자인 철학가이자 국립과학연구소 연구원인 미셸라 마르조나Michela Marzano와 의사 클로드 로지Claude Rozier에 따르면, 남성의 진짜 '통과 의례'는 평균 열한 살에 처음 본다는 포르노 영화다. 여성들에게는 자궁경관 세포 도말 검사, 남성들에게는 포르노 영화, 사실이 두 통과 의례 모두 여성으로서는 상처가 된다. 그렇다면 이렇게나 유명한 첫 산부인과 진료는 어떻게 이루어지기에 여성들이 이렇게 불안해할까?

기술적 통제

다음 기사 역시 *레튀디앙*에 올라온 글이다. 소녀들이 산부인과 첫 진료를 앞두고 불안할 때 인터넷에서 처음으로 발견하는 답변일 수 있다는 것을 고려한 듯 상당히 *상세하게 기술되어* 있다.

통제된 진료 시간은 30분을 넘지 않는다. 몇 가지 질문이 이어진 후, 몸무게와 혈압을 확인한다. 엄밀한 의미에서의 산부인과 진료는 그 이후부터 시작된다. 환자는 벌거벗은 채로 다리를 벌리고 진찰대에 눕는다. 먼저 의사는 금속이나 플라스틱 재질의 작고 좁은 기구인 질경으로 외음부, 자궁경부, 난소를 검사한다. 이를 통해 잠재적인 염증이나 감염을 찾아낸다. 그리고 검진은 산부인과 내진과 내부 생식기(질과 자궁 경부) 촉진을 함으로써 끝나게 된다. 자궁경관 세포 도말 검사가 실행될 수 있는데, 이는 작은 질경과 자궁경부 세포 채취를 위해 고안된 막대기나 솔을 동시에 사용하여 내자궁경부와 외자궁경부 모두에서 세포를 얻는다. 통증을 유발하지는 않으며 아주 조금 불쾌감이 있을 수 있다. 검사실에서 채취한 세포를 분석해 병변이 있는지 알아낸다. 마지막으로 의사는 촉진을 통해 의심스러운 종괴(만져지는 덩어리)가 있는지 발견하기 위해 유방암 검사도 실행할 수 있다. 더불어 의사는 여러분이 집에서도 자가 검진을 할 수 있는 방법도 설명해 줄 것이다. [12]

드디어 마침표를 찍으며 기사는 마무리된다. 여성으로서의 완전히 새로운 몸과 마주하게 된 열두 살 소녀를 안심시키려고 작성되었다는 글이다. 사실 어린 소녀들이 이런 글을 통해 불안을 해소할 수 있을까 싶다. 내가 계속 이야기하고 또 이야기하게 될 이런 폭력에 우리 사회는 그 정도로 맹목적인 것 같다. 우선 '진료'라고 하지만 이 글을 통해 진료 과정을 살펴보면 이는 말 그대로 자유를 침해하는 '통제'에 가깝다. 만약 진찰하는 사람이 주도권을 가지고 통제한다면, 진찰을 받는 사람은 당연히 수동적인 위치에 놓이게 된다. '통제한다'는 의미는 무엇에 관해서든 정상적인 기질을 점검하고 그 기질의 발전성을 지배한다는 것이다. 2년마다 의무화된 자동차 정기 검사는 자동차의 상태가 정상이라고 보증하며, 상태가 정상이라고 할 때 도로 위를 다시 달릴 수 있도록 허용한다. 나는 진찰대에 누워 자동차 정기 검사를 받고 있다는 기분이 자주 들었다. 다시 말하면 글자대로 나의 몸을 다소 기름칠된 기계로 단순화해 버리는 정비를 받고 있는 기분이었다.

자, 이제 털어놓아 보세요

검증은 거기에서 끝나지 않는다. 삶, 환상, 계획의 가장 작은 세세한 부분까지 확장된다. 혹시 모를 일에 대비해서 주어지는 질문이지만, 전반적으로 지배적인 경향이 짙은 질문에 소녀는 대답해야 한다. 일반적으로 어떤 질문을 받게 될까? 각 검진이 조금씩 다를 수는 있는데 그래도 전형적으로 주어지는 문제들이 있다. 여성지 《코스모폴리탄Cosmopolitan》에서 조사된 몇 가지 질문은 다음과 같은 내용이다.

예정대로라면 의사는 여러분의 병력, 임신 가능성, 유산은 물론 여러분의 애정 문제에 대해서도 알아보려고 할 것이다. 당신은 미혼인가? 섹스 파트너는 여러 명인가? 앞으로 몇 달 안에 아이를 갖고 싶은 생각이 있는가? 흡연자인가? 이 모든 정보는 중요하며, 혹시 과거를 뒤돌아보며 테니스 수업을 할 때 모든 남자들과 잠을 잤다는 사실이 창피하더라도 숨기지 말아야 한다. 의사는 여러분을 심판하려고 거기에 있는 것이 아니라 당신에게 적합한 진료를 하기 위해 있는 것이다.[13]

의사가 이러한 질문을 하는 이유가 관음증 때문이거나 심판하기 위해서가 아니라고 말하는 건 중요한 게 아니다. 여성의 나이가 어리다고 해서 성생활과 애정 문제의 가장 은밀하고 구체적인 부분과 과거뿐만 아니라 앞으로의 계획, 몸은 물론 마음 속 환상에 대해 '아무것도 숨기지 않아야 한다'는 독촉이 덜하지는 않다. 이런 질문들은 잠재적인 질병을 진단하고 특히 적합한 피임법을 처방한다는 목적으로, 소녀의 '내력'을 꼭 자백받아야 하는 병리학적 범주로 포함시킨다. 또한 '의사가 여러분을 심판하려고 거기에 있는 게 아니다'라는 말은 오히려 여성이 이런 질문에 경찰 취조나 종교적 고백의 자리에 있는 듯한 인상을 받는다는 것을 더 분명하게 보여 준다. 각각의 여성에게 적합한 치료 행위를 찾겠다는 구실로, 푸코가 말한 '고백 의식', '성적 특이성의 사실 진술'을 필요로 하고 있다. 이런 식으로 털어놓은 개인의 내력은 진단을 목적으로 하는 정보로 제한하여 의료 서류에 기록될 것이다.

그런데 이게 끝이 아니다. 이렇게 질문 세례로 개인의 역사에 소용돌이가 한 번 일고 나면 이제는 중간 단계 없이 바로 체중계의 냉정한 숫자와 마주할 때가 온다. 마치 상품 검사 후 '너무 뚱뚱하다' 혹은 '너무 말랐다' 식의 적합성을 판결받듯 나는 장부에 기입된 살덩어리가 된 것 같다. 안 그래도 몸무게에 콤플렉스가 있는 소녀들인데, 건강 상담이라는 구실로 얼마나 많은 소녀들이 상처를 받았을까? 성생활과 육체의 수치화로 소녀들은 완전히 해부당한다. 자유화된 성의 멋진 세상으로 발을 들인 소녀들을 위한 환영 인사인 것이다! 의사들 입장에서는 따뜻한 인사를 건넸다고 생각해서일까? 소녀들이 조금만 긴장해도 놀란다.

"긴장하실 필요가 전혀 없어요!"

공중에 뜬 다리들

이제 정말 최악의 상황만 남았다. *레퓌디앙* 기사에서 말했던 '환자는 벌거벗은 채로 다리를 벌리고 진찰대에 눕는다.', 바로 이 순간인 것이다. 그동안 살아오면서 다행히도 나는 굴욕을 겪을 일이 없었다. 하지만 결국에는 나도 벌거벗은 채 누워, 굴욕적일 뿐만 아니라 본질적으로 성적이기까지 한 자세로 진찰대의 차가운 침대에서 능욕을 당한다. 의사가 그 모습을 보고도 아무런 성적 흥분도 느끼지 않는다는 사실은 이 자세 때문에 여성들이 정신적 외상을 입을 수 있다는 것을 절대로 이해하지 못한다는 이야기다. 프랑스 산부인과 의사들은 진료할 때 거의 모두가 이 자세를 요구하지만, 꼭 이렇게 다리를 벌리고 누워 진료를 받을 필요는 없다는 게 더욱 충격적이다. 현대 사회에서는 온갖 형식의 지배적 행태를 고발하는 소리가 사방에서 들려온다. 그럼에도 형식적이라는 핑계로 의사의 성적 지배를 기반으로 한참 어린 여성 환자를 향한 공격(어떤 사람들은 '폭력'이라고 말하기도 한다)이 최근 들어 시작되었다는 사실은 정말이지 놀라지 않을 수 없다.

수많은 소녀 대부분이 성 경험이 없을 텐데 이런 자세를 처음으로 의사 앞에서 취해야 한다는 것은 아무래도 문제가 될 수 있다. 위험을 예방하고 검진을 시행하기 위해서, 이런 헌납적인 행위, 성기 개방의 행위,

받아들임 또는 출산의 신성한 행위, 〈세상의 기원L'Origine du monde〉에서 귀스타브 쿠르베Gustave Courbet가 후세에 영원히 남겨 준 다리를 벌린 이 자세를 의사 앞에서 취해야 한다니 이 얼마나 유감스러운가! 이 성적인 자세는 사랑뿐만 아니라 욕망의 의미도 담고 있다는 것을 정말 모르는가! 참고로 남성과 여성이 마주한 체위는 몇 가지 예외를 제외하고는 인간에게 한정된 특성이다. 이렇게 수용적인 자세의 여성은 다행히도 상대의 얼굴과 마주하지 않지만 청진을 하는 동안은 억지로 천장에 시선을 고정하고 있어야 한다. 벌거벗은 채 누워 다리는 벌린 여성, 끔찍한 지배의 현장이 아닐 수 없다. 여전히 내 생각이 너무 과장되지 않았냐고 의심스러워하는 사람들을 위해, 마르탱 뱅클레Martin Winckler의 훌륭한 소설 《여성 합창단Le Chœur des femmes》에서 일부분을 인용해 보겠다. 의사 카르마가 다소 말을 듣지 않는 경향이 있는 인턴 장에게 굴욕적 특성의 '산부인과 자세'를 보여 주기 시작하는 장면이다.

그는 휴지 세 장을 집어 손을 닦고 나를 돌아보며 산부인과 진찰대를 가리켰다.

"그 위로 올라가세요."

"네?"

"진찰대 위로 올라가시라고요!"

"하지만 저는…."

"뭔가를 보여 줄게요. 올라가세요."

나는 발판에 발을 올리고 뒤로 올라서서는 진찰대 끝에 걸터앉

왔다.

"산부인과 자세로 누워요."

"네?"

"어서요! 청바지 입고 있잖아요, 장. 위험할 게 없다고요."

나는 얼굴이 달아올랐지만 결국 자세를 취했다. 나는 다리를 들고 발을 발 받침대에 올려놓았다. 종이 시트에 머리를 대고 누웠다. 카르마를 보려면 고개를 앞으로 들어야 했다.

카르마는 의자 발 받침대를 밀고는 내 사타구니 사이로 바짝 다가와 섰다. 그의 지퍼가 내 엉덩이 쪽에 와 닿았다.

그는 덩치가 크고 수염이 텁수룩하게 많았고 전등 아래에서 보니 머리카락은 매우 갈색이었다. 그가 이런 식으로 행동하면 여자들은 무서울 것이라는 생각이 들었다.

"편해요?"

나는 모욕당한 기분이었고 한없이 약한 사람이 된 것 같았지만 그가 이 사실을 알면 좋아할 것 같아서 내 기분을 드러내지 않았다.

"별로요, 많이 봤던 모습인 걸요."

그는 내 사타구니 사이에서 빠져나오더니 진찰대를 돌아 팔을 내밀어 손으로 내 머리를 들고는 목 아래로 작은 쿠션을 밀어 넣었다.

"이제 좀 낫죠?"

"네…."

그의 얼굴에서 미소가 번졌다.[14]

이 발췌 부분의 다음 이야기에서는 일반적인 산부인과 진찰 자세보다는 덜 폭력적인 '영국식' 또는 새우잠이라고 일컫는 자세를 설명한다. 선정적인 여성의 자세와 의사의 지배적 위치를 보다 약화시킨다.

벌거벗고 누워 다리를 벌린 소녀는 이제 신체에서 가장 내밀한 곳에 다양한 기구들이 삽입되는 것을 견디어야 한다. 장갑을 낀 촉진이 첫 애무를 대체할 것이다. 그리고 금속의 기구가 삽입되어 첫 성교를 기술적으로 흉내 낸다. 자궁경관 세포 도말 검사가 시행되어 표본 채취가 이루어진다. 그리고 나서 마치 육안으로 탐색하면 내 깊은 속까지 충분히 들여다보지 못해 아쉬운 듯이 내 세포는 현미경으로 분석하기 위해 조각조각 해체된다. 이것이 바로 여성 사상가 실비안느 아가젠스키Sylviane Agacinski가 말한 '산산조각 난 몸'의 역설적 구축의 첫 단계인 분할이다.[15] 레튀디앙의 글에서 '통증은 없다, 단지 아주 조금 불쾌할 뿐이다'라는 내용을 읽었지만, 정말 불쾌한 건 신체와 사생활 그리고 소녀의 가장 사적인 감정들에도 의사가 검사권을 들이댄다는 사실이다. 그럼에도 부모에게 떠밀려 소녀가 지배의 현장으로 가는 이유는 바로 의료계로부터 정상이라는 판결을 받고자 함이다.

의심스러운 덩어리

전문가와 의사들의 신체, 성적 정체성에 대한 통제, 즉 규범적 지식은 미셸 푸코가 분석했던 권력 지식 장치를 가장 기만적으로 표명하는 것이다. 푸코에 따르면, 지난 수십 년 동안의 하이라이트는 사실상 성의 해방이라기보다 실제 *성 과학*scientia sexualis의 확립, 성을 주제로 한 학술 연설, 성적 행동에 대한 과학적 관리와 같은 생식 기관을 지닌 육체를 향한 통제다. 개인 건강에 전념한다는 구실로 규범적 이야기들이 급격하게 증가함으로써 일련의 권력 지식 장치들이 정립되었는데, 이 장치들에서 벗어나기란 정말 어려운 일이 되었다. 왜냐하면 우리 시대는 공공 보건을 핑계로 성에 대해서도 의학 학술 용어로 말하면서, 개인의 가장 은밀한 부분을 검사하는 권리까지 얻어 내는 데 성공했다. 가장 사적인 이야기까지 들을 수 있던 고해 신부도 얻을 수 없었던 특권 아닌가!

푸코는 18세기에 4가지 프로세스를 분석하는 데 몰두했는데, 여성 육체의 히스테리화, 아동의 성에 대한 교육화, 생식 행위의 사회화 그리고 변태적 쾌락의 정신의학적 해석이 그것이다. 조금만 살펴보아도 소녀가 경험하는 '통제된 상담'이 바로 이 네 가지 분야에 동시에 참여하게 된다는 것을 확인할 수 있다. 우선, 여성 육체의 히스테리화란 여성을 사춘기 때부터 모든 잠재적 질병의 온상지로 간주하는 것은 물론 전염시킬 (그 대상이 남성이라는 것은 두말할 것도 없다) 가능성이 있는 존재로 여기는 것이다. 그렇기 때문에 여성의 '생식 세포', '감염', '가벼운 염증' 그리고 다른 '의심스러운 덩어리'들을 추적해야 한다. 성 교육화는 12세부터 여자아이들에게 책임감 있는 성적 행동을 가르치는 것을 말한다. 반면 남자아이들은 유명 포르노 사이트인 유폰YouPorn을 본다. 그리고 생식 행동의 사회화는 우리의 지배적 진료의 궁극적인 목적이 젊은 여성들에게 신성불가침의 피임약을 처방하는 데 있다. 이 약 덕분에 사회는 여성의 생식력을 호의적으로 통제할 수 있다. 남자아이들에게는 형광색 콘돔을 나누어 주는 것으로 만족하면서 말이다. 마지막으로 변태적 쾌락의 정신의학적 해석은, 진료를 시작하는 질문서가 성 경험이 많다는 것을 전제로 하거나 또는 성 행위에 대해 너무나 사적인 질문들로 가득 차 있다는 것이다. 우리 시대가 표준화를 향해 가고 있기는 하지만, 중요한 것은 가장 변화가 많은 성적 행위들까지도 정상과 규범 그리고 심리학적으로도 수용 가능한 범주 안으로 들어가게 한다는 것이다. 이것은 푸코가 규탄했던 담론들과 같은 맥락이라고 할 수 있다. 숨겨져 있던 억압을 바깥으로 확산시키고, 쾌락에 대해 말하고 성적 행위를 요구하는 것은 다시 말해 결국에는 공개적으로 그 행위들을 털어놓을 수 있도록 장려하는 것이다.

깨끗한 몸

이 모든 통제 방식은 무엇을 목적으로 실행된 것일까? 만약 건강이 목적이었다면 왜 젊은 남성은 이런 통제 방식으로부터 면제되었을까? 모든 증상이나 불쾌감과는 별개로 왜 이런 것을 겪어야 했을까? 여성이라는 성별, 즉 신체의 남녀 모두에게 해당되는 부분 말고 생식기라는 것을 고려한다면 문제는 분명해진다. 항문에 질병이 전혀 없다면 항문 전문의를 보러 갈 이유가 있을까? 굴욕적인 자세로 웅크리려고? 다양한 기구를 삽입하게 하려고? 어쩔 수 없이 표본을 채취하기 위해서? 항문이 겪은 모든 경험과 우리가 계획하는 모든 것을 숨기지 않고 이야기하려고? 딸과 아들이 열두 살이 되었을 때 항문을 진찰하러 가지 않는다면 무책임한 반동적인 부모라고 고발당한다고 한 번 상상해 보기를 바란다! 남성과는 다르게 여성이라는 성별은 왜 자동으로 잠재적 병자, 타락했을 가능성이 있는 사람, 악취가 고인 위험한 장소처럼 간주되는가? 왜 번번이 여성의 가슴은 손으로 만져 보면서 남성의 고환은 만져 보지 않는가? 마치 여성 고유의 특성이 몸을 위협하는 것처럼, 여성이라는 성별이 드러나기 시작한 게 마치 유죄판결인 것처럼 이제 고작 사춘기에 들어선 소녀는 이미 잠재적인 환자가 되어 버린다. 정신적 충격을 받는다고 하더라도 이 과정을 감내하고 치러 내야 한다고 대답할 것이다. 어떤 경우에? 도대체 무슨 목적으로?

원하지 않는 임신과 성병은 유독 여성에게만 위협이 되며 이상하게도 남성은 배제된다. 여성의 건강한 성생활을 위해, 성병은 남녀 성별이 따로 있지 않으며 아기를 만들려면 두 사람이 있어야 한다는 사실 또한 상기해야 한다. 하지만 소용없는 이야기다. 성병이든 임신이든 제때 발견하는 것도 방지하는 것도 여성의 몫일 게 뻔하니까 말이다. 임질이라는 성병이 창녀와 떼려야 뗄 수 없는 고질병처럼 인식되듯 오래전부터 성병은 여성의 성생활이 부패한 물처럼 지저분할 때 생겨난다고 여겨졌다. 따라서 젊은 여성은 청결한 물이 되기 위해, 남성과 깨끗한 성관계를 하기 위해 이런 검진들을 받아야 한다는 것이다! 여성은 우선 제단과도 같은 진찰대 위에서 의사에게 '깨끗하다'는 허가를 받아야 하고, 불임 상태라는 실로 아름다운 사랑의 이미지를 간직해야 한다. 불임이란 생식력이 없는 동시에 모든 잠재적 병균, 세균 또는 난자에서도 홀가분하게 벗어난 상태다. 이처럼 외설적인 의식과도 같은 산부인과 검진의 궁극적인 목표는 피임약을 처방해 젊은 여성이 섹스 파트너의 욕구에 위험과 제한 없이 응하게 하는 데 있다. 여성이 쾌락의 세계에 들어서기 전에 그녀가 건강하고 안전한지를 확인해야 하는 것이다. 따라서 산부인과 검진은 모든 섹스 파트너가 욕망의 대상인 여성에게 요구할 권리가 있는 보험 증서가 되어 버렸다. 이 검진이 불러오는 정신적 외상을 고발하거나 필요성을 의심하면 여성 해방의 만병통치약인 피임약을 비난한 죄로 고발당하지도 모른다. 해방되었다는 여성이 반감과 고통을 느낀다는데 함구하고만 있는 참으로 이상한 자유화가 아닐 수 없다.

피임약을 복용하지 않는 여성은 얼마나 많은 압박을 느낄까. 전단 벽보, 광고 영상, 중학교 6학년부터 매년 실시되는 수업 중의 성병 예방 교육 영상 등으로 사회 전체는 압력을 행사하며 또래 여자 친구들의 압력, 잠재적 남자친구들의 압력까지 합세한다. 중학교 5학년 때였던 것으로 기억하는데 정부 차원에서 이루어지던 성교육 첫 시간이었다. 교육 담당자들은 콘돔을 씌우는 연습을 하도록 우리에게 바나나를 돌린 다음, 앞에 더러워 보이는 비닐봉지를 늘어놓았는데 알고 보니 여성용 피임기구였다. 순간 수치심이 몰려 왔다. 나는 당시 자궁경부암 백신을 접종한 상태였다. 자궁경부암은 자궁 입구에 생기는 암으로 성관계 시 남자를 통해 감염되는데 이를 예방하기 위해 11~14세의 소녀들에게 접종받도록 권장한다. 중학교에 들어가자마자 언제 성관계를 하게 될지 모르기 때문에 자신을 지킬 수 있어야 하며, 특히 임신하지 않도록 준비해야 한다고 아동에게 알리기 시작한다. 성교육에 사용되는 공식 자료에서 성은 불결한 질병과 연관되어 있다. 성교육은 보건 교육과 분리될 수 없다는 것을 보여 주고 있는 것이다. 왜 그런 식으로 연관되어 있을까? 질병은 기술적인 답과 자칭 객관적인 진단, 그리고 치료를 요구한다. 성생활 역시 질병처럼 위험이 내재되어 있다고 암시하며 성 문제에도 기술적인 해결책만 내세우겠다는 것이다.

섹스해 줘, 또 해 줘

성병, 에이즈 그리고 원하지 않은 임신의 해결책으로 한 사람과의 충실한 사랑이나 성적인 성숙을 강조할지도 모르겠다. 파트너의 수에 따라 감염의 위험성이 증가되며, 산모가 미성숙할수록 임신이 더 비극적인 사건인 것은 분명한 사실이기 때문이다. 남녀 두 사람 모두의 책임감을 강조하고, 성관계 때문에 야기되는 문제들이 두 사람 모두에게 영향을 끼친다는 점을 지적할 수도 있다. 하지만 책임감을 부여한다고 해서 오래 지속되어 오던 성생활을 그만두어야 한다는 이야기는 절대로 아니다. 예전보다는 성 행위가 다양화되고 자유로워지고, 또 조숙해졌다고 해서 성생활이 감염의 위협을 증가시키고 임신을 책임질 수 없는 젊은 커플이 증가한다고 결론지어 버리면 안 된다. 이제 우리 사회는 청춘의 성에 부여한 자리, 즉 성행위 방식에 또 다른 고민을 해야 할 때가 온 것이다.

그렇다면 이제 와서 혼전 순결을 장려해야 할까? 아니면 겁 많고 무지한 젊은 여성의 이미지를 부활시켜야 할까? 그것이 방법이 될 수 없다는 것은 분명하다. 우리는 성이라고 하면 삽입, 처녀성 파괴, 겁탈, 생식 등을 떠올리던 것에서 벗어나 성생활의 그림을 보다 많은 단계로 그려 봐야 한다. 지금으로서는 순진한 처녀성과 성기 삽입 사이에는 어떤 중간 지점도 없지 않은가. 이런 상태에서 성생활의 방향성을 정하라고 한다면 마치 소녀들의 완전한 순결 상태와 카마수트라 식의 성적 체위처럼 극과 극의 성적 상태 중 하나만 선택하라고 재촉하는 것이나 다름없다! 게다가 카마수트라 자체는 성교 체위의 백과사전이기 전에, 가장 정숙한 입맞춤에서부터 가장 뻔뻔한 난교까지의 가능한 모든 단계를 이보다 섬세할 수 있을까 싶을 정도로 상세하게 관찰한 사랑의 예술서다. 이 오래된 전통들을 카마수트라에 요약해 엮었던 바츠야야나Vatsyayana는 노래, 글씨, 그림, 카펫을 꾸미는 기술, 옷, 보석, 몸에 향기 나는 크림을 바르는 기술 등이 이미 에로틱한 예술의 첫 단계라고 평가했다.

남자가 여자에게 가볍게 접촉하는 것은, 그게 무슨 핑계건 간에 이미 예비 단계이다. 카마수트라는 '명목상'의 키스, '가슴 뭉클한' 키스, '가슴 설레는' 키스는 물론 무는 기술까지도 포함한 모든 형식의 키스를 세밀하게 묘사한다. 여성으로서는 가장 사랑하는 사람을 향해 가슴을 젖히는 것이 이미 쾌락의 전조 중 하나다. *카마수트라*는 섹스 위키피디아가 절대 아니다. 오히려 섹스 입문서라고 하겠다. 우리는 에로티시즘이 입문 예술이라는 사실을 명심해야 한다. 쾌락은 그저 기계적 삽입이나 동물적 행위가 아니며 천천히 여유를 가져야 몸에 익숙해진다는 사실을 인정하면서 단계에 따라 알아가야 한다는 것을 더 자주 상기해야 한다. 나도 어린 시절 그런 이야기를 누군가 해주었다면 좋았겠다는 생각이 든다. 청소년기의 여성은 조금의 지체도 없이 일찍 쾌락 속으로 뛰어들기보다 천천히 성에 눈을 뜨는 것이 좋다. 성생활에 늦게 입문하더라도 이를 존중해 달라고 남자 청소년에게 요구할 권리가 있다는 사실을 아는 것 역시 필요하다. 또한 서두르지 않고 천천히 키스를 하고, 만지고, 애무를 하는 것에 대해서도 이야기를 나누고, 절대적으로 삽입, 피임, 콘돔 그리고 에이즈에 대해 이야기해야 한다.

사 랑 하 는 기 술

다음은 카미유 에마뉘엘Camille Emmanuelle의 최근 저서 《섹스파워먼트 Sexpowerment》의 내용 중 한 부분이다. 카미유는 이 책에서 소녀들이 또래 문화를 통해 습득한 '망할 성교性交'를 고발한다.

> 특히 문제가 되는 것은 사전 준비 행위, 삽입, 수면 이 3단계로 이루어지는 섹스에 대한 환상이다. '사전 준비 행위'라는 말은 영원히 없애 버려야 한다. (중략) 아무 의미가 없다. 다른 사람과의 성적인 만남은 모든 것이 섹스다. [16]

이 '망할 성교'는 섹스를 매우 폭이 좁은 참담한 의미로 만들어 버린다. 이렇게 속전속결로 해치우듯 속도 위주로 축소된 개념의 섹스는 잠재적으로 위험하다. 만약 우리가 소녀들에게 제안해야 할 사랑의 환상이 단지 이것뿐이라면, 그런 환상은 차라리 포기하는 편이 더 용기 있는 결단일 듯하다! 우리는 나이와 정서적 성숙 그리고 각자의 감정 상태에 맞는, 임신은 필수가 아니며 그 누구도 매년 산부인과 의사 앞에서 다리를 벌려야 할 의무가 없는 에로틱한 연애 기술을 장려해야 한다. 미셸 푸코는 서양이 '성 과학'을 발전시켰던 유일한 문명이라고 했지만, 그것은 슬프게도 그 문명에는 21세기를 위한 '아르스 에로티카ars erotica(성애의 기술)'라고 정의해야 하는 에로티시즘이 없다는 사실을 스스로 확인한 셈이다.

정말 슬픈 것은 성생활의 위험성에 제안된 해결책이 하나같이 책임을 대부분 여성에게만 부여하는 기술적인 답변이라는 점이다. 그리고 정말이지 놀라운 사실은 제시된 섹스가 죄다 상업적이라는 것이다. 백신, 약품, 젤, 피임약, 콘돔 등은 엄청난 시장을 대표하는 기술적 수단의 놀라운 무기다. 변함없는 사랑과 에로틱한 기술은 아무런 이득도 발생시키지 않는 것이 현실이다. 모든 이성 관계에 내재된 위험에 기술적이고 상업적인 답변을 내세움으로써, 전혀 위험하지도 인간을 소외시키지도 않으려는 사랑에 대한 성찰은 온데간데없다. 정확하게 말하자면, 여성은 피임약을 소비하고 의학 기술에 의존함으로써 지극히 사적인 영역을 공공 정책 분야와 상업 분야로 바꾸어 버렸다는 사실을 잊어버린다. 자신의 사생활을 공공의 영역으로 위임해 버리는 꼴인 것이다.

이처럼 여성의 지극히 사적인 삶을 지탱해 주는 피임약이 홍보 전단,

의학적 추적 조사와 같은 공공 정책의 대상이 되는 것은 참으로 모순적이다. 이 정책의 유일한 목적은 생식력을 개인의 기술적 문제의 범주로 끌어들이고자 하는 것이다. 기술적인 해결책이 중립적일 거라는 믿음은 대단한 착각이다. 뿐만 아니라 인공 피임 기술은 중립과는 거리가 먼 성관계, 커플, 여성의 육체 그리고 새로운 출산에 대한 전망을 내포한다. 여성이 성생활을 할 때 첫 단계로(이상한 입문) 산부인과를 방문하고 피임약을 처방받는 행위는 그동안 여성에게 주입되었던 성과 생식력의 이해에 중요한 문제점이 있다는 사실을 드러낸다. 성교육 분야에서 건강 전문가들이 신부와 영적 지도자를 대신하게 되었다고 해서 도덕이 사라진 것은 아니다. 도덕주의는 종교의 전유물이 아니다. 피임을 하지 않는 여성에게 무책임하고 주체적이지 않다고, 도덕적이지 않다고 경고하는 것이 어떻게 중립적인가! 여성이 걱정할 만한 증상이 없을 때 산부인과를 방문하지 않는다면 의무적인 산부인과 방문에 반대의 뜻을 조용히 드러내는 중이라고 생각하는 게 바람직하다.

걱정하지 마, 다 계획해 놨어

성에 대한 어떤 인식이 첫 피임약이라는 이런 관습적인 단계를 형성했을까? 성은 충동적이기 때문에 갑자기 억제할 수 없는 성적 욕망에 사로잡힐 수 있고, 따라서 섹스 파트너들은 항상 섹스할 준비가 되어 있어야 한다고 이해할 수 있다. 또한 성 경험이 없는 여성들 역시 그 순간이 언제 닥칠지 모르기 때문에 '성적으로 적극적'이기 전부터 항상 만반의 준비로 피임약을 복용해야 한다고 이해하는 경우도 있을 것이다. 성생활의 일반적인 이해는 언제든 처녀성을 빼앗길 수 있으므로 늘 준비된 상태여야 한다는 것이다. 14세에 피임약을 복용하고, 파티에 갈 때는 혹시 모르니 주머니에 콘돔을 넣고 가는 일은 더 이상 유별나지 않다. 스스로를 보호하기 위한 자발적인 행동이라고 주장할 수도 있겠지만 사실 모든 게 계획된 것이다. 교육자, 의사, 부모들은 첫 성교의 조건을 기획하고 소녀들을 그에 맞춰 준비시킨다. 옛날에 어린 신부에게 첫날밤을 준비시키던 것과 도대체 다른 게 무엇이냐는 말이다!

나는 수학여행에서 첫 경험을 했는데 남자친구가 나와 섹스를 할 목적으로 콘돔을 가져왔다는 사실을 알았을 때 정말이지 큰 상처를 받았다.

"걱정하지 마, 다 계획이 있어."

당시 남자친구는 성교육 수업에서 잘 배웠다는 데 만족스러워하며 자랑스럽게 속삭였다. 아무것도 자연스럽지 않았다. 모든 게 미리 계획되었던 것이다. 갑자기 찢어져 버린 콘돔을 빼면 모든 게 예정된 그대로였다.

"뭐야, 너 피임약 안 먹었지?"

남자친구가 불안한지 나에게 물었다.

나는 충분히 준비가 되어 있지 않았지만 유혹에 넘어가고 말았다. 내 잘못이었다. 잘못을 바로잡는 건 내 몫이었다. 약국으로 갈 방법도 찾지 못한 채, 24시간을 더 알프스 산맥에 갇혀 있다가 그 다음 날 피임약을 사기 위해 기차를 타야 했던 건 바로 나였다. 많은 사람 앞에서 목소리를 높이던 여자 약사의 교화적인 연설을 들어야 했던 것도 나였다. 수치심, 구토, 불안, 내 안에 몇 시간 동안 살아 있었을지 모를 태아에 대한 생각에 사로잡혔던 것도 바로 나였다. 준비성 없이 갑작스럽게 성생활에 입문했던 나는 너무나도 어리석었다. 나의 잘못이었다. 조금 더 일찍 엄마와 함께 산부인과에 가서 피임약을 처방받아 준비했어야 했다.

너는 이미 했어?

내가 알려져서 다행인 점은 여러분에게 내 이야기를 들려줄 수 있다는 것이다. 나는 누군가가 첫 경험은 이렇게 치러서는 안 되며, 무엇보다 섹스가 반드시 겪어야 하는 의무적인 단계가 아니라는 것, 성 경험의 어두운 이면을 여성 혼자서 견뎌서는 안 된다는 사실을 말해 주기를 바랐을지 모른다. 또한 나의 미성숙함도 존중해 주는 사랑을 요구할 권리가 있다는 말도 듣고 싶었을지 모른다. 청소년의 사랑이 곧 성기 삽입이 아니며, 욕구는 천천히 채워도 된다는 말을 듣고 싶었을 것이다. 준비할 시간이 필요하며 기다려 줄 것을 요구할 수 있는 권리, 즉 피임만 준비하는 게 아니라 성숙할 때까지 기다려 달라고 할 수 있어야 한다는 말을 들었다면 좋았을 것이다. 이 책을 읽는 여성들은 고등학생 때 자유로운 분위기의 학창 시절을 보냈다고 하더라도, 키스조차 하지 않고 성관계를 하자고 하는 남자친구에게 짧든 길든 얼마 동안 기다려 달라고 말할 수 있었는지 떠올려 볼 것이다. 소녀들처럼 소년들도 섹스를 스스로 정말 원하든 그렇지 않든 그저 모든 사람들이 하니까 하는, 성인이 되려면 빨리 뛰어넘어야 하는 단계처럼 여기고 경험하는 경우가 많다. 그렇다고 해서 모든 소녀가 순결한 연애를 꿈꾸며, 성적 욕구는 단지 남성의 전유물이라고 말하려는 것이 아니다. 주구장창 피임과 낙태에 대해 이야기하기보다 소녀들에게 순결한 연애가 가능하다는 것을 깨우쳐 주고 그런 연애도 요구할 수 있다는 사실을 말해 주는 것이 오히려 여성 해방의 올바른 방식일 수 있다.

설령 남성들이 성관계 자체에만 초점을 맞추고 있다고 하더라도 여성들이 스스로 어릴 때부터 피임약을 복용하고 굴욕적인 산부인과 검진을 당연시하지 않는다면, 몸을 스스로 지키려는 자신의 권리를 존중할 것이라고 생각한다. 언제든 성적 쾌락에 응할 준비가 되어 있어야 한다는 지령은 자기 상실과 남성우월주의의 마지막 피난처다. 성적 욕망이 예측 불가능하고 즉각적이라는 고정관념은 남성적 논리에 많은 영향을 받은 나머지, 순환적이고 더디고 뚜렷하지 않으며 관계의 성숙도에 폭넓게 의존하는 여성의 욕구가 가진 특징을 고려하지 않아서 생겼다. 여성의 욕망을 단지 성기 삽입으로만 단정 지을 수는 없다. 피임은 명백히 여성의 성생활을 섹스 파트너인 남성의 성생활에 맞추는 기술적인 방법이다. 어릴 적부터 피임약을 복용해야 한다는 사회적 지령은 청춘기의 표준화된 성생활을 누리게 해주는 조건으로, 여성이 겪는 의학적 통제의 예시 중 하나다. 결혼할 때까지 순결해야 한다는 것 역시 개인의 선택이 아니라면 이 또한 자기 상실이라고 해야 한다. 의사 앞에서 매년 검사를 받아야 하고, 인공 피임과 임신의 위험성은 물론 낙태를 여성 혼자서 감당해야 하며, 성적으로 '사용' 가능해야 한다는 압박을 힘겹게 감내한다고 해도 그것은 절대로 진보를 의미하지 않는다. 여성의 육체를 향한 사회적 지배에는 기술적 지배가 뒤따르는 법이다. 그런데 이 기술적 지배는 해방의 단풍이 붉게 물들면 물들수록 기만적이라는 함정이 있다.

내가 피임약을 복용해야 했다면, 나는 잊지 않았을 거야

남성은 여성을 대하는 자신의 행동 방식을 변경하지 않기 위해, 성생활의 잠재적 위험들을 기술적인 방법에 맡기고 싶어 한다. 교제 중인 여성의 몸과 리듬을 존중하려고 노력하기보다 피임약을 처방하고 임신 중절을 계획하는 게 더 쉽기 때문이다. 성욕을 자극하는 입문 의식을 새롭게 상상하기보다 병원에서 진단을 받는 게 훨씬 더 쉽다. 또한 사랑을 강조하기보다 콘돔을 배부하는 게 더 쉬우며, 여성과 남성에게 여성의 생식력이 얼마나 섬세한지 가르쳐 주기보다 이제 막 성숙해진 여성의 생리 주기를 화학적으로 혼란스럽게 바꾸어 버리는 게 더 쉽다. 그러나 프랑스 국립 인구학연구소Institut national d'études démographiques에 따르면, 피임 수단이 대폭 확산된 후에도 연간 낙태 건수는 감소하지 않았다고 한다. 이 결과는 산부인과를 방문하고 처음으로 피임약을 처방받는 오래된 관례가 여성에게 원하지 않은 임신으로 인한 비극의 무게를 전혀 덜어 주지 못했다는 의미다. 심지어 교육부 청소년 · 연대생활담당 국무장관 자네트 부그라브Jeannette Bougrab가 통솔한 2012년 2월 16일자 보고를 참고하면, 25세 이후 매년 1~5% 증가하는 낙태 건수가 미성년자 사이에서도 상승했다!

물론 미성년자를 대상으로 무료 피임을 적극 권장했던 이 보고서는 눈길을 끌기는 했지만 우려할 만한 낙태 건수 증가의 이유는 자문하지 않았다. 프랑스는 피임 시행률이 높은 나라 중 하나다!* 여성은 감염 우려가 있는 검진, 죄의식을 느끼게 하는 예방 조치, 호르몬 주기를 변경시키는 피임법, 여성의 리듬을 무시하고 벗어나기가 어려운 남성의 욕망, 계속되는 임신 중절 수술 등 모든 면에서 패배자다. 여성을 존중하지 않는 모든 방법을 다 쓰면서도 낙태의 트라우마에서 벗어나지 못하고 있다. 다른 대안도 없이 여성이 기술적으로 통제되고, 감시당하고, 촉진당하고, 비워지는 상황에서 가장 위대한 승리자는 누구일까? 이제 누가 자기 마음대로 행동하며 자꾸 어린 여성들과 섹스를 하려고 할까? 매력 없는 콘돔과 거추장스러운 사랑의 충성 그리고 위협적인 부성애로부터 벗어났다고 여길 사람은 누구일까? 바로 남자다. 남성은 자신의 생식력과 성적 쾌락이 가져오는 결과를 오로지 '섹스 파트너'에게 떠넘기려 들 것이다. 어차피 그런 불공평을 기반으로 한 이상한 파트너십인데 뭐 어떤가! 남성은 기다리지 않던 임신이 찾아온 경우, 자신의 태만과 책임은

---

* 이 보고서에 따르면, 성생활을 하면서도 임신을 원하지 않는 여성들 중 단 5%만이 인공적 피임 방법을 하지 않겠다고 결정한 것으로 나타났다. 임신 중절을 한 4명 중 3명은 피임을 하고 있는 중이었다. 이들 중 42%가 피임약과 피임기구를 사용했다.

물론 미래의 선택까지 여성에게 떠넘길 것이다. 사실 이런 불공평의 본질적인 원인은 무엇인지 고민할 필요도 없다. 프랑스 예방 · 건강교육연구소INPES가 2009년에 펼친 '피임이 남녀 모두에게 적용되도록 하려면 남성도 임신을 해야 할까?'라는 제목의 도발적인 캠페인을 떠올려 보자. 청소년인 남성이 여자친구에게 당황한 목소리로 자신이 임신한 사실을 이야기한다.

"이제 우리 어떻게 해야 하는 거야…."

그러자 여자친구가 말한다.

"우리? 왜 우리야?"

그리고 이어지는 말이 가관이다.

"제기랄, 너 바보구나. 내가 피임약을 먹어야 했다면 절대 잊지 않았을 텐데!"

낙태 시술을 했어야지!

페미니즘 운동 40년, 이제 그 현장은 더 이상 고무적이지 않다. 기술이 여성에게 약속했던 해방은 더 유해한 상실로 이어졌다. 의무적인 산부인과 방문과 화학적 피임이 정말 임신의 공포로부터 여성 청소년을 해방시켰다면, 젊은 연인에게 진정한 평등을 조성해 주었다면 전화위복으로 생각할 수 있었겠지만 현실은 너무 다르다. 피임약은 전혀 오류를 책임지지 않으며 오로지 여성만이 임신 가능성의 위험을 감내하도록 한다. 마찬가지로 낙태할 권리도 낙태를 결심하지 않는 여성이 그 선택에 따른 결과를 혼자서 감당해야 한다는 사실을 내포한다. 여성이 임신을 책임지기 위해 필요한 사회적인 지원은 찾아볼 수 없을 뿐만 아니라, 오히려 여성이 의식적으로 아이를 가지고 싶어 했던 것처럼 책임을 계속 여성에게만 돌린다.

태아를 지우지 않는다면 결국 그 존재를 원했던 것으로 받아들인다. 내 말이 틀린가?

"네가 아이를 지우지 않은 거잖아!"

여성은 아이의 아빠를 시작으로 사방에서 이런 소리를 듣게 될 것이다. 피임약과 낙태는 비겁한 남성에게 최고의 변명이 되어 준다. 참 지독히도 아름다운 해방이 아닐 수 없다! 여성은 의사와 화학의 지배 아래서 자신의 육체를 기술에 맡기고 사람들이 소위 선택이라고 부르는 강요에 갇힌 자신을 발견한다. 피임 기술과 낙태 기술은 남녀 모두가 가진 생식력의 무게를 여성에게만 짊어지게 하며, 피임도 낙태도 실패하게 되면 불리해지는 쪽은 역시 여성뿐이다. 남성은 호르몬도 소파搔爬 수술도 신경 쓸 일이 없으니 안심하고 푹 잘 수 있다. 불임의 대상이 되는 것도 낙태를 하는 것도 남성이 아니다.

남성과 호르몬

1979년부터 프로게스테론 합성물과 테스토스테론 유도체를 기초로 한 남성 호르몬 피임이 가능해졌다. 그리고 1982년에서 2012년에 걸친 30년 이상의 기간 동안 150명의 남성을 대상으로 한 여러 실험들의 결과들이 세계 보건 기구나 다양한 학술 대회에서 승인을 받게 되었다. 그렇다면 왜 남성용 피임약은 상용화되지 않았을까? 1979년 처음으로 남성 피임을 연구했던 비세트르 병원의 남성병학 팀의 전 책임자 장 클라우드 수피라Jean-Claude Soufi의 답변은 "정규적 임상 시험이 실현되지 않는 한, 남성 피임약은 대규모로 확산될 수 없다. 그런 이유로 재정적 투자가 필요한데, 당분간은 제약 회사들이 승낙하지 않을 것이다"[17]였다. 여성 피임약이 훨씬 더 수익성이 좋기 때문이다.

왜일까? 남성 피임이 확산되려면 진짜 혁명이 필요하겠지만, 혁명이란 대부분 신뢰하기 힘든 투자인 경우가 많다. 반면 여성의 피임은 남성 지배라는 오랜 습관을 연장시키기만 하면 된다. 모순적이게도 자신의 호르몬 균형은 지키면서 섹스 파트너에게 해로운 화학적 피임을 강요하는 사람들에게 똑같은 피임을 적용하라고 하면 싫어하는 기색을 보인다. 테스토스테론과 프로게스테론 주입에 대한 연구는 기분 장애와 과도한 성욕과 같은 부작용이 지나치게 강조되는 바람에 제동이 걸리고 말았다. 여성들이 이러한 부작용을 불평했을 때는 벌써 1968년의 5월 혁명을 잊었느냐고 나무랐다.

"여러분의 할머니가 이 피임약을 얻기 위해 어떻게 투쟁했는데, 이제 와서 고작 기분이 오르락내리락할까 봐 투덜대다니요!"

한 친구가 어느 날 남자친구에게 이런 질문을 했었다며 나에게 말했다.

"만약 남성용 피임약이 있었다면, 너는 복용했을까?"

친구의 남자친구는 조금의 망설임도 없이 대답했다. "당연히 안 먹지! 나도 모르는 사이에 내 몸에 무슨 변화를 일으킬지도 모를 그런 약은 먹고 싶지 않아. 그리고 잘 모르겠어. 나는 섹스할 때마다 내가 임신시킬 수 있다고 생각하는 게 중요하거든. 남자의 성욕을 위해서는 이게 정말 중요해….."

그는 지극히 남성우위론자로서의 정직한 모습을 보이는 것은 물론 남성이 지닌 특권적 지위도 꿰뚫어 보고 있었다. 얼마나 많은 남성이 이런 식의 사고와 발언을 아무렇지도 않게 내뱉는가!

남성우월주의 사회는 남성의 영향력이 어디까지 미쳐야 하는지 그 범위를 분명하게 설정해 둔다. 물론 여성의 생식력 역시 남성이 항상 지배력을 행사하는 대상이다. 피임과 낙태는 남성의 지배력이 유지될 수 있도록 그저 협조만 하고 있을 뿐, 사고방식의 변화로는 이어지지 않는다. 여성의 육체는 항상 통제 아래 놓일 수밖에 없었고, 그 통제가 화학적이라는 사실은 전혀 변하지 않았다. 여성의 몸을 향한 사회적 지배는 이제 기술적 통제로 영향력이 더 커졌고 재정적 이익까지 이루어내야 한다는 과제도 얻었다. 하지만 여성의 상실을 남성의 상실로 대체해야 한다든지, 현재 여성에게 가해지는 압력을 남성에게도 행사해야 한다는 이야기가 아니다. 성행위 주체인 생식력 있는 두 육체의 만남이 진정으로 올바른 평등주의적 성생활로 이어질 수 있는가를 연구해야 할 것이다. 남성들에 대해, 그들의 육체와 생식력을 이야기하기 시작하면 여성들의 숙명이 그동안 얼마나 불공평했으며, 처참한 현실을 그대로 받아들일 수밖에 없었던 숙명을 더욱 또렷하게 직면할 수 있다. 생식력과 섹스라는 본질적 분야에서 불공평을 목격하는 순간, 우리는 더욱 집요하게 평등을 이야기해야 하며 투쟁해야 한다. 이것이야 말로 진정으로 가치 있는 일이다.

3

우리는 섹스 머신이 아니야!

MILF, 섹스하고 싶은 엄마

기술 사회에서는 육체가 단순한 기계로 인식되는 게 당연하다. 하지만 남성이 여성에게 환상을 품는 방식은 어떤지 그리고 여성은 또 여성 스스로에게 어떤 식으로 환상을 품는지, 즉 남녀가 아름다움에 어떤 다양한 이상을 가지고 있는지 알아보는 일도 흥미롭다. 간단히 말하자면 남성에게는 포르노물, 여성에게는 패션모델이 아름다움의 이상향이라고 할 수 있다. 가는 허리와 큰 엉덩이, 풍만한 가슴의 여성은 바로 남성 청소년을 매료시키는 포르노물 주인공의 모습인 동시에 여성이 지닌 생식력을 보여 주고자 하는 모성적 특징이다. 모성이 계속 남성의 환상을 자극하고 있으며, 우리는 탐나는 여성의 모성적 측면을 노린 포르노 영화의 제목에 의미를 두지 않는다. MILF 또는 *'Mother I'd like to fuck'*을 떠올려 보도록 하자. 풍만한 가슴과 불룩 나온 배, 모성의 기능과 그 기능을 내포한 육체를 역설적으로 재평가해야 한다고 생각할 수도 있을 것이다. 하지만 이와 같은 환상은 단지 욕망의 결과였던 모성이 가슴의 크

기나 피부색과 같은 매력 요소가 되면서 쾌락의 영역으로 흡수되었다는 것을 의미할 뿐이다.

엄마는 학생이나 비서와 같은 여러 선택지 사이에서 고를 수 있는 하나의 선택이 되었다. 남성은 자신이 좋아하는 것을 고르면 된다. 이처럼 여성의 몸에 소비주의적으로 접근하는 것은 모성을 피부색이나 머리카락 색만큼이나 불필요한 특징으로 보면서 여성의 본래 정체성은 떠올리지 못하게 한다. 트랜스젠더이자 변호사였고 미국에서 가장 높은 연봉을 받는 여성 CEO인 마틴 로스블래트Martine Rothblatt는 《성의 인종차별The Apartheid of Sex: 젠더의 자유를 위한 선언》에서 '생식 기관은 피부색만큼 사회에서 개인의 역할의 정의하지 못한다'[18]라고 이야기한다. 콜레트 기요맹Colette Guillaumin은 《성, 인종 그리고 권력의 실천Sexe, race et pratique du pouvoir》에서 '야곱의 양들이 털 때문에 양이었던 것처럼 여성이라는 성별로 지명된 우리도 여성이 된다'[19]고 말한다. 여성다움이란? 털이나 그을린 피부만큼 하찮은 것이다.

삽입하거나 삽입되거나

개인을 정의하는 데 임신 능력은 체모 또는 지방 덩어리만큼이나 변별력이 거의 없는 그저 평범한 특징처럼 하찮은 무엇인가가 되었다. 나는 대학에서 교재로 쓰이는 《젠더학 입문Introduction aux études sur le genre》에서 '성별'에 대한 정의를 발견했는데 그 증거로 제시하고 싶다.

이처럼 의학이 다시 정의한 성별은 이제 염색체와 호르몬 표지標
識, 생식샘의 존재, 내외 생식기관들은 물론 가슴, 체모, 엉덩이 모양
과 같은 이차적 신체 특징들과 아이를 갖거나 성기 삽입과 같은 고
유한 능력들을 총괄한다. (중략)[20]

308쪽 분량의 교재에서 성의 불평등에 할당된 단어는 여러 번 등장
하는 반면, 임신에 대한 언급은 딱 한 번뿐이다. 이 교재의 어휘 사전을
살펴보면 G로 시작하는 단어로 'gay/gai 게이, 남자 동성애자', *gender
gap 성별 차이*', 'gènes/gènètique 유전자/유전의', 'gonades 생식샘
(testicules 고환, ovaires 난소)', 'gouvernement 지배, 정부' 등을 발견할 수
있다. 그런데 'grossesse 임신'이라는 직접적인 언급은 어디에서도 찾아
볼 수 없다. 여기에서 쟁점이 되는 '고유한 능력'을 언급하는 것을 이렇
게 조심스러워한다는 사실을 진지하게 생각해 보아야 한다.

엉덩이의 모양, 체모 그리고 아기를 갖는 능력이 나란히 열거된 것을
주목해 보자. 자궁을 가진 것이 털이 많은 것처럼 특별한 의미는 없다는
점을 말해 준다. 이 두 가지에는 그다지 큰 차이점이 없다고 여기는 것
이다. 나는 어빙 고프만Erving Goffman에 대한 세미나에 참석했던 때를 떠
올렸다. 그때 나는 임신이 사회를 구축하는 게 아니라는 발언을 했었다.
세 명의 대학 교수는 물론 남자들이었는데 내가 그런 말을 하자, 근육이
발달한 여성과 수염도 나지 않은 풋내기 남성을 발견했었다면서 이런
사실이 대단한 무엇이라도 증명하는 듯이 바로 반박했다. 이차적 신체
특징과 고유한 능력을 제대로 구분하지 못하고 혼동하는 쪽에서는 이런

논거를 계속 반복하며 내세운다. 우리의 젠더학 대학 교재에서도 여성의 고유한 능력을 거우 한마디 언급할 뿐이다. 더구나 젠더학 연구에서 임신과 성교에서의 삽입이 마치 같은 범주에 있는 특징으로 통합한다는 사실이 놀라울 따름이다.

임신과 달리 삽입은 딜도나 기타 성인용품과 같은 기술적 대용품의 존재를 인정하는 성적 행위다. 여성의 육체를 보잘 것 없는 톱니바퀴의 집합체 속 하나로 이해하는 것이다. 아기를 품는 자궁이 마치 질의 확장과 그 질에 침투하는 음경의 능력이 짝을 이루듯, 어느 생물학적 기능과 다르지 않은 평범하고 중립적이며 기술적인 방식으로 표현되고 있다. 아기를 갖는 것과 음경을 삽입하는 행위가 결국에는 같은 지점에서 만난다. 대학 교재에서도 이런 관점을 넌지시 암시하고 있다. 여성을 육체로만 단순화하지 않겠다는 핑계로 여성의 몸을 아예 장기나 기술적 기능의 통합체로 한정해 버린다.

아이를 갖는 여성의 자연적 능력을 마치 단순히 생물학적이고 기술적인 활동으로 간주함으로써 여성 본성의 가치를 떨어뜨린다. 결국 모성에 아무 가치도 부여하지 않고, 모성을 전혀 중요하지 않은 무엇인가로 정의하고 있는 것이다. 임신과 출산으로 여성성을 정의할 수는 없다는 규정은 아기를 갖는 능력이 저속하고 평범한 특성이라고 생각하는 사고방식에서부터 시작한다. 간단히 말해서, '육체는 평범하다'라는 결론을 내려놓고 여성의 임신에 접근한다는 이야기다. 철학에서 이것을 논점 선취의 허위라고 부르는데, 논증을 필요로 하거나 곧 논증이 될 판단을 미리 전제 속에 채용함으로써 생기는 오류를 말한다.

임신은 성적 행위가 아니다

처음부터 아기를 갖는 일이 털의 존재만큼이나 중요한 게 아니라고 단언했기 때문에, 임신이 구체적으로 어떤 문제를 일으키는지 질문할 필요가 없다. 분만을 하는 것과 털을 뽑는 것은 두 가지의 다른 경험일 뿐이라는 것이다. 아기를 갖는 임신을 단순히 질에 음경을 삽입하는 성적 행위에 통합시킨 채, 성적 정체성은 단지 실질적 경험 중 하나의 사건이라고 교묘하게 추론해 낸다. 하지만 임신하는 것 또는 임신할 수 있다는 자체는 모든 사람에게 책임을 지우며, 세상과의 관계를 근본적으로 바꾼다. 질에 남성의 고추를 삽입하는 행위 자체만으로는 이러한 책임과 관계의 변화가 발생하지 않는다. 우선 임신은 성적 행위가 아니다. 임신은 성적 행위의 결과이기 때문이다. 임신은 행위가 아니라 가능성이다. 의지에 달린 문제가 아니라는 말이다. 그렇기 때문에 임신은 보통의 선택이 아니라 모든 성적 행위의 배경을 이루는 '가능성'이다. 머리 색이 빨간색이거나 갈색일 수도 있고, 수줍음이 많거나 장난꾸러기 같은 성격일 수도 있다. 이러한 특징과 달리 엄마가 될 가능성은 잠재적으로 항상 존재하는 여성의 본성이다.

이 잠재성을 단지 임신이 가능한 기관으로 축소할 수는 없다. 엄마가 될 수 있다는 잠재성은 단지 자궁을 소유하는 것이 아니다. 소유가 돋보이는 게 아니라 결과적 사건이 드러나는 경험이다. 여성성을 자궁 안에 가두는 것은 마치 재능을 찾겠다고 뇌를 해부하는 것만큼이나 바보 같은 짓이다! 괜히 쓸데없이 땅을 팠다면서 오열하기 십상이다. 그냥 생식

기관을 줌렌즈로 찍어 놓고는 쾌락이 무엇인지 보여 주겠다는 포르노 영상만큼이나 전혀 공들이지 않고 여성의 몸을 성의 없이 정의하고 있는 꼴이다. 체위가 어떠하든, 섹스 파트너의 수가 몇 명이든, 성기 삽입은 사람이 정말 원한다면 질에 끼워 넣기만 하면 되는 성적 쾌락을 얻기 위한 행위다. 하지만 임신은 행위가 아니라 상태다. 9개월 동안 지속되면서 삶을 송두리째 뒤엎는다. 원했던 임신이든 아니든 임신의 목적은 다른 생명의 탄생이다.

성적 쾌락이 유지되는 시간이 짧다고 하더라고, 삽입하는 것과 삽입되는 것은 사실 존재론적 차이가 전혀 없는 대칭적인 행동들이다. 질이든 음경이든 중요하지 않다. 반대로 성교를 초월해 뱃속에 자리하게 될 또 다른 영혼과 이 존재로 인한 임신이라는 잠재성을 고려한다면, 다른 사람의 몸 안에 혹은 자신의 몸에 다른 생명을 품는 것은 전혀 다른 결과다. 이를 부정하는 것은 성교를 그저 사고파는 포르노의 이미지로만 받아들이겠다는 뜻이다. 마치 섹스가 섹스 파트너의 성적 쾌락만 중요시하는 문제처럼 말이다. 젠더연구학 교재는 성에 대해 이런 슬픈 이미지를 전달하며 이성애자, 동성애자, 양성애자, 트랜스젠더, 부치, 펨, 하드 등의 다양한 성적 행위들에 대해 수백 쪽에 달하는 분량을 할애한다. 또한 자위, 항문 성교 혹은 구강 성교 같은 불평등한 성적 행위는 친절하게 확장시키면서 '젠더'의 본질적 파생이라고 할 수 있는 임신이라는 경험에는 전혀 관심이 없다.

나의 몸은 장기가 모인 덩어리가 아니다

앞서 예로 들었던 것과 같은 교재는 생식 기관과 사람의 몸을 분열시키고, 성을 행위로만 한정하며 성행위의 목적을 오로지 생식 기관으로 고정시킨다. 결국 생식 기관과 육체의 해체, 그리고 포르노물은 모두 여성의 육체가 지닌 가치를 떨어뜨리는 결과를 가져온다. 여성이 삽입하고 또 삽입되는 질로서만 규정되기를 거부하는 것은 어쩌면 당연한 일이다! 혐오의 대상이든 욕망의 대상이든, 이렇게 정의된 육체는 여성의 몸이 진짜로 구현해 내는 것이 무엇인지 제대로 설명할 줄 모르기 때문이다. 포르노 작가, 사회학자, 의사는 여성의 경험이 지닌 진정한 의미를 전혀 고려하지 않고 여성의 육체를 이처럼 좁고 단순하게 묘사한다. 그리고 다른 분야에서도 그렇듯이 여성의 육체 역시 단순히 바라보고 연구하는 대상으로 간주해 버린다. 성이 발생시키는 신비로움이 크면 클수록 그에 비례해 가치가 떨어졌던 것처럼 포르노 영상의 시선은 이중적으로 여성의 육체에 경멸과 성적 욕구를 동시에 담고 있다. 이는 성스러운 것에 대한 모욕과 같다. 자궁이 질의 연장 부분일 뿐이며 임신이 소화 작용과 무엇이 다르냐는 일부 사람들의 주장 속에서도 이와 같은 맥락의 양면성을 발견할 수 있다.

남성들은 여성의 몸이 가진 고유의 가치를 업신여기면서도 동시에 끊임없이 탐한다. 자신들이 지닌 이중성을 부정하지만 그들의 시선은 여전히 이중적이다. 여성 포르노 배우의 신체가 남성들의 양면성을 증명한다. 남성들이 갈망하는 이상향에는 모성적 특징이 강하게 드러나 있다. 그들은 이상향에 성욕을 느끼면서도 증오하고, 정욕을 느끼면서도 경멸한다. 그들이 껴안는 가슴은 젖을 먹이는 가슴이고, 삽입하는 질역시 분만하는 통로다. 여성의 몸은 너무나도 극명한 이중성을 발견하게 한다. 여성의 육체가 유혹과 멸시의 대상이 된 까닭은 우리 본능의 동물성과 우리 태생의 동물성, 즉 섹스와 출산을 통합했기 때문이다. 그토록 해체하고 싶었건만 여성의 몸은 절대로 분리할 수 없는 하나의 끈과 같다. 남성은 풍만한 가슴을 드러낸 여자의 몸이 자신의 시작이라는 것도 끝이라는 것도 부인한다. 그러나 남성의 몸은 바로 여성의 몸에서 태어났으며 전적으로 후손 번식에 초점이 맞춰진 본능이 소멸하는 곳역시 여성의 육체이다. 헤겔G. W. F. Hegel은 '아이들의 탄생은 곧 부모의 죽음이다'라고 했다.

살 또는 뼈

여성과 여성 자신의 육체 사이에도 이러한 이중적 잣대가 작용한다. 이상화된 동시에 거부당하며, 정성껏 보살핌을 받는 동시에 학대당하기도 한다. 하지만 남성의 환상과는 달리, 광고는 여성에게 남녀 양성兩性이라는 이상향을 제안한다. '모델' 게다가 '톱 모델', 아니 어쩌면 마네킹에 가깝다고 할 수 있겠다. 이제 막 사춘기에 들어선 소녀에게 보이는 이상향의 예시는 우울한 낯빛을 하고 하이힐을 신고 터무니없이 비싼 드레스를 두른 해골이나 다름없다. 참으로 슬픈 본보기가 아닐 수 없다. 여성성의 표본이 남성이 가졌던 것처럼 더 이상 미래의 엄마가 아니라 과거 아이의 모습이다. 여성 자신의 시선 속에서 여성 고유의 육체는 기원의 향수가 모계의 환상으로 나타나지 않고, 다시 찾은 유년기처럼 나타난다. 톱 모델의 신체에는 생식력의 모든 특징이 지워져 버렸다. 작은 가슴, 좁은 골반, 병적으로 마른 몸매만 보인다. 포르노 경쟁자와 정확히 반대다. 굴곡 없이 평평하고 마른 모델은 여자아이가 또래 남자아이와 다른 게 아무것도 없던 유년기의 축복받은 시간을 구현한다. 가슴도 없고 호르몬도 없고 생리도 없다. 여성의 몸을 만들어 내는 모든 것이 없다. 현대 여성은 이처럼 생식력을 갖기 전의 몸, 욕망을 지니기 전의 육체, 지배를 당하기 이전의 몸을 되찾고자 열망한다. 아주 어린 여자아이는 산부인과의 손길이 닿지 않았다. 이것이 바로 순결의 현재 모습이다. 이러한 여성이 표본이 되는 역설적인 이상향에 도달하기 위해 여성은 억지로 몸을 망가뜨리는 식이요법을 하고 젊어지기 위해 관리하면서 세월을 부정한다. 왜 스스로 자신의 육체를 사라지게 하려는 것인가!

여성의 몸은 원래 이런 밋밋한 표본을 벗어나 울퉁불퉁하다. 퉁퉁하고 출렁거리는 육체는 매끈한 모델의 몸보다 손상된 상태라고 여긴다. 그래서 '건강한' 다이어트로 이 손상을 '지워야 한다.' 자, 또다시 이 '다이어트'라는 건강 관련 어휘 때문에 여성의 몸은 병리학의 영역으로 흡수된다. 라루스Larousse 백과사전은 '다이어트'를 '건강을 유지하고 회복하기 위한 전문가의 음식과 관련된 가르침의 집합체'라고 정의한다. 그런데 전문가가 여성에게 제안한 의견이 사춘기 마네킹이라면, 그리고 처방된 다이어트가 치료 목적이 아니라 호리호리한 몸매를 위한 것이라면, 본래의 여성성은 지방 덩어리가 붙는 증상의 질환이라고 결론지을 수밖에 없다. 포동포동한 실루엣, 분홍빛 뺨, 둥근 엉덩이가 여성의 건강이 좋다는 신호였다는 것을 안다면, 이렇게 이상한 처방은 없을 것이다! 이제 해골과 굶주린 사춘기 소녀, 생식력과 조화롭지 않은 이상향의 병적 성질이 건강하다는 신호가 되었다. 하지만 엄마는 살이 찔 수밖에 없다. 다시 말해, 다른 생명을 보호하고 먹였던 여성은 임신 기간을 보내는 동안 살이 찌고, 일평생 동안 이 눈물겨운 후유증을 간직한다.

모든 여성이 아는 엄마의 진짜 모습을 부르짖어야 한다. 그렇지 않으면 출산을 할 수도 없고 아이를 지킬 수도 없다. 이 시점에서 우리는 사진작가 제이드 빌Jade Beall이 보여 준 솔선수범을 환영해야 한다. 제이드 빌의 아름다운 작품들은 출산 후 여성의 몸을 있는 그대로 보여 주고 이상화한다. 그녀가 《엄마의 몸: 아름다운 육체 프로젝트The Bodies of Mothers: A Beautiful Body Project》라는 책에서 보여 준 사진 속 모델들은 금발머리거나 가벼운 옷차림에 여성성이 없는 남녀 양성의 모습이 아니며 창녀의 모습을 구현하지도 않는다. 제이드의 사진은 대량으로 제작되거나 소비되고 서로 비교되기 위해 찍은 것이 아니다. 제이드의 렌즈 안에서 여성의 몸은 더 이상 매끈한 그림이 아니라 출산의 흔적이 그대로 남은 진짜 날것 그대로를 전해 준다. 각 여성만의 유일한 이야기가 담긴 사진들이다. 여성들의 피부는 온통 우글쭈글하고 퉁퉁하거나 축 늘어져 있다. 만약 지독한 다이어트를 한 패션모델의 몸을 담아내려는 사진작가라면 포토샵으로 지우거나 보기 좋게 다듬지 않고는 견디지 못했을 것이다. 그런 관점에서 '투렌 법loi Touraine'은 기분 좋은 발전이다. 2017년 5

월에 발효된 이 법은 패션모델이 패션쇼에 서려면 건강진단서를 제출하도록 했다. 또한 컴퓨터로 보정 작업을 한 광고 이미지에 '보정된 사진'이라는 표시를 하도록 했다. 2016년 9월, 프랑스의 LVMHLouis Vuitton Moët Hennessy(루이비통 모에 헤네시) 그룹과 케어링Kering 그룹 역시 XS 사이즈에 해당하는 '32 사이즈'를 추방하고 더 이상 열여섯 살 이하의 모델에게는 일을 시키지 않기로 약속했다. 그동안 우리가 강요받았던 여성성의 표본이 어떠했었는지 32 사이즈와 16세 이하의 모델을 통해 적나라하게 보여 준다. 그러나 아이러니하게도 너무 살이 찐 모델을 야위어 보이게 하기 위해서는 포토샵을 사용할 수 없지만, 거식증에 걸린 모델들의 충격적인 모습을 정상적으로 회복시켜 주기 위해서는 사용된다. [21]

당신의 지방 덩어리를 처리하라!

1970년, 장 보드리야르Jean Baudrillard는《소비의 사회a Société de consommation》에서 완벽하기를 바라는 이 매끈한 몸매에 대해 이미 언급했다.

모든 형식의 건강 관리는 육체의 부정적인 규정을 제거하는 게 목표다. 결점이 없고 남녀 구별이 되지 않는 매끈한 모습이 되어, 모든 외적 공격으로부터 떨어져 나와 자기 자신을 보호하고자 한다. 건강 관리에 대한 관심은 사람을 '교묘하게' 극도의 환각 상태로 몰아 피부와 신체라는 피상적인 종교를 만들어 낸다. 육체를 돌보고

'사랑하는' 이 종교는 육체와 욕구의 모든 결탁을 예고한다. 동시에 식이 다이어트의 고행은 해방된 몸과의 충동을 유해하게 드러낸다.

다이어트 시장은 전기 자극, 압력 요법, 초음파, 생체자기파, 다이어트 약, 동결 건조 식품 등과 같이 전문가, 기기와 약품들로 진정한 경제적 호황을 경험하고 있다. 광고에서는 포토샵으로 보정하고 기계가 어루만지고 개조한 몸이 매혹적인 오라를 내뿜는다.

"당신의 지방 덩어리를 처리하세요"

이 문구는 흡입 작용을 하는 첨단 기계가 허벅지를 마사지하며 체중을 감량하게 하는 앙데르몰로지endermologie라는 시술을 홍보하는 광고 문구다. 육체의 해방은 마케팅에 탈취되어 회당 70유로의 '재고 정리' 대상이 되었고 육체는 결국 지방 주머니들이 축적된 커다란 창고가 되어 버렸다.

불임 인형들, 이름 없는 인형들

여성의 육체는 구속하던 비밀로부터 해방되고 코르셋과 베일, 규방으로부터 해방되어 공공장소로 나올 수 있게 되었고 더 이상 신비로운 그림 같은 존재가 아니다. 여성은 자신의 몸을 마음대로 사용할 수 있는 권리를 획득했다. 그러나 이 권리는 일단 생식력을 제압하는 데 있다. 20세기 초, 여성 육체의 해방은 우선적으로 미美에 관한 것이었다. 몸을 마음대로 사용하는 권리는 자신의 몸을 마음대로 보여 줄 수 있는 권리를 의미했다. 코르셋이 사라지니 치마가 짧아졌다. 여성 참정권을 주장하던 여성들 곁에는 여성 잡지가 있다. 여성들이 독립을 요구하기 시작하자 여성의 모습이 담긴 사진이 수많은 부수로 복제되었다. 낸시 휴스턴 Nancy Huston은 그녀의 에세이《남자의 눈에 비친 모습들Reflets dans un œil d'homme》에서 이런 이상한 일치성을 훌륭하게 분석했다.

이상하게도 여성이 주체가 되어 갈수록, 여성은 스스로를 대상화한다. (중략) 여성지《보그Vogue》는 1916년에 창간되었고 그 창간호에 실린 여성의 첫 이미지는 여전히 19세기의 모습이었다. 하지만 변화의 속도가 너무 빨라서 10년이 지나니 20세기에 있는 것 같았다! 첫 미스 아메리카를 배출한 미인 대회가 1921년이었는데, 미국 여성이 선거권을 얻은 지 2년 뒤의 일이었다.[22]

무엇을 보여 주는가? 누가 그것을 보여 주는가? 이처럼 세계 잡지 속에서 끝도 없이 늘어난 육체의 모습은 어떠한가? 낸시 휴스턴은 여성 모델의 몸에서 모성이나 생식력의 모든 특징이 지워졌다고 하더라도, 실제로 선택된 모델들은 18세에서 22세 사이의 젊은 여성으로 최대의 생식력을 지닌 여성들이라면서 당혹스러운 역설을 꼬집는다.

전통 사회에서는 여성이 어머니가 되려면 스스로 아름다움을 가꾸는 것이 정상이었고 심지어 필수로 여기기도 했다. 반면 요즘은 생식력이 최대인 시기(18~22세)를 제외하고는 여성만의 아름다움은 희미해져 드러나지 않으며, 출산 후에는 생식력을 드러내지 않는다![23]

생식력은 부정당하면서도 전시되며 이상하게 회귀한다. 더 잘 거부되기 위해 전시되고, 보일 수 있기 위해 부정당한다. 포르노 작가들이 자극의 대상으로 삼았던 남성의 시선 속에서 발견할 수 있던 양면성과 같은 이치다. 잡지 속 젊은 모델은 보잘것없는 생식력을 영광스럽게 과시한다. 부인하는 것이 부정 그 자체에 의해 존재하게 만들기를 바라는 이 이중적 원칙을 따르는 것이다.

여성은 생물학적으로 생식력이 있는지는 모르겠지만 미학적으로는 불임이다. 어린애와 해골 사이에서 주저하면서 여성은 어린이와 시체, 즉 불임의 두 얼굴을 드러낸다. 젊은 모델 빅토리아 카인Victoria Cain은 《디 인디펜던트 The Independant》[24] 신문을 통해 증언하기를, 한창 오트쿠튀르 런웨이에 오르는 중에 생리에 부담을 느낀다면서 "나에게 최고의 악몽은 패션쇼 중에 피를 흘리는 거예요"라고 증언했다. 프랑스 작가 시몬 드 보부아르Simone de Beauvoir는 《제2의 성 Le Deuxième sexe》에서 '다리 사이로 피 묻은 속옷이 느껴질 때 스타, 요정, 공주를 연기하는 것은 어렵다'[25]라고 했다. 여성들의 '진짜' 몸은 마케팅에 도움이 안 되는 게 현실이다. 게다가 착용한 옷이 비싸면 비쌀수록 모델은 어리고 병적으로 말랐다. 샤넬은 수십 명의 여자 청소년 모델을 패션쇼에 세운다. 삐쩍 마르고 눈가는 거무스레하고, 낯빛은 장례식에라도 온 듯하다. 한편, 저가 패션 브랜드 라흐두뜨La Redoute의 카탈로그에는 성인 여성이 가득한데 하나같이 미소를 짓고 있으며 건강해 보인다. 최근에 이브 생 로랑의 광고 캠페인이 문제가 되었다. 소녀들이 사진작가의 카메라 렌즈 앞에서 야윈 엉덩이를 들이댄 모습이었기 때문이다. 어린아이와 죽은 자의 병약한 에로티시즘을 부여하는 것이다. 이제 생명은 한물갔다.

창 조 자 와 피 조 물

왜 이렇게 피골이 상접한 님펫(그리스 신화에 등장하는 요정을 일컫는 말로, 현재로서는 성적 매력을 지닌 '소녀'를 의미한다 - 옮긴이)을 닮고 싶어 하는가? 생식력에 병적인 부정이 부유한 서양 여성들의 욕망을 불러일으키는 이유는 무엇일까? 그것은 여성의 본성에 대한 인간의 결정적 지배를 확인하기 때문이다. 병적인 것으로 성욕을 자극할 수 있다는 사실은 남성과 여성이 아주 옛날부터 성생활과 출산을 통합해 왔던 추악하고 야만적인 관계가 이제는 필요하지 않다는 사실을 증명해 준다. 정말 유감스러운 일은 이를 위해 소녀는 비인간적인 다이어트를 하며, 가슴을 붕대로 싸매고 먹지도 못하고 비상식적인 높이의 하이힐을 신고 걸어야 한다는 것이다. 여성의 신체는 또다시 남성이 자연을 지배하려고 시도하는 터가 되며 여성 자신의 해방을 전시하는 쇼윈도가 된다. 선조들이 여성에게 입혔던 코르셋과 현기증을 일으키는 머리 장식, 무거운 보석과 전혀 다르지 않다. 현대 사회에서도 마찬가지로 여성의 몸을 여성 본래의 모습에서 벗어났음을 확인하는 수단으로 만들어 버리려고 한다.

인간의 동물성으로부터 욕구를 분리하기 위한 방법이 증가할 때 여성의 신체를 기술적으로 지배하려는 움직임이 시작된다. 남자는 이렇게 말한다.

"보세요, 여자는 소문에 신경 쓰죠. 나는 너무 자유로워서 여자의 몸을 탐할 수 있어요. 뿔 모양의 머리 장식을 한 여자, 학대당한 탓에 다리가 불구가 된 여자, 가짜 엉덩이에 머리 가리개를 쓴 몸이 굽은 여자를 말이죠. 나는 내 아내의 몸 안에서도 본성의 주인이고 나의 욕망을 통제합니다."

인간의 기술적이고 재정적 권력의 진열창에서 여성의 육체는 기괴할 정도로 야하게 치장되고 노출되었다. 패션쇼 무대에서는 남성의 기술 권력, 다시 말해 여성의 몸을 향한 남성의 지배가 보인다. 프랑스《일반백과 사전Encyclopédie Universalis》이 조사한 43명의 여성복 디자이너와 스타일리스트 중에 여성은 7명밖에 없는 게 눈에 띈다. 그러니까 서양 패션의 85%를 남성이 지배하고 있다는 이야기다! 거식증에 걸린 모델을 뽑는 것도 남성이고, 그 모델을 병에 걸린 듯한 색깔로 화장하는 것도 남성이며, 보기 흉하게 기괴한 옷을 입히는 것도, 모든 세대의 여성들이 서로 비교하는 기준을 만들어 낸 것도 남성이다.

정말 이상한 회귀가 아닐 수 없다! 자신의 몸을 있는 그대로 보여 줄 수 있는 권리를 요구하던 여성들이 지금은 남성이 여성과 여성의 자유에 대해 만들어 낸 이미지에 부합하기 위해 또다시 그 권리를 쟁취해야 한다고 착각하고 있다. 자유는 수 세기 전부터 자연으로부터 해방되는 것으로 정의되어 왔지만, 이 자유는 여성을 길들이는 것을 반드시 내포하며 여성의 몸은 우리의 존재와 자연성의 관계가 어떠한지 너무도 정확하게 떠오르게 한다. 자신의 의지와 욕망이 순수하다고 생각하는 서양 남성들은 여성의 살갖을 보면서 불현듯 여성이 그의 욕망을 구현하고 생명을 물려주고자 하는 욕구에 순응하는 존재라고 생각한다. 그는 한낱 힘일 뿐인 의지이기 전에, 그가 선택하지도 만들지도 않았던 여성의 육체에 열린 열매라는 사실을 깨닫는다. 그런 여성의 육체에 그가 할 수 있는 일이라고는 복수뿐이다. 남성이 자손의 수로 자신의 힘을 잴 때, 아내를 기괴하게 치장하는 기법들로 그녀의 생식력을 강조했다. 이제 권력은 자연으로부터의 해방으로 이해된다. 다시 말해, 태어난 것은 출산으로부터의 해방이다. 기술은 이 생식력을 길들이고 생식력의 힘과 존재 자체를 부정하는 데 목적이 있는 것이다.

보이지 않는 여자들

물론 여성은 더 이상 육체의 노예가 아니다. 하지만 여성의 몸은 이를 부정하는 기술의 노예다. 기술이 여전히 성생활과 생식을 분리하지 못했던 시대에, 가부장제는 목표는 여성의 생식력을 이용하는 것이었다. 여성의 임신한 배 앞에서 무력한 남자들은 모든 방법을 총동원해서 이 생식력을 가로채려고 했다. 생식력은 이제 통제를 초월하는 여성의 신비로움이 아니다. 생식력은 기술이 제어할 수 있는 대상이 되었다. 피임

덕분에 생식력은 이제 남성이 요구할 수 있고 여성이 수용해야 하는 선택이 되었다. 따라서 기술은 생명을 낳는 것이 운명도 오직 여성의 육체만을 위한 은혜도 아니라는 것을 주장하며, 여성이 수용해야 했던 생명을 여성의 몸으로부터 분리했다.

남성들은 그들이 가진 모든 기술적 수단을 통해 여성이 딸이든 아들이든 새로운 생명체를 자기 몸 안에서 만들어 내는 능력, 즉 여성에게만 유일하게 있는 이 권력을 잊어버리도록 해야 한다. 피임약 덕분에 생식력을 위한 여성적 매력은 더 이상 필요가 없다. 몸에서는 생명의 흔적이 없다. 병적으로 보일 정도로 생명이 지워져 버린 오트쿠튀르 모델들은 이러한 혁명의 정점을 여실히 보여 준다. 낸시 휴스턴은 이렇게 이야기했다.

소녀들의 모습과 행동에 이런 눈부신 변화가 나타난 이유는 무엇일까? 우리는 늘 광고, 영화배우, 여성 잡지 등의 영향을 떠올린다. 하지만 중요한 다른 요인이 있는데 거의 언급되지 않고 있다. 그것은 바로 피임약이다. 1960년대부터 보편화된 화학적 피임은 선조들이 겪었을 공포, 즉 혼외 임신과 혼외 자녀에 대한 불안함을 젊은 여성에게서 양지에 봄눈 녹듯이 순식간에 사라지게 했다. 여성이 매력을 드러내는 일은 눈에 띄게 자유로워졌는데, 동시에 경이로운 속도로 모성이 지워지고 잊혔다.[26]

그리고 낸시 휴스턴은 이야기를 더 이어 갔다.

대다수의 여성은 여전히 엄마가 된다. 하지만 우리 문화는 엄마의 모습을 드러내는 여성을 결코 반기지 않는다. (중략) 남성에게는 없는 여성의 대체 불가능한 유일한 특성을 현대 서양의 모든 이미지에서 지워 버렸다.[27]

인위적 피임으로 여성이 모성을 배제한 채 매력을 마음껏 드러낼 수 있게 되자 불임의 이미지를 아름다움으로 인식하는 분위기는 더욱 확산되었고, 모성을 지나치게 배제하는 결과를 가져왔다. 우리는 성적 매력이 곧 생식력을 의미하지 않는다고 여기는 상태에서 더 나아가, 이제는 이 상태를 유지하기 위해 처방을 받는 단계까지 왔다. 생식력은 더 이상 매력적이지 않다.

하지만 중요한 포인트는 바로, 이러한 이미지들이 기술적으로만 존재한다는 것이다. 패션모델은 우리가 보는 잡지와 모니터 속에서만 존재할 뿐이다. 똑같은 이미지를 무한대로 재생산해 낼 수 있는 아바타일 뿐이다. 당신은 마치 컨베이어 벨트 위로 상품들이 지나가듯 소녀들이 기계적으로 줄지어 가는 패션쇼를 응시하다가 그 모습이 가상적이라는 느낌을 받은 적이 단 한 번도 없는가? 포토샵 또는 수술대 위에서 보정된 신체들을 보면서 진짜라고 생각했는가? 그것은 낱개로 만든 뒤, 지구 곳곳에 이미지를 확산시킨 기술의 마법일 뿐이다. 여성의 몸은 복사와 붙여넣기의 시대에, 기술적 복제의 시대에 있다. 우리는 여성의 아름다움을 찬양하고, 여성의 이미지는 〈모성의 비너스Venus Genitrix〉를 대체했지만 사실 그런 여성을 존재하지 않는다. 단지 기술적인 표본일 뿐이다.

이 제품에 순응하기 위해 여성들은 수술, 다이어트, 연출된 SNS 등과 같은 조작에 복종한다. 여성은 가상의 이미지가 되고 차례가 오면 기술 제품으로 생산된다.

출산한 여성에게 불행은
못생긴 여자가 되었다는 사실이었다

이 기술적 망상과 현실 사이에 생긴 균열 안에서 여성은 계속 임신을 하고 출산을 한다. 이미지는 단지 환상의 물리적 실현 매체가 아니다. 이를 통해 현실이 반영되고 고려되며 생각하게 하는 매개물이다. 표현은 지혜의 필수 단계다. 이 단계를 통해 경험이 통합되고 사고에 나타나게 된다. 개인적 경험의 다양성이 의미를 갖고 공동의 영역에서 존재감을 드러내기 위해 사회는 스스로 이미지들을 갖출 필요가 있다. 이미지의 아름다움은 이미지들이 현실에서 드러낼 때 부여되는 품격과 분리할 수 없다. 나는 내가 했던 경험에 가치가 부여되고 그 이미지를 사회가 다시 나에게 보내 주는 것이 필요하다. 그래야 나의 현실에서 내 경험의 의미와 자리를 순리적으로 반영할 수 있기 때문이다. 여성으로 매력을 표출하는 것과 모성이 분리됨으로써, 엄마로 살아가는 수많은 여성은 자신의 몸의 이미지가 가치 있고 품위 있다고 생각하지 못한다.

엘리에트 아베카시스Éliette Abécassis의 비통한 소설 《행복한 사건Un heureux événement》에서 발췌한 부분은 이를 증명한다.

나는 일단 목욕을 했다. 물속에 몸을 담그면서도 나는 알아보지 못했다. 몸이 변해 있었고 심지어 뼈들도 달랐다. 이것은 여자의 몸이었다. 내가 힘들게 다이어트하면서 가꾸려고 애썼던 사춘기 소녀나 꼬마 여자아이의 몸이 아니었다. 해변 여인들의 몸이었다. 여러 번 출산을 한 몸이었고, 사회는 혐오하던 루벤스의 그림 속 육체였다. 요즘 여성은 남성이 지배하던 고대 시대보다 훨씬 더 은밀한 속박 상태 속에 있다. 왜냐하면 현대 사회의 통치는 가혹하고 반 다윈주의의 미학적 표준을 부추기기 때문이다. 엄마든 아니든 여성의 역할 안에서 여성으로써 성숙하지 못하도록 하는 방식 안에 여성들을 가두어 버린다. 이런 사회에서 여성은 마냥 소녀로 남아 있어야 한다. 출산한 여성에게 찾아온 불행은 바로, 못생긴 여자가 되었다는 사실이었다.[28]

엄마는 그녀의 상황, 즉 정체성을 반영하기 위한 이미지를 만들어 낼 수 없다. 대신 사람들은 그녀에게 결코 자연스럽지 않은 인위적으로 만든 매끈한 몸매의 육체를 지겹도록 보여 준다. 끊임없이 현혹시키는 것이다. 남자들은 그들을 태어나게 해주었던 몸보다 그들이 만들어 낸 몸을 사랑하며, 그들을 태어나게 해준 엄마보다 그들이 가공해 낸 소녀를 좋아한다.

피그말리온에서 메트로폴리스까지, 역사 속에는 남자가 창조적 광기를 드러내는 신화들이 넘쳐난다. 본래 남성을 낳는 건 여성이지만, 남성은 자신의 구미에 맞춰 여성을 재창조하기 위해 모든 기술적 자원들을 동원한다. 영화 〈메트로폴리스Metropolis, 1927〉에 나오는 괴짜 발명가 로트왕처럼 조각가 피그말리온은 자연적으로 출산을 하는 대신 기술적으로 제작을 한다. 피그말리온이 창조주를 꿈꾸는 동안 남성은 아이를 만들려고 하지 않고 여자를 만들어 낸다! 아이를 창조함으로써 여자와 동등하게 되고 여자와 같은 터전, 다시 말해 미래 세대를 낳을 수 있는 위치에 놓인다. 반대로 여성을 만듦으로써 이 창조 자체를 정복하며, 근원의 근원 즉 생명을 창조하는 여성의 조물주가 된다. 그러나 당장에는 여성을 진짜 만들어 낼 수 없으니 이미지를 생산하는 것으로 만족한다. 이 이미지는 남성들이 원하는 역할과 정확하게 똑같은 역할을 해낸다. 모델은 제품을 팔기도 하지만 모델 자신이 제품이 되기도 한다. 그 제품은 모든 자연성 즉 모성의 흔적이 지워졌다. 어쨌든 잡지의 차디찬 지면들 속에서 피그말리온은 대승을 했고 그의 갈라테이아들은 포토샵으로 보정되고 또 수술을 받고 조작되고 불임된 채 진열된다.

4

일하는 젊은 여성이 겪는 이중고

여성이 성적 매력이 뛰어난 님펫의 발끝이라도 따라가기를 독촉당한다면, 그것은 '고용주'에게 사용될 수 있어야 하기 때문이다. 동료에게 당하는 성희롱은 내버려두고서라도 그녀를 짓누르는 첫 번째 압박은 함부로 느닷없이 임신을 하면 안 된다는 것이다. 현대 여성은 자유로우며, 유행하는 투피스에 맞는 호리호리한 몸매에, 작은 서류 가방에는 어린 아이들이나 먹는 과일 퓌레 음료인 폼포트 같은 건 찾아볼 수 없다. 날씬해야 하고 임신을 하면 안 된다는 지령은 노동 시장에서 경쟁력이 있다는 평판을 얻기 위함이다. 여성은 거추장스러운 자궁을 조용하게 해야 하며 사회생활을 위협하는 생식력을 잠잠하게 해야 한다. 직업의 미래를 좌지우지하는 것은 바로 육체다. 그렇게 하기 위해 기술적인 무기를 준비해야 한다.

리듬 따라가기

남성과 여성 간에는 근본적인 차이가 있다. 남성 역시 삶을 계획하고 수익성의 논리에서 벗어날 수 없다. 하지만 여성이 삶을 계획할 때는 자신의 몸을 바탕으로 해야 하며, 그녀의 야망에 부합하도록 순응해야 하는 것도 그녀의 몸이다. 반면 고학력, 30세쯤에 이룬 대성공, 40세쯤 완성한 경력과 같이 우리 사회가 더 높은 가치를 부여하는 이상적인 경력 계획은 여성의 신체 리듬과 완전히 상반된다. 여성의 몸은 25세 이전에 생식력이 최대이며, 25세를 시작으로 40세 정도까지 출산이 이루어지고 그 후 폐경이 온다. 하지만 현대 사회는 성숙한 연령대인 여성의 경력과 일에 가치를 부여한다. 여성의 신체가 무엇을 요구하는지 살피면서 사회 논리를 조화롭게 맞추기보다, 기술적인 방법을 통해 오히려 여성의 몸을 그 논리에 복종시키려고 한다. 실제로 여성은 호르몬이 최고조에 달해 임신율이 매우 높은 18세에서 25세 사이에는 피임약을 복용하고, 25세에서 35세 사이에는 피임기구를 질 내에 삽입한다. 그러고 나면 이제 자연적으로는 임신이 힘든 35세 이후에는 아이를 낳기 위해 호르몬제와 시험관 수정 같은 다양한 의학 기술을 이용해야 한다.

생명공학기업 오바사이언스OvaScience의 설립자인 데이비드 싱클레어 David Sinclair는 '늙은 난자에 젊음을 되찾아 줌'[29]으로써 폐경 전의 생식력을 회복시켜 주는 약의 상품화를 예고했다. 여러분이 생식력이 있을 때는 불임을 도와주는 약을 팔고, 이후 여러분이 불임이 되면 또 생식력을 활발하게 하는 약을 판다. 이를 시장 사회라고 한다. 여성들은 고용 시장에 몸을 순응하도록 강요받는 동시에 광활한 생식 시장을 먹여 살린다.

늙은 엄마

40대 이후에 출산하는 여성이 20년 사이 세 배나 늘었다. 여성 잡지《엘르》의 기사 '현상: 40세 이후의 아기'[30]는 이러한 관점에서 시사하는 바가 크다. 그중에서도 특히 45세 클로딘의 사례를 읽어 보겠다.

> 40세보다 젊었을 때 클로딘은 임신을 원하지 않았다. 하지만 한 순간도 후회해 본 적 없다.
> "25세에서 45세 사이, 내가 하고 싶었던 것을 다 했고, 여행도 다녔고, 금융 시장에서 수입도 나쁘지 않게 벌었고 친구들과도 많은 일들을 했다. 마흔다섯 살에 메를랑을 가진 것은 정말 잘한 일이라고 생각한다!"

또는 43세 사만다의 사례가 하나 더 있다. 사만다는 체외 수정을 시도한 지 3년 만에 쌍둥이를 임신했고 곧 한 명만 태어났다. 이 절반의 성공에 용기를 얻은 사만다는 체외 수정을 다시 시작하기로 했다.

> '체외 수정 재시도, 또다시 쌍둥이 임신, 합병증 유발'로 이어질 것이라는 우려도 있었지만 다행히 실력이 좋은 의료진을 만난 덕분

에 둘째딸이 태어났다. 그녀의 나이 마흔둘이었다.

마치 전쟁터로 나가 싸우는 투사의 여정과 흡사하다. 하지만 세브르 병원 산과 책임자인 조엘 벨라이슈 알라르Joëlle Belaïsch-Allart 박사는 다음과 같이 안심시킨다.

고혈압, 당뇨병, 조산, 제왕절개 수술 및 분만 중 출혈과 같은 합병증은 어차피 나이가 들면서 증가하는 것이다. 하지만 과정을 잘 따라가면 이러한 경우에도 대부분의 임신이 아무 문제없이 진행된다.

이처럼 힘겨운 과정은 생식력이 약해진 후 임신을 시도할 때 받아야 하는 대가, 즉 '해방'의 상이라고 할 수 있다.

생식력이 좋은 기간에는 여성의 육체를 억압한 후, 클로딘과 사만다 그리고 같은 처지의 동지들은 빈번하게 체외 수정을 되풀이하며 더 높은 유산 가능성, 합병증의 위험성과 강도 높은 의학적 추적 관찰을 무릅써야 할 뿐이다. 아마 10년 전에는 자연이 그녀들에게 공짜로 제공했을지도 모르는데 말이다. 10년 전, 클로딘은 금융 시장에 투자했고, 사만다는 회사 혹은 배우자에게 헌신했다. 기사는 다음과 같이 이어진다.

여성들이 출산할 수 있는 나이를 밀어낼 수밖에 없었던 것은 사회적인 이유일 것이다. 고학력, 경제적 불안정, 경력을 위한 여성들의 투자, 가족이 자리 잡기에 터무니없이 값비싼 부동산, 여기에 또 하나 덧붙이자면 아이를 낳기 위한 아빠를 만나기 어렵다는 점도 있을 것이며, 배우자에게 아이를 낳기에 적합한 나이가 지나고 있다는 사실을 설득하기 어려운 점 등이 있다.

샹탈 비르만은 레지옹 도뇌르 훈장을 받았던 몇 안 되는 조산사 중 한 명인데, 그녀는 《세상에서》라는 책에서 여성은 아이를 갖고 싶어 하는데 남성은 미루고 싶어 하는 경우, 남성은 피임의 책임조차 여성에게 미룬다고 이야기한다.

대부분의 여성은 빨리 아이를 낳고 싶어 하는데 동시에 피임까지 여성이 책임져야 한다는 것은 모순이다. 조산사로서 일하면서, 배 속 텅 빈 곳에서는 아이를 낳고 싶은 마음이 들끓는데 매일매일 피임약을 복용해야 했던 여성들의 고통을 나는 얼마나 외면했을까. 일부 남성은 언제 터질지 모를 시한폭탄이 바로 눈앞에 있다는 사실을 알고 있으면서도, 시한폭탄의 존재를 그저 배우자에게만 상기시키며 밤마다 곧 독으로 변할 피임약을 삼키게 하려고 직접 물 잔도 가져다준다.[31]

속 편 한 아 빠

낙태와 피임의 자유를 위한 운동 MLAC, Mouvement pour la Liberté de l'Avortement et de la Contraception의 역사적 활동가인 샹탈 비르만은 이런 여성에게 피임약을 거부하고, 피임의 책임을 강요하는 배우자에게 콘돔 사용과 같은 방법으로 피임하도록 하라고 조언한다. 하지만 남성이 피임을 책임진다고 할 때 '3개월 이상' 유지되는 경우가 매우 드물다고 한다. 샹탈 비르만은 《세상에서》에서 이렇게 말했다.

> 자유의사에 따른 임신 중절은 아이의 아버지가 거부하거나 침묵해서 실행되는 경우가 대부분이다. 내 경험에 비추어 보면, 여성은 만약 아이의 아빠가 낳자고 했더라면 그녀도 낳자고 했을 것이다. (중략) 남성들이 아이를 낳겠다는 의사를 더 분명히 했었더라면 낙태의 4분의 3은 일어나지 않았을 거다.[32]

여성이 사용하는 기술적인 방법들은 정작 끊이지 않는 생식력을 지닌 남성의 리듬에 맞추기 위한 것이다. 여성은 남성에게 리듬을 맞추어야 하며 자신의 육체를 속박해야 한다는 지령에 순응해야 한다. 이 얼마나 아름다운 자유란 말인가! 독립을 약속받았던 여성들은 남성들과 장사꾼 그리고 전문가 때문에 삼중으로 상실을 겪어야 했다. 30대의 젊은 여성들은 경제적 불안정과 정서적 불안정까지 겹쳐 노동 시장은 물론 연애 시장에서까지 생식력을 제물로 바쳐야 한다. 남자를 찾기 위해서도 일자리를 찾기 위해서도 난소에는 너무 귀를 기울이지 않는 편이 낫다. 여성에게 임신은 곧 상실이며, 상실로부터 자유로울 수 있는 방법은 노동과 피임, 낙태라고 믿게 만든다. 이런 믿음을 통해 안정적인 가정생활을 방해하는 남녀 관계 유지의 어려움, 정규직 일자리 감소, 너무 비싼 집값과 같은 장애물은 무시해 버리는 게 더 쉽다.

연기된 아이

아기를 갖고 싶은 욕망을 더 오래 연기할 수 있게 만드는 데 경제 논리와 남성의 나태는 최고의 동맹이 아닐 수 없다. 출산에 대한 의료 지원AMP, assistance médicale à la procréation(프랑스의 출산에 대한 의료 지원은 1994년 7월 29일 이후 입법화되었으며 생명윤리법에 포함되었다. 프랑스에서는 2015년에 출생한 신생아 중 3.1%가 AMP 지원으로 태어났으며 32명 중 한 명이 이에 해당한다 - 옮긴이)의 피임약과 기술은 직접적인 대상인 여성보다 배우자나 직장 동료에게 더욱 큰 해방감을 맛보게 했다. 이 해방을 통해 엉뚱한 사람이 자유를 맛보는 동안 여성은 호르몬의 일일 복용량과 삽입관, 스트레스 그리고 반복되는 인공 수정, 유산, 위험한 줄 알면서도 감당해야 했던 임신을 견뎌야 했다. 마침내 새 생명을 얻게 되었을 때도 스스로 행복하다고 위안해야 한다! 앞서 보았던 《엘르》의 기사 '현상: 40세 이후의 아기'에서 부인과 불임 전문의 마리 클로드 브나타르Marie-Claude Benattar는 설명한다.

출산을 위한 의료 지원에는 한계가 있으며, 이는 생식력의 어쩔 수 없는 한계이기도 하다. 42세 이후는 난소가 5%의 경우밖에 반응을 하지 않기 때문에, 이를 자극해야 한다.

체외 수정 성공률이 40~41세에서 10%라면 41~44세에는 6%, 45세 이후에는 1%라는 것을 알아야 한다.

조엘 벨라이슈 알라르Joelle Belaisch-Allart 박사는 같은 기사에서 "40세 이후의 주된 위험은 의학적 합병증이 아니라, 아이를 가질 수 없게 된다는 데 있다"고 강조한다. 그런데 40세 이후에 임신한 유명인들의 사진은 여성을 혼란스럽게 한다. 이 유명인들은 난모卵母세포 기증을 통해 임신했다는 사실을 불문에 부친다. 조엘 벨라이슈 알라르 박사는 "난모세포 기증은 현재, 나이의 영향을 잊을 수 있게 하는 유일한 기술이다"라고 설명한다. 대리모 출산으로 아이를 낳은 경우도 있다. 니콜 키드먼Nicole Kidman, 사라 제시카 파커Sarah Jessica Parker 또는 샤론 스톤Sharon Stone은 40세 이후 대리모를 통해 아이를 가졌다는 사실을 굳이 자랑하지는 않았다!

구글이나 페이스북과 같은 기업은 대리모를 마련할 수 없는 여성에게 자신의 난모세포를 냉동시키라고 권한다. 여성이 명예퇴직 후 아이를 낳겠다는 각오로 젊은 날을 온전히 경력을 쌓기 위해 헌신할 수 있도록 하겠다는 것이다. 기업이 노동 시장에 젊은 여성이 통합될 수 있게 돕는다는 구실을 내세움으로써 여성은 몸을 길들일 수밖에 없고, 커져 가는 기술의 영향에 순응할 수밖에 없다. 물론 여성이 고용주의 '박애주의적' 제의를 거절한다면 일자리를 잃게 될 것이다. 젊은 여성의 육체는 여성이 자신을 투영하는 곳이 될 뿐만 아니라 여성에게 투자하고 여성의 몸을 관리하고 이를 통해 수익을 올리는 기업의 설계 일부가 된다. 사실상 이런 기술은 직장의 계획화 논리를 연장하도록 하며 여성 육체를 끝까지 뒤로 밀어내게 할 뿐이다. 여성의 몸은 더 이상 여성 개인의 이해관계로 간주되지 않으며 사회 속 톱니바퀴에 불과하다. 심지어 자발적이건 강제에 의해서건 사회적 계획과 결정의 범주로 다시 복귀해야겠다는 여성의 의지와 무관한 장애물이다.

돈 혹은 삶

이런 기술적 제어를 사용하는 논리는 적어도 여성의 육체와 리듬의 존재 자체를 완전히 무시하지는 않는다는 장점이 있다. 설령 그것이 여성을 굴복시키기 위한 것이라고 할지라도 말이다! 일자리 성 평등을 다룬 추상적인 이야기에서 참을 수 없는 것은 바로 일하는 여성에게 가해지는 생식력 제재를 묵과한다는 것이다. 정말 좋은 경력이지만 여성이 모성을 희생하도록 강요하는 일자리라면, 본능적으로 조금은 주저한다는 사실에 어떻게 그럴 수 있느냐며 놀란 척한다. 하지만 여성 대부분이 공무원, 교수, 간호사가 되는 것을 더 좋아한다거나 자유로운 직업을 선호한다면 그건 여성들이 어리석어서가 아니다. 여성은 자유의지를 부여받았기 때문에 이처럼 잘 알려진 직업을 선택할 수도 있다. 여성이 간호사로 일하거나 파트타임으로 일하려고 결심했다고 해서, 여성이 스스로를 남성보다 열등하다고 생각하는 것은 아니다. 이런 형식의 일자리는 여성이 충분한 경력을 쌓도록 40대까지 기다리거나 24시간 입주 도우미를 고용할 필요 없이 엄마가 될 수 있는 기회와 시간을 줄 수 있기 때문이다.

너무 많은 노동 시간과 출장에 시달리는 고위 간부의 자리가 여성의 생식 리듬과는 양립할 수 없다고 생각하는 우리의 너무도 예리한 해방 논리에서 도망친 것일 수도 있다. 여자 직원의 임신 소식을 진심으로 환영할 인사 부장들이 얼마나 있겠는가! 프랑스 정부기관인 차별철폐국 HALDE의 〈여성, 경력, 차별〉이라는 제목의 2009년 3월 보고서에 따르면, 프랑스인의 46%가 임신은 경력에 걸림돌이라고 생각한다고 한다. 게다가 36%는 일반적으로 출산에 대해서도 이런 생각을 한다는 것이다. 여성의 23%, 여성 간부의 36% 그리고 30세에서 39세 여성의 37%가 면접 시 가족계획에 대한 질문을 받은 것으로 조사되었다. 차별철폐국은 다음과 같이 결론짓는다.

프랑스 시청각 고등위원회CSA, Conseil supérieur de l'Audiovisuel의 조사에 따르면, 임신과 출산은 가임 여성들에게는 차별의 동기로 작용한다. 하지만 성별의 영향을 육아나 임신의 영향과 구별하는 것은 어렵다. 직장에서 감지된 차별의 원인이 갑작스런 임신과 출산일 수도 있다고 비쳐질 수 있기 때문이다.

참 이상하게도 여성 차별의 동기가 남성에게는 반대로 더 큰 가치를 부여한다. 애머스트 대학(매사추세츠) 사회학자 미셸 부딕Michelle Budig이 2014년 9월에 발표한 연구에 따르면, 여성은 아이를 낳을 때마다 급여의 4%가 감소하는 반면, 미국 아빠는 아이가 태어난 다음 해에 급여가 평균 6% 증가했다. 왜 그럴까? 어떤 기술과 건설적인 담론이 이루어졌든 결국에는 여성이 남성과 달리 계속 출산을 하기 때문이다. 사회가 아이를 낳는 여성 육체의 특수성을 고려하지 않으려고 하고, 사회적인 문제를 제기할 때도 여성의 특수성을 배제하는 한 우리는 아무 의미도 없는 고함만 질러 댈 수밖에 없을 것이다.

피임 기술과 인공 수정을 통한 생식은 여성의 육체가 처한 현실과 강압을 더욱 무관심하게 한다. 여성은 아이를 낳고 싶을 때 언제든지 선택할 수 있는 환경이 조성되었다고 여기기 때문이다. 따라서 더 이상 임신을 현실적인 차별로 고려하지 않으며 단지 여성 혼자서 감당해야 하는 선택으로밖에 생각하지 않는다. 결국 여성이 30세에 아이를 갖겠다는 선택을 하고 나면 자신의 결정이 사회 경력에 미치는 영향에 대해 불평할 수가 없다! 계획 논리와 관계가 깊은 기술은 오로지 여성에게만 생식력의 무게를 짊어지게 한다. 또한 사회는 사회의 가치 질서와 사회경제적 서열 내에서 여성이 임신뿐만 아니라 여성성을 잘 간직하면서 차지할 수 있는 자리가 어디일지는 아예 고민하지 않는다. 직장에서도 항상 똑같은 논리다. 기술적인 해결책은 정책적 고민을 면제해 주며 여성에게는 홀로 자신의 몸에 대한 상실과 맞서도록 한다.

할머니의 저항

철학자 엘리자베스 바댕테르는 정치적 성찰이 어렵다고 해서 회피하지 않았다. 《갈등, 여자 되기와 엄마 되기Le Conflit. La Femme et la Mère》라는 책의 제목을 통해 예감할 수 있다. 이 책은 여성이 기술을 통해 육체를 더욱 잘 제어할 수 있게 되었지만 그렇다고 이 기술이 노동 시장에서 여성을 남성과 동등하게 만들어 주지는 않았다는 모순에서 시작된다. 피임약이 있든 없든 임신은 여전히 우리 사회가 더 높은 가치를 부여하는 자율성과 절대적 모순 상태에 있으며, 여성 해방 문제의 걸림돌로 남아 있다. 엘리자베스 바댕테르는 이런 딜레마에 분개하며 옛날 상태로 돌아간 모성을 이야기한다. 책은 다음과 같은 비판으로 시작된다.

> 1980~2010: 혁명은 우리가 모성의 개념에 별로 주의를 기울이지 않은 상태에서 발생했다. 그 어떤 토론도 일어나지 않고 언성을 높이지도 않은 채 혁명이, 아니 오히려 퇴화가 일어난 것이다. 그럼에도 이런 퇴화의 목적에 주목할 수밖에 없었던 이유는 여성 운명의 핵심에 무조건 모성을 복원시키려고 했기 때문이다.[33]

피임과 낙태 기술 덕에 모성을 구석으로 밀어 넣어 둘 수 있다고 믿었다면 큰 오산이다. 모성은 그렇게 쉽게 자기 자리를 내어 주지 않는다! 심지어 노동과 기술이 예고했던 해방은 '상실'이라는 더 유해한 형식으로 새롭게 등장한다.

> 반동분자들은 일종의 "자연으로의 회귀"라고 여성, 엄마, 가족, 사회 게다가 전 인류에게 행복과 지혜를 선사할 거라고 큰소리치면서 이를 격찬한다. 우리는 여성을 지배하고는 싶고 그녀의 말에 귀

기울이지는 못했기 때문에 나침반을 잃어버렸고 파멸을 초래했다. 이제는 길을 잘못 들었다는 사실을 인정할 때이며, 공적으로 그리고 개인적으로 우리의 *죄*를 실토할 때다. 우리가 해방시켰고 발전적이라고 생각한 것은 위험한 만큼 허망한 것으로 드러났다.[34]

엘리자베스 바댕테르는 계속 의심하며 자문한다. 페미니스트적인 경험을 한 후, 일부 젊은 여성들이 다시 아이와 함께 집에서 시간을 보내면서 수유하는 젊은 엄마의 모습을 더 가치 있게 평가하게 된 것은 어떻게 이해해야 할까? 이제는 한물갔고 가혹한 것이라고 믿었던 여성의 모성이 어떻게 하다가 더 나쁘고 강요받는 무대로 나오게 되었을까? 세계모유수유장려모임 *라레체리그*La Leche League 같은 수유 수호 단체, 자연 분만을 장려하는 단체 그리고 젖먹이는 엄마의 몸에 의존한다고 주장하는 정신분석가 존 볼비John Bowlby 같은 의사들을 표적으로 삼았던 엘리자베스 바댕테르는 생태학적 견해를 뒷받침하는 새로운 반동 형태를 발견한다. 바로 '반동분자들의 건강한 동맹'이다.

엘리자베스 바댕테르는 책 전반에 걸쳐 여성의 본성과 일반적 기질에 새로운 가치를 부여하고 이를 지지하는 사람들의 모든 논거까지도 충실하게 확장시켜 나간다. 인간을 소외시키는 불평등한 고용 시장에서 직면한 실망, 엄마와 아이를 위한 수유의 이점, 엄마와 아이의 리듬을 더욱 존중하는 긴밀한 '모성 요법'의 이점, 출산의 지나친 의료화에 대한 반응들, 관계 이론, 화학적 피임의 생태학적 영향 등이 그 논거다. 생태여성주의와 차별적 페미니즘 이론도 대체 불가능한 여성의 본성을 인정하지 않는 한 평등은 영원히 부자연스러운 상태로 남아 있을 것이라고 주장한다. 엘리자베스 바댕테르는 그들의 입장도 정직하게 재현하면서, 적수들의 입장을 지지하는 증언과 수치를 인용하는 데까지 이른다.

엘리자베스 바댕테르의 대단한 신중함은 반대쪽이 주장하는 모성 복원 부분에서 고갈된 듯했지만 그녀의 작업은 실로 놀랍다. 반면 엘리자베스 바댕테르가 너무도 충실하게 가지고 왔던 반대 의견에 대한 반박은 너무나 궁색했다. 엘리자베스 바댕테르는 바람이나 가정의 의미가 담긴 조건법으로 서술하거나, 중간중간 줄임표와 느낌표를 사용함으로써 동의하지 않는다는 것을 암시한다. 단지 모성으로의 복귀가 1970년대 초에 제안되었던 해방보다 더 가혹하기 때문에 엄마가 되기로 선택하는 여성에게는 너무 위압적일 수 있다는 말만 넌지시 던질 뿐 반대 논거를 제시하지는 않는다.

엘리자베스는 임신 기간 동안의 담배와 술에 대해 다룬 '모성과 금욕주의'라는 챕터에서는 다음과 같이 결론짓는다.

엄마가 아닌 여성의 지위에서 모성은 적절한 쾌락, 자유 그리고 무관심의 시대가 끝났음을 알리는 종소리 같다. 미래의 엄마는 수녀가 된 여자처럼 더 이상 자유롭지 않다. 현세의 삶을 끝내기 위한 힘은 오직 신과 아기만이 가지고 있다. (중략) 걱정 없이 가벼운 마음으로 임신을 경험할 수 있었던 70년대가 어찌나 멀리 있는지![35]

엘리자베스 바댕테르는 다섯 쪽의 분량을 임신 기간 동안 어느 정도

신중해야 할 행동을 지지하는 반대쪽 논거들로 채우며, '금욕주의' 지지자들에게 내세우는 유일한 반증은 신이 식사 자리에서 적포도주를 마시거나 식후에 담배를 피우는 행동에 어떤 판명도 내리지 않았다는 것이다. 엘리자베스 바댕테르의 가벼운 대응이 유감스러울 따름이다. 그녀는 마치 청소년이 불평하듯 한마디 던지고 만다.

"너무 힘들잖아, 9개월 동안 술을 마시지 말라니!"

이 책의 나머지 부분이 이러한 논점을 다루지는 않았기 때문에, 엘리자베스 바댕테르의 반증은 일화적인 것일 수밖에 없다. 대표하는 것이 아니었다면 지엽적일 것이다. 엘리자베스 바댕테르는 결국 여성이 되는 것과 엄마가 되는 것 사이의 갈등에는 아무 해결책도 제시하지 못한다. 이 주제는 단지 제목을 위한 것일 뿐이다.

파트타임 엄마?

《갈등, 여자 되기와 엄마 되기》는 '차일드프리childfree', 자유를 위해 일부러 아이를 갖지 않기로 결심하는 여성에게 찬사를 돌리며 끝이 난다. 엘리자베스 바댕테르는 책 초반에 이미 자신의 의중을 드러냈다. '여러분이 지금 알고 있는 것을 그때 알았더라면, 또 아이를 갖겠습니까?'라는 질문에 '아니요'라는 답변이 70%를 차지했다는 《시카고 선 타임스Chicago Sun-Times》의 조사를 인용한 것을 보면 충분히 짐작할 수 있다. 그리고 글자 그대로 '무기력한 모성'이나 '파트타임 모성'에 호의적으로 결론을 내린다. 아이가 태어나자마자 유모에게 아이를 맡기는 것을 주저하지 않았던 18세기 사교계 부자들에게 칭찬도 아끼지 않았다. 심지어 유모에게 맡긴 아이는 열 살이 되기 전에 사망할 위험이 두 배 더 높았다는 단점을 인정하면서도 말이다. 그럼에도 모든 여성이 이 해방의 행복을 누릴 수는 없었던 것 같다. 사교계 여성이 여유를 부리며 거드름을 피우는 동안, 유모와 가정부는 파트타임으로 엄마가 되는 방법을 강구해야 했기 때문이다.

무기력은 여성들 간에 엄격한 노동 분담이 이루어질 때 누릴 수 있는 사치다. 모성을 통해 낮은 사회 계급에 하청을 맡길 수 있는 평범한 업무가 만들어진 결과라고 할 수 있다. 무기력한 모성의 열렬한 지지자인 엘리자베스 바댕테르는 "어떤 사람들은 무능하고 비난받아 마땅한 모성으로 생각하겠지만, 파트타임 모성을 지지하는 것이 오늘날 생식의 가장 완벽한 방법이다"라고 말하기를 주저하지 않는다. 프랑스의 가장 존경받는 페미니스트 중 한 사람이 제시한 발언인데 정말 이게 다인가? 도대체 갈등의 해결책은 어디 있는가! 풀타임으로 일하기 위해 파트타임 엄마가 되라는 소리인가? 엘리자베스 바댕테르는 책의 끝에서 두 번째 쪽에서 이렇게 털어놓는다.

"여성들은 사회에서 중대한 역할을 한다. 만약 여성들 전부가 아이를 낳을 때마다 권고받은 대로 2년 또는 3년 동안 집에 있게 된다면, 나라 경제는 분명히 영향을 받을 것이며 여성들의 직장 역시 고통받을 것이다."

이 책의 책장을 덮으면서 가만히 생각해 보면, 지켜져야 하고 존중받아야 하는 것이 여성인지 혹은 여성의 일자리인지 헷갈린다.

37세 여성, 공동 부모 역할을 찾다

엘리자베스 바댕테르는 책을 통해서 했던 약속을 저버렸다. 결국 현실적으로 해방적인 전망은 전혀 제시하지 않았다. 엘리자베스 바댕테르가 제시하는 엄마의 모델을 따르자면, 일하는 엄마는 기술과 시장에 이중으로 종속된다. 엄마는 완전무결하고 성숙한 모성을 희생하라고 강요받는다. 또한 엄마는 신체의 명령과 생식력의 리듬을 거부하라고 강요받으며 모성으로 인한 차별도 거부해야 한다. 정작 희생해야 하는 남성 우월주의적 조직을 문제시하는 경우는 없다. 남성들은 계속 조용히 번식할 수 있다. 남성들이 책임감과 마주할 수 있도록 하는 것은 엘리자베스 바댕테르가 아니다! 뿐만 아니라 파트타임 모성이 남성의 경험에 여성의 경험인 모성의 기반을 둘 수 있는 근본적인 방법이라고까지 할 수 있다.

남성은 이미 파트타임 부성을 내세울 수 있다. 남성의 육체가 생식과 아기 교육에 여성보다 덜 연관된 건 분명하기 때문이다. 남성에게 아이를 돌보는 일이란 그저 자신의 일상에서 해야 할 임무 중 하나일 뿐이다. 반면 엄마는 지독하게도 엄마의 냄새, 엄마의 살갗, 엄마의 맛, 엄마의 몸뚱이 전체에 의존하는 젖먹이에게 전적으로 매어 있을 수밖에 없다. 그러나 큰 문제는 없다. 엘리자베스 바댕테르가 꿈꾸었던 것을 인터넷이 해냈으니까! 여성을 위해 그리고 자신의 자유를 보장하기 위해 파트타임 부성을 경험하고 싶은 남성을 위해, 이제 공동 부모 사이트_{co-parents.fr}가 존재한다. 이는 공동 부모 역할에 전적으로 헌정된 프랑스 최초 인터넷 사이트다.

이 사이트에는 남성과 여성, 부부이든 미혼이든, 이성애자든 동성애자든, 다음과 같은 광고를 올릴 수 있다. "뱅우밴느, 43세 남자, 공동 부모 역할 계획을 실현할 책임감 있는 여성분을 찾습니다." 또는 "타타아줌마, 37세 여자, 안녕하세요. 내 인생 계획 하나는 아이를 갖는 거예요." 신체적 특징이나, 직업, 취미 등 다양한 기준에 따라 선택된 파트너들은 '아이에 관한 계획'을 구체화하고 부모로서의 책임을 공정하게 분배하기 위해 자유롭게 협력할 수 있다. 나는 월요일 오전 8시부터 목요일 오후 6시까지 엄마 역할을 할 수 있다, 연중 3주의 휴가가 있고 크리스마스 휴가로는 이틀을 사용할 수 있다, 오케이? 동의하시면 거기에 서명하세요! 아이가 일종의 계획이 되어 버리면 양육 책임은 협상이 되며 심지어 흥정의 대상이 될 위험이 있다. 그런데 놀랍게도 이런 형식의 계약에 의존하는 사람은 누구일까? 공동 부모 사이트에 따르면 다음과 같다.

모든 등록자의 의향이 분명하게 나타나지는 않았지만, 여성 등록자는 주로 마흔에 가깝고, 이상적인 남편을 찾지 못한 탓에 '전통적인' 방식으로 임신하기 위해 아이를 갖는 데 더 큰 어려움이 생기기 전에 적극적으로 남성을 찾는 것으로 나타난다. 이 사이트는 혼자서 아기를 낳고자 하는 사람과는 관련이 없다. 그런 여성은 정자 기증자를 찾으면 되기 때문이다. 여성들은 아이에게 안정적인 가정을 제공해 주며 양육하기 위해 아빠가 존재하기를 바란다. 소수이기는 하지만 남성들의 요구도 있다. 여성들과 달리 눈에 띄는 전형적인 프로필은 없으며, 그들은 다양한 연령대와 동기가 나타나 있다.[36]

이제 조만간 기업들이 기업 내 공동 부모 사이트를 개설하는 날이 올 것이다. 사무실 동료와 함께 아이를 함께 키우는 것보다 실용적인 게 있을까? 난모세포를 냉동시키거나 직장 어린이집보다 비용도 덜 드는 파트타임 모성은 여성의 생산성을 배가시킨다. 마침내 직장 내에서 완전한 성 평등을 확립하게 되는 것이다! 그런데 이 모든 경우가 '아이에게 최선'일까? 어린이의 권리는 어린이 자신에게 주어져야 하지 않을까? 사실상 이러한 협상은 성인이 어린이의 권리를 지배하는 데 기여하며, 특히 자격으로서 '어린이일 권리'가 '어린이가 가져야 할 권리'를 통제하는 데 공헌한다. 혈족의 역할을 임시직으로 해버리면 아이를 매매하는 것이나 다름없다.

엄마가 되는 것은 직업이 아니다

파트타임 모성은 항상 타협 중이며, 늘 긴장 상태고 심지어 마지막 순간까지 밀려나기도 해서 문제 자체보다 해결책이 부족하다. 여성들은 모성을 살아가며 마땅히 해야 하는 평범한 임무처럼 생각한다. 이 책을 읽게 될 모든 엄마들은 어차피 우리는 항상 풀타임 엄마라는 사실을 잘 안다. 심지어 일터에서 전력을 다해 일하고 있을 때도 말이다. 엄마가 되는 것은 세상에 있는 방식이지 별로 특별하지 않은 하나의 직업이 아니다. 해결책으로 뒤로 미루라든지 파트타임으로 수용하라든지 어떤 방식으로든 모성이 희생하도록 권하는 것은 문제 자체와 함께 문제의 원인을 사라지게 한다! 쟁점은 모성이 그 자체로서 여성 해방에 걸림돌이 된다는 게 아니다. 문제는 기술적인 방식을 여성의 재량에 맡겨 놓고는 알아서 선택하라고 요구하는 사회에서 여성은 간신히 자유로운 동시에 엄마가 된다는 것이다. 엘리자베스 바댕테르가 여성들에게 해방을 이루기위해 모성의 완벽함을 포기하라고 한 주장은, 여성들은 오직 엄마가 되기 위해서 자유를 희생해야 할 뿐이라고 응수하는 남성우위론자처럼 그녀가 지적으로 태만하다는 것을 증명한다.

엘리자베스 바댕테르가 제안하는 방식은 기술을 이용해 신체를 노동시장에 적합하도록 맞추고 종속시키는 것으로, 사실상 여성들이 이미강요받고 있던 방식이며 우리를 분노하게 하는 것이다. 매일 엄마로서의 몸과 사회적 야망 사이에서 일종의 정신분열증을 겪으라는 것과 같다. 우리가 사용하는 기술적인 방법은 엄마로서의 몸을 더욱더 모른 척할 수 있도록 하고 더 잘 길들이도록 할 뿐이다. 그런데 또 의문이 남는다. 누가 여성의 몸을 사회에서 톱니바퀴처럼 움직이도록 계획하고 강요했을까? 모든 수주조건 명세서는 제재와 이익 등이 있으며, 출자자가분명히 있기 때문이다. 대답은 쉽게 찾을 수 있다. 만약 엘리자베스 바댕테르가 암시한 것처럼 일과 모성 사이에 선택이 있다면, 여성이 급여생활자로 살기로 결정한 뒤 발생하는 이익은 고용주의 것이라는 사실은분명하다. 가부장제가 여성을 개인적인 야망을 대가로 엄마 역할에 가두었다면, 기술적인 남성우월주의는 양자택일은 아예 고려하지 않고 급여에 초점을 맞추고 선택하게 했다.

생산과 생식

언제든 사용 가능한 기술적인 방법 때문에 진정한 해방의 유일한 해결책, 다시 말해 양자택일 자체를 폐지하고 덜 단순하고 자유를 덜 침해하는 삶의 방식으로 교체하는 방안은 아예 고려하지 않게 되었다. 40년 전부터 거부되느라 바빴던 선택이라는 어휘는 반대로 이 딜레마의 필요성을 확인했다. 피임 기술과 임신 지원 기술이 여성에게 생식력을 '관리'하는 차원에서 추가적인 선택지를 제공했다는 건 부정할 수 없지만, 그 기술이 육체와 야망, 모성과 직업 사이의 갈등에 여성을 가두어 버린 것도 사실이다. 여성은 이제 생식력을 제어하기 위해 기술적인 방법을 사용하는 만큼, 더욱더 선택을 강요받는다. 피임은 가능성을 열기는커녕 딜레마를 강화했다. 이제는 일하고 싶은 주부들(아이를 갖지 않았어야 했다), 아이를 갖고 싶은 여성 직장인(지금은 임신하지 말아야 한다)의 요구 사항이 더 이상 용인되지 않기 때문이다. 그리고 이와 같은 논리로 상황을 이용하는 사람들, 당장에는 가정과 일에 대한 선택에서 면제되었다고 생각하는 사람들, 오로지 여성만 딜레마의 무게를 지게 내버려 둘 수 있는 사람들, 이들은 바로 남성이고 여성들의 배우자이며 고용주다. 기술은 항상 여성을 더 가두어 버린다. 여성은 나의 육체냐 나의 계획이냐, 나의 자연적 생식력이냐 직업적 생식력이냐 등 양자 선택을 두고 고민해야 한다. 이런 까다로운 문제들로부터 남성과 전 사회는 너무도 자유롭다. 《에코페미니즘Écoféminisme》이라는 책을 통해 인도의 물리학자이자 환경운동가 반다나 시바Vandana Shiva와 독일 여성학자인 마리아 미스Maria Mies

는 다음과 같이 말했다.

성적 관계를 포함하는 남녀 간의 관계를 변화시키려고 노력하는
대신 재빠른 '기술적 처방'을 받아들이도록 권장한다. 남녀 관계나
이를 둘러싼 상황은 그대로이기 때문에 여성에게 더 큰 자율성이 주
어졌다고 해도 남녀 관계에 주목할 만한 변화는 보이지 않는다. 오
히려 '기술적 처방'이 신속하게 주어지니 성관계 결과로 나타나는 책
임에 남성은 전보다 더 자유로워졌으며 여성은 새로운 형태의 타인
결정, 즉 새로운 타율성이라는 짐을 짊어지게 되었다. 그 결과 여성
은 언제든 여성을 손에 넣을 수 있다고 믿는 남성은 물론 제약회사,
의료전문가, 정부의 지배를 받게 되었다.[37]

조금 더 살펴보겠다.

이와 같은 자유주의적 철학은 성과 생식의 분리를 정당화하기 위
해서뿐만 아니라 개인의 성행위와 생식 행위를 다른 사회적, 경제
적 그리고 문화적 관계 등과 연관된 사회적 관계의 표현이라기보
다 단지 개인적인 문제로 개념화하기 위해서도 사용된다. 많은 여성
이 현재의 (무)질서 속에서 정치 경제적인 구조의 전반적인 변화를
요구하지 않고 오로지 여성 개인의 생식권만 강조하는 이유는 바로
이 때문이다. 여성들은 여성 개인과 개인의 '선택'이나 생식의 자유
를 보호하는 것만 고려할 뿐이다. (중략) 자본주의 가부장제가 조장

한 생산과 생식의 분리는 생산자를 자연과 분리된, 자연보다 우월한 존재로 인식하게 한다. 또한 생식자인 여성에게 스스로를 수동적인 방식으로 자신의 몸, 생식력 그리고 모든 주체성으로부터 소외된 채 살아간다고 생각하게 한다.[38]

계획은 사회 공간에서 사라지는 순간에 개인의 영역으로 밀려났다. 기술은 대부분 개인에게 절대적인 경제적 필요성에 의해 강요된 계획에 따라, 일정에 따라, 수주조건 명세서를 따라 자신을 실현하도록 한다. 그렇게 함으로써 공적 영역, 권력 기관, 공공 단체에게 민주적으로 목표와 공동 운명을 함께 결정해야 하는 짐의 무게를 덜어 준다. 실제로 여성의 육체가 개발과 지배의 자원이 되는 것을 멈출 이 세상을 줄곧 건설하고 있기 때문이다! 여성의 본래 상태를 위협하는 정신분열증은 기술적인 모델이 강화시키는 육체와 영혼, 생식과 생산/복제와 생산, 자연과 일, 수동성과 능동성, 여성과 남성 간의 차별의 결과다.

보이지 않는 일

피임과 다른 보조 생식 같은 '기술적인 방법'은 영혼 대 육체, 생산 대 생식, 능동적인 일 대 수동적 본성의 선택과 남성 대 여성의 승리처럼 앞서 살펴본 이분법 체계 내에서의 '선택'만 허용한다. 본능과 생식, 가정 경제와 아이 교육, 전통적으로 아직 여성의 일거리 영역에 속한 모든 것이 수동적이며 비생산적이라는 생각은 세상을 이분법적이고 남성우위론적으로 이해하는 것이다. 이런 세상에서는 대상을 필요로 하는 타동적 활동, 생산과 지배의 활동, 상업화와 자본화 활동에만 높은 가치를 부여한다.

가족 *경제*에 속한 것(가장 취약한 사람들 돌보기, 집안일, 집 보수 등)과 '일'에 속한 것(제품 생산, 경영, 판매, 기타 투기) 사이에 차별을 두는 것은 삶에 전형적인 자본주의적 이해를 조장한다. 오직 시세 차익을 산출하는 현금화된 교역만이 사회적으로 가치 있다고 여긴다. 만약 내가 내 아이를 위해 요리한다면 그것은 일을 하는 게 아니다. 왜냐하면 나는 이윤을 창출해 내지 않았기 때문이다. 반면 내가 고객을 위해 요리한다면 같은 활동인데도 이것은 일로 인정받는다. 내가 소비자가 된 손님을 대접하느라 들인 수고에 값을 지불하도록 할 것이기 때문이다. 그리고 내가 '일'을 하지 않았다면 필요하지 않았을 베이비시터에게 급여를 지급하기 위해 돈을 쓴다면, 화폐 교환의 촉진에 기반을 둔 경제 체제를 유지하게 한다. 간단히 말해 활동이 활동으로서 인정받기 위해서는 돈이 오고 가야 한다. 그 외에는 상실일 뿐이다. 그러나 칼럼니스트이자 블로거인 엘렌 보놈 Hélène Bonhomme은 저서 《각 가정에는 멋진 생각이 있다 Il y a une fabuleuse dans chaque foyer》[39]에서 이야기한다. 모든 여성은 일을 한다. 생산자와 생식자를 대립하게 하는 건 쓸데없는 일이다. 생식자는 B급 영화나 보면서 하루 종일 무료하게 시간을 보내는 사람이고, 생산자는 집안의 모든 일에 아무것도 모르는 사람으로 생각할 필요가 없다.

여성에게 모성과 경력 중에 선택하라고 재촉함으로써 얻은 결과라고는 그저 여성을 남성의 편과 자신 육체의 편으로 분리한 것뿐이다. 이 얼마나 대단한 발전인가!

반란의 중심

다른 길도 있다. 정신분열증을 거부하고, 사회적이든 기술적이든 모든 통제로부터 해방되는 것, 바로 이것이 현실적으로 대체 가능한 사회 모델이다. 이제는 가정 경제의 연속성과 생명 생식을 위한 생산 기술을 바탕으로 '노동'을 다시 생각해 보아야 할 때이다. 이는 사회적으로 그리고 경제적으로 집안일, 자녀 교육, 비영리단체의 투자, 더 넓게는 자본주의화 되지 않은 사회를 조직하는 모든 생계 경제를 중요하게 생각해야 한다는 것을 의미한다. 마찬가지로 생명을 계승하라는 지령은 최대 성장 논리에서 벗어나는 개념적 방식이 주어지는 것이다. 무책임하게 제한 없는 성장만을 추구한다면 미래 세대의 생식이 위태로워지기 때문이다. 이런 의미에서 '경제'라는 단어의 어원이 '가정 경영'이라는 사실은 설득력이 있다. 그리스어로 오이코스*Oikos*는 집, 재산, 공동생활과 관련된 모든 것을 가리키는데 균형을 존중하면서 보존하고 전달하는 게 중요하다.

따라서 우리 사회를 재정이 아니라 가정 위에 다시 세우는 게 필요하다. 그래야 엄마의 가정생활과 경제활동이 서로 대립하지 않고 연속성이 생길 수 있다. 여성뿐만 아니라 모든 노동자가 미래 세대와 생계를 위해 행동한다면, 관점이 근본적으로 바뀔 수 있을 것이다. 노동이 인간의 삶을 지속하기보다 자본 축적에 목적을 두는 세상 속에서 여성은 아이와 일 사이에서 분리된 느낌을 받을 수밖에 없다. 여성에게 제시된 많은 기술적인 해결책은 세상의 생산 제일주의적이고, 경쟁 위주의 사고방식에 순응하는 것을 원칙으로 삼는다. 나는 이런 식의 삶의 태도가 비인간적이며 역행적이라고 고발하고자 한다. 그와 같은 도구는 아무것도 바꾸지 못하며, 여성의 몸과 모든 사람의 삶을 수익성과 경쟁의 논리에 끼워 맞추는 세상의 불공정에 영속성을 불어넣을 뿐이다.

분명히 하자. 전이 좋았다고 우길 생각은 전혀 없다. 현재에 너무 만족하는 예찬자들은 반동분자들을 가리키며 자신들이 가장 사랑하는 근대성을 경멸하는 사람들이라고 비난하며 행복해한다. 그들은 아무것도 바뀌지 않을 것이라고 확신한다. "여러분은 중세시대로 돌아가고 싶은가?"라며 비꼬는 목소리로 부르짖는다. 마치 모든 비난이 반드시 향수에 젖어 있던 것처럼 말이다. 그리고 감히 기술적 사고방식의 결과를 살피자고 하면, 기술이 우리의 유일한 미래이며 우리의 눈앞에서 설립된 세상이 우리의 유일한 전망인 것처럼 현실 예찬론자들의 분노는 폭발한다. 그렇게 현실 예찬론자들은 자신들이 생각 자체를 못하게 하고 오늘날의 한계에 모든 성찰을 방해하는 진정한 반혁명주의적 세력, 즉 보수주의자임을 증명한다. 프리드리히 니체Friedrich Nietzsche는《반시대적 고찰Considérations inactuelles》을 통해 이렇게 이야기했다.

그런데 "역사의 권력" 앞에 허리를 굽히고 머리를 숙이는 법을 배운 사람은 정부나 여론 또는 수적으로 많은 모든 권력에 중국식으로 기계적인 동의를 표시할 것이다. (중략) 다행스럽게도 역사는 역사에 맞서 싸웠던 위대한 투쟁, 다시 말해 현실의 맹목적인 권력에 맞서며 스스로 세간의 지탄을 받았던 투쟁의 기억을 간직하고 있다. 이 투쟁은 '그래야만 한다'에 복종하는 역사의 진정한 본질을 유쾌한 궁지로 상세하게 부각시키면서 이루어졌다.[40]

'그래야만 하는 것'은 구체적으로 무엇일까? 내가 해결할 수 없는 일, 즉 여성과 여성의 육체, 여성의 야망과 사회의 야망을 조정하는 일을 여기서 해결하겠다고 자만하는 것은 아니다. 오로지 기술적인 해결책만 사용하여 여성들만 딜레마와 직면하게 내버려둠으로써 정책적 토론의 과제를 사라지게 했다. 신체의 요구와 생산성의 요구를 어떻게 양립시킬 수 있을지 자문하기보다 호르몬제를 파는 것이 훨씬 더 간단하다. 남성에게 부성을 수용하라고 요구하고 배우자의 생체 시계를 존중하라고 요구하기보다 체외 수정 비용을 대주는 게 훨씬 더 쉽다. 또한 기업 논리 안에 모성의 자리를 마련하기보다 여성 직장인의 난모세포를 냉동시키는 일이 훨씬 간단하다.

여성들은 어디에나 있다(더 이상 두고 볼 수 없다)

사실은 문제는 다름 아닌 우리의 생산 및 소비 방식이 어떻게 조직하는지에 대한 고민이라고 가정할 수 있다. 예를 들어 임산부와 엄마는 이동이 쉽지 않으며 유동적이지 않다. 구체적으로 말하자면, 임산부나 사회생활을 하고 싶어 하는 젊은 엄마가 맞서야 할 주요 걸림돌 중 하나가 이동 문제다. 거주 지역과 생산 지역, 소비 지역의 구분으로 오고 가느라 긴 여행을 해야 한다. 모든 엄마는 사무실, 유모, 시장, 혼잡한 도로, 통근 차량 등을 오가느라 얼마나 힘든지 토로한다. 가정의 안정을 존중하는 경제는 우선 생활 장소와 활동 장소 사이의 조화를 다시 이룰 수 있는 새로운 직장의 지리적 분포를 통해 이루어진다. 여성이 자신의 일을 계속하며 성장할 수 있으려면 막내아들을 도시 저편에 있는 어린이집에 맡기고 난 후, 또다시 직장으로 가기 위해 수 킬로미터의 거리를 도로 위에서 보내는 고생을 하지 않아야 한다!

너무 비현실적인 관점이라고 생각하는 사람들이 있다면, 프랑스에서는 가정과 공장 간의 분리가 19세기에 와서야 발생한 아주 최근에 고안된 일이며 소위 '선진국'이라고 불리는 나라에서만 존재한다는 사실을 상기해야 한다. 예전에는 농가, 아틀리에, 상점이 가정의 일부였다. 가정생활과 직업 활동을 구분하는 일은 의미가 없었다. 불편은 없었지만, *워킹맘이 택시 드라이버*로 변신하지 않아도 되는 장점이 있었다. 이런 의미에서 기업의 탁아소 확대는 양면성을 지닌 현상이다. 만약 기업이 부모의 삶을 단순화한다면, 기업 논리가 개인의 사생활을 흡수하려는 움직임 역시 보일 수 있다. 직장에서 요가하기, 직장 동료들과 페인트볼 시합하기, 사원들끼리 바캉스 보내기. 일을 더 차분하게 할 수 있고 직원의 생산성을 증대하기 위한 방법은 많다. 이런 움직임의 목표는 직원들과 그들 가족의 행복을 개선하는 것이 아니다. 충성스럽고 더욱 수익성이 높은 하인을 만들어 내려는 것이다.

이처럼 기업 탁아소가 아이가 있는 여성 직원에게 늦은 시간까지 모임을 하고 초과 근무를 강요하기 위한 구실이 된다면, 이것은 발전이라고 볼 수 없다. 여성과 남성이 직장에서 발견하는 세상이 아니라 가정 안에서 발견하는 세상이야말로 그들이 살아가는 삶의 중심이 되어야 한다. 독일 *관념론*Deutscher Idealismus을 통해 칼 마르크스Karl Marx가 꿈꾸었던 것처럼 '아침에는 사냥을 하고 오후에는 낚시를 하러 가고 저녁에는 소를 치고 저녁 식사 후에는 비판을 하면서도 절대로 사냥꾼도 낚시꾼도 비평가도 되지 않고 제멋대로 할 수 있는'⁴¹ 우리가 사는 것보다 일하는 데 더 적은 시간을 보내는 세상, 엄마와 아빠가 풀타임으로 살기 위해 파트타임으로 일하는 세상이 되어야 한다. 모두를 위한 파트타임 일자리, 바로 이것이 공정한 업무 분담이다! 해결책은 소박한 것 같지만, 이를 통해 가정이 삶의 중심에 다시 자리 잡고 아빠에게는 책임 의식을 불어넣고 엄마에게는 짐을 덜어 준다. 특히 가족의 행복과 세대의 구매력을 혼동하는 소비주의식의 모델로부터 벗어날 수 있을 것이다.

가정을 단지 여가와 무기력의 장소가 아닌 생산과 활동의 장소로 생각하는 것은 실제로 우리의 거주지를 이케아의 쇼윈도로 바꾸어 버리는 소비 사회에 맞서는 것이다! 만약 집이 대표적인 경제적인 공간이라면, 이는 창조력과 무상의 장소이기 때문이다. 다시 말해 요리를 하는 것은 프랑스 냉동식품 전문점 피카르에서 제품을 구매하지 않겠다는 의미다. 정원을 가꾸는 일은 대형 슈퍼마켓을 보이콧하는 것이며, 바느질은 고급 기성복을 무시하는 것이다. 또한 아이와 노는 것은 비디오게임의 절대적인 영향력에 반기를 드는 것이다. 인간을 소외시킨다고 배웠던 것들이 사실은 진정으로 해방을 실현하는 가족 활동이었다. 가정생활을 경멸하면서 여성을 해방하라고 요구하는 것은 '혁명'이라고 하면 있는 그대로 너무 잘 받아들이는 고용주와 온갖 종류의 판매자에게만 좋은 일이다. 그리고 가정생활의 요구를 중심으로 노동 시간을 다시 조직하면서 가정에 새로운 가치를 부여하는 일은 훨씬 더 파괴적이라고 할 수 있겠다. 더욱 구체적으로 들어가 집이 생산과 무료의 공간이 되기 위해 지출의 장소이기를 포기한다면 더 이상 신용카드 값을 갚기 위해 초과 근무를 할 필요가 없다. 더 적게 더 잘 소비하기 위해 더 조금 일하고 멀리 나가지 않는다. 우리의 상실로 돈을 버는 사람들만 제외하면 여성, 남성 그리고 아이들 이 모든 사람이 집에서 이득을 볼 수 있을 것이다.

살아가는 시간

외곽 순환도로, 고속도로, 주차와 같이 경유 지역과 주거 지역, 상업 지역 간의 거리가 멀지만 않아도 우리는 물론 우리 주위 사람들까지도 시간을 벌 수 있다. 공간과의 관계를 바꾸면 곧 시간과의 관계도 바뀐다. 우리 사회는 속도, 유동성, 적응성에 가치를 두고 있지만, 여성의 삶의 주기는 배란 전후 월경 기간의 가혹한 생체 리듬에 맞추어져 있다. 우리 시대가 영원한 젊음에 환상을 품을 때, 여성의 육체는 생체 시계를 받아들여야 한다. 여성의 시간적 가치를 존중하기 위해서는 여성의 노동 시간을 조직할 때 기동성의 반경을 더욱 크게 할애해 주어야 한다.

아이가 있는 여성은 하루 또는 일주일을 기준으로 시간을 조정할 수 있어야 한다. 파트타임이든 자택근무든, 서류를 집으로 짊어지고 오든 화상 회의를 통해 늦은 시간에 회의를 하는 방식으로 조절할 수 있다. 한 달을 기준으로 봤을 때는 몸이 불편한 날은 일단 하위 일정으로 미루어 두고 시간 여유가 있고 에너지를 더 끌어올릴 수 있는 날에 더 많이 일하도록 계획하는 것이다. 나는 중학교 4학년 때 생리 기간 중인데도 억지로 바닥에서 격투를 하도록 했던 체육 선생님을 지금도 원망한다. 그런 관점에서 우리 선조들이 여성에게 생리 휴가를 마련해 사회적 의무를 일시적으로 내려놓을 수 있도록 한 것을 보면, 무지한 사람들이 아니었음을 알 수 있다. 이런 사회적 관습은 여성의 육체와 여성이 얼마나 속박 상태에 갇혀 있는지 제대로 인식한 결과지만 사람들은 이를 잘못 알고 여성혐오니 쓸데없는 미신이니 하며 비난한다.

임신에 따라 여성 직장인은 근무 시간 조정, 정당한 출산 휴가, 고용 안정 보장 등의 혜택을 받을 수 있어야 한다. 프랑스는 사회 보장 제도가 잘 마련된 나라임에도 출산 휴가 정책 수준은 정말이지 지하 무덤까지 내려가 있다고 해도 과언이 아니다. 16주라는 휴가 기간은 코디미가 아닐 수 없다. 휴가 기간 순위를 보면 칠레와 말리 사이에 있고, 75주의 스웨덴, 58주의 불가리아, 39주의 영국과는 한참 떨어져 있다. 여성은 출산으로 소외된다고 여기기 때문에 건강도 보살피지 못하고 엄마로서 성숙할 기회도 없이 일터로 돌아가야 하는 부담을 떠안는다. 엄마는 사무실로 돌아가야 한다는 압박과 해고를 당할지 모른다는 불안감 앞에서 한없이 작아진다. 출산 휴가에서 돌아올 때까지 해고를 금지하는 법적 기간은 10주밖에 되지 않는다. 그런데 따지고 보면 이 기간은 여성이 출산을 한 후의 휴가 기간이라 형식적으로밖에 보이지 않는다. 여러분이 혹여나 뒤처질까 봐 너무도 상냥하게 만회할 수 있도록 이처럼 배려를 해주다니! 임산부의 뱃속에 있는 아이가 곧 불안이다. 고작 생후 2개월밖에 되지 않아 너무 연약한 아기를 두고 나와야 한다는 불안함, 복직 후 몇 개월이 지나면 책상 위에 퇴사를 권하는 편지를 발견할지도 모른다는 불안함이다. 단지 모성과 직장 생활을 양립시키려는 의도로 보육 시설을 만들고 엄마들에게 직장에서 유축할 수 있는 여건이 필요한 게 아니다.

마지막으로, 삶의 측면에서 여성은 일단 젊은 시기에는 엄마로서의 삶을 살고 나머지 시기에는 자유롭게 자신의 일을 할 수 있어야 한다. 젊은 여성은 학업 시기와 노동 시장으로 입문하는 시기 사이에 미래 고용주의 시선에서 벗어난 휴식 시간이 필요하다. 그 시기의 여성에게 앞서 언급했던 위험을 떠안고도 고용 시장에 뛰어들었을 때 신뢰성을 잃지 않기 위해 임신을 미루라는 것은 너무 불공정한 일이다. 그리고 직업 전선에 늦게 뛰어들라는 것도 공정하지 않다. 그만큼 남성 동료의 연금 기여금이나 급여에 비해 뒤처지게 되기 때문이다.

과세 가계와 자유로운 선택

이런 의미에서 여성들에게 풀타임으로 일하도록 장려한다는 구실로 에마뉘엘 마크롱Emmanuel Macron이 제안했던 소득세 개별화(프랑스의 소득세 제도는 소득자 개인을 단위로 세금을 부과하지 않고 가구 단위로 부과하는 방식이다. 이 가구 단위를 'Foyer fiscal', 즉 '과세 가계'라고 번역할 수 있다 - 옮긴이)는 차별적인 조치이다. 이러한 조치는 결국 가계의 세금 부담을 증가시키고 사회생활을 미루는 여성을 불안정하게 만들 수 있다. 2013년에 불평등 관측소Observatoire des inégalités 소장 노암 리안드리Noam Leandri는 과세 가계가 '주부 보조금'이 되고 있다며 비난했다. 여성을 가리켜 국가의 후한 인심을 이용하는 미친 게으름뱅이라며 날을 세웠다. 평등, 자유와 연대의 개념을 제대로 이해하긴 한 것인가. 일자리를 여성 해방의 알파와 오메가로 간주한다는 자칭 권리의 평등이라는 이름으로 주부들에게 상처를 주는 결과를 낳고 만 것이다. 여성이 너무 소외되고 방치되는 개인주의가 만연한 사회에서는 이제 부부 연대를 뒷받침하기 위해 모든 방법을 총동원해야 할지도 모른다. 아이들이나 그게 무엇이든 다른 계획에 얼마간의 시간을 할애하기로 선택하는 사람들을 지지하지 않는다면, 차라리 그들을 가만히 내버려두는 편이 나을 수도 있다.

세금 개별화는 실제로 여성 주부들에게 상처를 남기며 남성들이 가족과 시간을 함께 보내려는 생각을 단념하게 만든다. 이런 조치는 불공정할 뿐만 아니라 결국 결혼한 부부와 미혼인 사람을 동일한 조세 계획 선상에 올려놓게 된다. 결혼만 안 하면 세금을 덜 낼 수 있기 때문이다. 여성이 반드시 일을 하기 위해 모든 것을 하기보다, 일자리가 삶의 유일한 목적이 아니며 개인이 살아가는 동안 일자리가 아닌 다른 일에 시간을 할애하기로 선택할 수도 있다는 사실을 인정해야 한다. 개인 특히 여성의 시간성은 학업, 직장, 퇴직처럼 직선으로 이어지지 않는다는 사실을 인정하는 것은 무상의 생산성 형태를 선택하는 사람들을 지지하는 것이다. 이렇게 자녀를 양육했던 여성은 주주株主들은 자랑할 수 없는 경험과 인내력을 동시에 소유한다. 그리고 이제 생체 시계의 똑딱거리는 소리 때문에 출장을 망치는 일 없이 그녀 앞에는 직업적 야망을 펼치기 위한 미래가 나타난다. 나이가 마흔 살이 넘어가면 고용주에게 무시당할 거라는 개인의 생각은 평균 수명이 80세를 넘어가는 세상에서는 시대에 뒤떨어질 뿐만 아니라 커플이 인생의 절정기 때 계속 아이를 낳는 시대에서는 부자연스러운 것이다.

행 복 의 집

모성에 가치를 두고, 국내 총생산이 아니라 미래 세대 생식을 중심에 두고 조직된 사회만이 여성에게 신체와 생식력을 차분하게 받아들일 수 있도록 한다. 엄마 노릇하는 데 어려움이 없는 사회에서는 여성이 뜻밖의 임신을 해도, 아이를 갖는 것이 곧 어쩔 수 없는 자기희생이거나 답을 찾을 수 없는 딜레마인 사회에서보다는 비극적이지 않을 것이다. 마찬가지로 나는 여성이 엄마로서 살 수 있는 사회가 조직화될 때, 성생활과 생식력이 긴밀하게 관계되었다는 사실을 외면하지 않으면서 남성도 책임감을 느끼고 부부로서의 삶에 가치를 둘 것이라고 확신한다. 그럼에도 우리는 여성이 시장의 요구에 육체를 적응시키는 것을 선호하며 이

를 '고용을 통한 해방'이라고 부른다. '해방'이 '계획화'와 짝을 이룬다는
사실은 놀라운 일이다. 계획보다 덜 자유로운 것이 무엇이 있는가? 시간
표보다 덜 파괴적인 게 무엇이 있는가?

첫째 아이를 낳고 거의 2년 동안 집에 있었던 나는 교수 자격을 얻고
몇 달 뒤 고등사범학교를 그만두었다. 고등사범학교는 교외 지역에 살
고 있던 한 가정주부의 어둡기만 한 삶을 밝혀 주는 명예와도 같았다.
드뢰에 있을 때 나는 '누구의 아내'이자 '누구의 엄마'였다. 자존심이 바
닥까지 떨어졌다고 해도 과언이 아니었다. 나는 사회적으로 번드르르
한 타이틀 없이 개인으로서 존재하는 법을 배워야 했다. 이는 사회적으
로는 추락이었을 수 있지만 해방의 길이 되었다. 나는 다른 사람과의 어
쩔 수 없는 만남을 내려놓을 수 있었다. 경제적 효용이 없어지며 학위에
관계없이 자유롭게 존재할 수 있었기 때문이다. 동시에 나는 진정한 가
정의 독립성이 가져다주는 기쁨을 발견했다. 지식인으로 살아왔던 나는
요리, 제작, 뜨개질, 수리 등을 하면서 영혼의 독립은 슈퍼마켓에 의존할
때 실현할 수 없다는 것을 배웠다. 아들과 함께 보낸 시간들은 새로운
행복으로 나를 채워 주었다. 이 행복은 절대로 다른 의미로는 해석할 수
없는 행복 그 자체였다. 경쟁 사회에서 주부는 투명 인간이나 다름없고
무시당한다. 이런 여성에게 자신의 긍정적인 이미지를 다시 부여해 주
는 게 시급하다. 가정주부로 산다고 머리를 쓰지 않는다는 이야기가 아
니다. 내가 마음대로 사용할 수 있는 시간 동안 공부도 하고 책도 쓰고,
내가 썼던 이야기를 다시 읽어 보기도 하고 나의 불안함에 대해 더 잘 이
해할 수 있었다. 가정주부로 산다는 것은 항상 주부로 있다는 의미가 아

니다. 나는 아이들을 방치하지 않으면서 편안한 마음으로 교수로서의 직업을 되찾았을 때 너무 행복했다. 남편은 나의 이런 자유와 유연성을 부러워한다.

"집으로 다시 돌아가야 할 사람들은 남자들이야."

남편은 자주 이렇게 말한다.

집에 다시 가치를 부여한다는 것은 여성을 집에 가둔다는 이야기가 아니다. 이것은 아주 집으로 돌아가라는 것도, 집 앞에서 뒷걸음치라는 것도 아니다. 일과 가정 사이의 균형을 유지하며 집으로 돌아가는 것이다. 나는 임신에 얽매이고 싶은 생각이 전혀 없으며, 고등학교 시절 배웠던 철학의 가르침을 떠올리며 성숙한 인간으로 나아간다. 단지 직업만 가지고 나의 존재를 축소시키지 않을 때 비로소 더욱 행복하게 일할 수 있다. 엄마는 나에게 자신이 여성이기보다 엄마인 것 같다고 항상 말했다(엄마는 평생 동안 일해 왔는데도 말이다). 나는 엄마와 같은 감정을 느끼지 않을 수 있어서 기쁘다. 사회생활과 가정생활 사이에서 내가 분리된 느낌을 받지 않아서 행복하다. 그런 감정을 품고 살아가는 것이 여성의 특권이 되어서는 안 된다.

부부의 자기 관리

여성은 반복적인 임신과 비인간적인 기술의 계획 이 두 가지 상실 사이에서 떠밀리듯 선택해야 하는 경우가 너무 많다. 그렇게 함으로써 우리는 기술의 발전이 여성을 자연의 구속으로부터 구했다고 믿게 된다. 하지만 프랑스인들은 책임을 져야 하는 성관계를 하고 출생을 지혜롭게 제한하기 위해 피임약의 발명을 기다리지 않았다. 프랑스에서는 첫 합성 호르몬제가 등장하기 전인 1870년부터 여성 한 명당 2.7명이라는 출생아 수가 변하지 않았다.[42] 다음 장에서 다시 살펴보겠지만, 커플들은 간격을 두고 임신하기 위해 의학 감독이 필요한 게 아니다. 많은 여성과 남성이 책임 있는 성관계를 해야 한다고 배웠던 곳은 산부인과 진료실이 아니라 가정에서다. 의과 대학, 제약 실험실들이 기술들을 내세우며 아무리 주장해도, 혹여 전문 지식이 없더라도 성관계의 당사자는 의사가 아니라 커플들이었다. 그렇다면 기술이 우리의 유일한 은인이며 마지막 미래라고 소개했던 것은 선의의 거짓말이란 말인가!

미국의 가족계획 창시자이자 화학적 피임의 선구자인 마거릿 생어Margaret Sanger는 스스로 '상류계급의 지적이고 부유한 구성원들은 산아제한에 관한 지식을 이미 얻었으며 가족의 규모를 제어하는 데 활용한다'고 고백했다. 또한 피임약은 '사회의 정상적인 구성원들의 지원에 전적으로 의존하는 무책임하고 경솔하며, 질병이 있거나 정서적으로 연약한 사람'[43]을 위해 필요할 뿐이라고 털어놓았다. 간단히 말해서 피임약은 책임을 분명하게 질 수 없는 가난한 사람을 위해 필요하다는 이야기다!이것 역시 커플들이 자립적으로 생식력을 제어하기 위해 마거릿 생어와 그레고리 핀커스Gregory Pincus*의 마법의 스탬프를 기다리지 않았다

---

* 미국의 의사 겸 생물학자인 그레고리 핀커스는 피임약을 공동 개발했다.

는 또 다른 증거가 될 수 있다. 어쩌면 마거릿 생어와 우생학자 친구들은 가난한 사람이라면 충분한 이유 없이 아이를 낳았으리라고 생각했을지도 모른다. 원래 노동자 계급을 일컫는 프롤레타리아라는 말은 어원적으로 부를 위해 자손을 낳는다는 의미가 있다.

결혼과 민사책임

통제와 거부의 대안은 책임이다. 다시 말해 자연 그대로의 모든 현실을 받아들이고 그 결과를 고려하는 능력을 뜻한다. 관리하는 자와 관리당하는 자가 따로 분리되어 존재하는 통제와 달리, 책임은 여자와 남자, 여성과 고용주, 커플과 사회, 커플과 자녀 사이에 대화와 대답을 통해서 공유될 수 있다. 반대로 계획은 사람이 실패했을 때 해고하기 위해 공동책임을 고려하지 않는다. 이처럼 원하지도 않았는데 임신한 여성은 고독해지는 자신의 모습을 보게 된다. 이 여성이 잘못을 저질렀다고 보든, 사실은 그녀가 원했다고 평가받든 그건 상관이 없다.

여성에게는 실패로 남을 이 임신을 혼자 감당하든지, 상처받을 것을 각오하고 잘못의 결과를 제거하든지 둘 중 하나만 선택해야 하는 순간이 온다. 실패의 영역은 각자의 몫이 조직화되고 우연이 합리화된 사회 전체가 아니라 개인 한 명과 관련되어 있다고 보는데, 계획이라는 단어는 예측하지 못한 모든 일을 개인의 범주로 넣어 버린다. 예측할 수 없는 출생을 규제하려는 시도가 아니라면, 사회는 개인이 삶의 위험성에 대처하고 자연의 한계에 얽매이지 않도록 하려면 무엇을 허용해야 하는가? 사회는 연약하고 제한적이고 생식력 있는 육체를 보호해야 하며 의미를 부여해야 한다. 결혼은 미래 세대의 세상에 대한 투자를 혼자 맡아 감당해야 하는 여성의 생식력을 중시하는 것이다. 사회의 초석과 같은 결혼은 남성에게 억지로 책임을 지고 사회를 위한 여성 생식력의 중요성을 인정하라고 강요한다. 사회는 그 대가로 여성의 생식력을 지원해야 한다. 이런 의미에서 부부 생활은 앞서 규정했던 '삶의 계획'으로 간주되지 않으며, 반대로 사회 전체의 도움을 받아 두 사람의 삶에서 우발적인 일들을 감당하기 위한 제도화된 결정이다. 결혼은 여성의 생식력, 여성의 육체를 사회 조직의 복합성 내에서 통합해 버린다. 이를 위해서는 결혼은 개인이 집단을 따르고 역으로 집단은 개인을 보호하며 도움을 주는 것이 필요하다.

결혼이 서비스이면서 취약하다고 할 수 있는 이유는 여성의 육체에까지도 낙인을 찍는 여성의 생식력이 때문이다. 결혼을 개인의 생산성에 대한 장애물로 보지 않고 오히려 가치를 부여함으로써 여성 혼자 생식력을 관리하게 내버려 두지 않고 미래 세대를 탄생시킨다는 사실을 공동으로 받아들인다. 여성 생식력의 강점과 약점은 사회 조직을 필요로 한다. 결혼은 여성을 생식과 가정 관리인의 역할로 격리시킨다는 의미가 아니다. 여성의 자연적인 생식력의 사회적, 정치적, 경제적 측면을 전적으로 인정하고 폭넓은 시야로 사회 전체를 조직하는 것이 중요하다. 그렇게 함으로써 아이를 갖는 것을 통해 사회에 고마운 마음이 생길 것이다. 사회는 이런 결정과 생산이 미래 세대와 연관되어 있는 한 특권을 누릴 수 있는 장소다. 생식력이 있는 커플에 가치를 부여함으로써 남성 역시 아빠 역할을 수용할 수 있으며 생식과 불임의 자연스러운 주기를 지닌 여성과 함께 책임감을 가질 수 있다. 또한 남성도 여성과 같이 사회를 지속하게 하는 이해관계자로 참여하게 한다.

가부장제와 남성우월주의

'가부장제'라는 단어가 여성들이 현재 놓인 상황을 설명하기에는 부적절하다고 여기는 이유는 바로 이 때문이다. 어원적으로 아버지의 권력을 의미하는 가부장제는 이로 인한 악습도 있지만 남성이 아버지로서의 역할을 담당하고 인간 생식력의 관계자라는 의미를 내포한다. 여성에게 혼자 몸의 생식력과 연약함을 감당하라고 강요하는 기술적 조치는 남성에게서 책임감과 아버지로서의 기능을 박탈시켜 버렸다. 남성은 배우자의 피임에 대해 아무런 권한이 없다. 그는 아무것도 하지 않는데도 배우자는 그를 기만하기로 결정할 수 있다. 남성은 배우자가 산부인과 진료실이라는 새로운 규방 안에서 결정하는 피임 방식에 할 말이 없다. 마찬가지로 낙태를 하거나 아이를 낳기로 하는 결심은 아빠의 의견은 고려되지 않은 채 여성의 몫이 된다.

여성이 선택에 영향을 주고 상호간의 대화를 어렵게 만드는 기술 체제에 붙들릴수록 더욱 문제를 야기한다. 피임약을 복용하느냐 마느냐, 낙태를 하느냐 마느냐 이 딜레마는 '네' 혹은 '아니요' 이 두 가지의 대답만 요구하며 남녀가 성관계의 의미에 대해 대화를 나누지 못하게 한다.

"결정하는 건 너야, 네 몸은 네 것이잖아."

남성은 페미니스트처럼 입장을 취하며 이렇게 응수하기 유리한 입장에 있다.

"네가 혼자서 좋은 쪽으로 결정해."

예의를 차리고 대꾸를 한다고 해도 이런 식이다.

이처럼 남성에게 부성의 책임을 면제하고 아예 박탈해 버리는 방식은 우리 사회에 뿌리박혀 있다. 이제 성관계를 사회적 범주로 끌어오기 위해서는 아버지의 기능에 대한 사회 정치적 인식이 바뀌어야 한다. 이러한 인식의 변화 단계에서는 육아 휴직뿐만 아니라 여성의 생식력 관리에 대한 남성의 참여도 높아져야 한다. 남성의 참여가 금지되었던 이유는 인공 피임 기술 때문이다. 여성의 주기를 공유해야 하고, 기술적이고 화학적인 피임들로 젊은 여성을 적극 공략했던 것처럼 기술적 통제 사회에서 공동 책임의 사회로 나아가는 게 효과적인 방법이라고 가르쳐 주어야 한다.

나는 시대착오적이고 부적합한 용어인 '가부장제'와는 대조적으로 '남성우월주의'라는 용어는 기술 자본주의 사회에서 남성의 지배가 차지하는 형태를 더 잘 설명한다고 생각한다. 권력, 성능, 여성의 육체를 향한 지배의 상징으로 여겨지는 팔루스phallus, 즉 남근의 지배로만 한정되는 남성우월주의가 우리 사회에 너무 뿌리 깊게 자리하고 있는 탓에 자궁이 묵살되고 여성 신체의 특수성을 더 이상 언급조차 할 수 없게 되었다. 남녀의 미분화는 사실 남성의 성적인 특성을 지닌 육체에 대한 추상적 개념이다. 끊임없는 욕망, 비주기적이고 결실을 바라지 않는 생식력, 체외 생성 등이 그 특성이다. 그렇게 함으로써 남녀의 미분화는 호환 가능하고, 고립되어 있고, 항상 사용할 수 있어야 하며, 늘 생산적이어야 한다는 노동 시상의 요구에 완벽하게 특화된 상태가 된다.

사회를 자립적인 개인의 조합으로 생각하고 다른 사람들과 미래 세대와의 관계를 사적인 영역으로 밀어 넣어 두는 것, 부부나 가족의 구성원으로서의 역할을 임시직으로 임하는 것은 사회적 관계의 상업적 관점을 인정하는 것이다. 여기서 사랑은 부부 생활의 사회적 출발점이 아니라 사적인 감정의 문제가 되고, 아이는 사회적 지속성의 약속이 아니라 사적 과제의 대상이 되며 육체는 사회를 구성하는 개인들과 똑같은 삶이 아닌 개인적인 쾌락의 장소가 된다. 역설적으로 성별은 사회적으로 구축되었을 뿐이고 성적 행동은 사회적으로 만들어졌을 뿐이라고 부르짖는 것은 성관계의 사회적 중요성에 대한 인식을 끌어내지 못했다. 구체적으로 육체는 사회적이기 때문에 성별 간의 관계 조직 속에 통합되어야 할 것이다. 따라서 결혼은 이처럼 육체의 사회적 의미와 생식력의 사회적 영향 그리고 꼭 내포해야 할 공동의 책임에 대한 인정이다. 성은 사회적인 관계이기 때문에 인공적인 기술을 통해 사적인 영역으로 쫓겨날 수 없다.

성적 정체성이 해체되어야 하며 개인에게 주도권을 주어야 한다고 주장하는 바람에, 성별은 더 이상 기술적 치료 말고는 사회 협력의 혜택을 누리지 못하는 결과를 낳았다. 해체된 여성은 이제 생체 기능으로 축소되어 자궁, 난소, 호르몬밖에 남아 있지 않다. 해체되어 버린 성으로부터 남는 것은 단지 시장이 점유하는 쾌락과 놀이뿐이다. 탈제도화된 자녀 출산으로부터 존속하는 것은 각자의 역할을 임시직으로밖에 감당하지 못하는 구성원으로 조직된 가족뿐이다.

"남자아이를 함께 낳고 싶은 백인의 정자를 찾는 자궁이 있습니다."

이것이 육체를 경멸하는 이상적 사회다. 공공의 책임을 개인의 계획으로 대체하고, 사회화된 육체를 정신적 의지로 대체하면, 개인과 사회의 기초가 되는 모든 인간관계와 육체관계가 임시직으로 변해 버린다. 커플에서 자녀까지, 분리된 육체, 거래 중인 생식력은 자유주의 체제를 위한 중대한 시장이 되었다.

5

내가 알아서 할께요

피임, 고맙지만

우리의 몸, 우리 자신

여러 권리로 보호받는 개인은 다양한 피임과 인공 수정이나 시험관 수정과 같은 생식 기술로 출산을 결정할 수 있는 선택권을 얻는다. 피임할 권리, 낙태할 권리, 인공 수정을 할 권리는 기술이 가능하게 한 새로운 생식의 자유를 정치적으로 해석한 것이다. 선택의 폭이 넓어질수록 새로운 생식 절차를 관리하는 입법 기관의 짐은 더욱 무거워진다. 우선, 성적 자유 때문에 정부는 항상 개인의 사생활로 뛰어들어야 한다. 개인이 스스로 적절한 조치를 취할 수 있도록 모순적이게도 사생활에 침입한다! 정부는 여성의 생식력에 따라 사회생활을 조직하기는커녕 여성에게 기술적이고 법적인 막대한 책임을 맡기고, 여성은 자신의 신체 변화를 관리하는 전문가와 혼자 마주한다.

생식과 관련된 대부분의 법안은 사회적 관련성을 없애 버림으로써 정부의 책임을 덜어 주는 데 목적을 둔다. 낙태를 두둔하면 미혼모를 도울 일이 없어진다. 다운증후군 검진을 권장하면 장애인을 보살피는 일이 사회에서 제외된다. 독신 여성을 위해 늦은 나이에 인공 수정을 할 수 있도록 허락하면 가정생활과 직업을 양립하게 할 필요가 없다. 죄다 정치적인 회피를 은폐할 수 있는 선택들이다. 정부가 이와 같이 책임을 떠맡을수록 사회는 오래전부터 짐스럽게 느껴 왔던 숙제로부터 벗어날 수 있다. 세대 혁신을 준비하고 남성의 학대로부터 여성을 보호하고, 남성에게 책임감을 강제로라도 부여하는 등의 과제로부터 자유로워질 수 있다. 이번에도 역시 법이 관습을 대신하고 기술이 사회적 유대를 대신한다.

그럼에도 정부가 '출산'에 대해 이론상으로 법률을 제정하기를 바란다면, 논란이 되고 수정이 필요하고 공론의 대상이어야 하는데 여성의 몸은 이런 주제와 법적 분야가 다르다는 사실을 모르고 있다. 이 법제화가 여성의 요구에 적절하다고 할지라도, 여성이 자신의 몸을 마음대로 처분하고 다른 사람이 어떻게 다루든 내버려도 되는 재산처럼 다루는 것은 전혀 바뀌지 않는다. 여기서 우리 몸을 우리의 재산으로 삼는다는 '내 몸은 나의 것이다'라는 유명한 슬로건이 사실은 미국의 슬로건 *'Our bodies, ourselves'* 즉, '우리 몸, 우리 자신'을 잘못 번역했다는 사실을 집고 넘어 가야 한다. 나의 몸은 재산이 아니며, 우연히 나에게 속하게 되었을 어떤 것이 아니다. 나의 육체는 나와 세상을 잇는 매개물이 아니다. 내가 세상에 있는 한 나다. 나의 신체는 본래의 실재이며 이 실재로부터 세상은 의미를 갖는다. 프랑스 현대 철학자 모리스 메를로 퐁티Maurice Merleau-Ponty는 《지각의 현상학Phénoménologie de la perception》이라는 책에서 다음과 같이 밝혔다.

대상이기를, 완전하게 구성된 것이기를 방해하는 것은 바로 그
것을 통해 대상을 가질 수 있다는 점이다. 그것이 보고 만지는 것인
한, 만질 수도 볼 수도 없다. 따라서 신체는 언제나 거기 존재한다는
특수성을 제공하는 외부 대상 중 하나가 아니다. 그것이 영속적이라
면 그것은 사라질 대상들, 실제 대상들의 기초가 되는 절대적 영속
성으로부터 온 것이다.[44]

나의 몸은 소유물도 재산도 아니다. 모든 것의 상태다. 미국의 슬로
건이 말하듯이 몸은 내 것이 아니다. 몸은 나다. 여성의 몸과 몸을 조작
하고, 상업화하는 법안 공포는 곧 여성 자신에 대한 법률을 제정하는 것
이다. 기술이 그랬듯이 법 또한 여성과 여성의 육체 간의 매개물을 창설
하며 몸을 대상으로 만들어 낯선 이들의 손에 넘기고 소외시킨다.

자율성 발전시키기

자기 자신과 세상을 관련짓는 데는 두 가지 기술이 있다. 첫 번째는 개
인의 자율성을 조성하는 독립 기술이며 두 번째는 개인을 타인의 법에
복종시키는 타율 기술이다. 독립 기술은 매개인데, 대상을 감추지 않고
대상을 더 잘 이해할 수 있도록 해준다. 원예가가 생태계의 자연적인 균
형을 관찰한 다음, 밭에 재현하고자 영속농업Permaculture(1970년대 호주의
빌 모리슨Bill Mollison과 데이비드 홈 그렌David Holmgren이 창안해 낸 이론으로, 현재

전 세계적으로 대안 농법 이상의 문화적 운동으로 확대되어 가고 있다 - 옮긴이)을 적용할 때 이 독립 기술은 자연으로부터 원예가의 밭을 떼어 놓지 않는다. 오히려 현실 세계에 충실한 지식을 토대로 둔다. 마찬가지 방식으로 커플이 자연 피임법을 사용할 때, 그들은 그들의 생식력과 여성의 몸에 대한 균형에 더 많은 책임감을 갖게 된다. 여기에 주제와 대상의 범주는 더 이상 의미가 없다. 육체는 영속농업 방식의 자연처럼 조작하는 대상이 아니다. 우리가 육체를 알고, 육체 위에서 군림하려고 하지 않고 육체와 함께 행동하는 한 육체는 우리의 기초가 되고 우리의 세상을 구성한다.

재배생태학과 자연 피임법의 공통점은 있는 그대로 관찰한 현실에 근거를 둔 기술로 외부의 개입 없이 우리를 독립적으로 만든다는 것이다. 영속농장을 운영하는 원예가는 자신만의 지식을 구비하고 있다. 재배 작물 사이에 존재하는 자연적인 공생관계를 보호하면서 이 관계를 이용하기 때문에 비료가 필요 없다. 다년생 작물과 자가 파종을 하는 작물을 배치하기 때문에 종자도 전혀 필요로 하지 않는다. 비용이 드는 모든 기계 설비 역시 필요하지 않다. 자연 역학에 기반을 두고 작물을 재배하기 때문이다. 마찬가지로 자연 피임법은 관심과 대화 그리고 선의를 필요로 한다. 피임약도 피임 패치도 콘돔과 삽입관도 필요하지 않으며, 병원도 전문가도 필요 없다. 커플이 생식력을 자연적으로 제어하고 싶다면 종이와 연필, 체온계를 갖추면 된다. 특히 이미 경험해 본 다른 커플이 있어야 하며 신뢰와 인내심 그리고 선의가 필요하다. 이런 이유로 자연 피임법은 계승과 사회관계를 활용한다.

자연적 방법

많은 산부인과 의사와 조산사는 자연 피임법을 무시하거나 무엇인지 모르는 경우도 있다. 대다수의 안내 책자를 보면 자연 피임법을 언급조차 하지 않거나 질외사정이나 오기노식피임법(월경주기법)과 동일시한다. 다음은 '나만의 피임법 선택하기choisirsacontraception.fr' 피임 관련 인터넷 사이트에서 사용하는 책자인데, 역시 가장자리 메모에만 겨우 언급할 뿐이다.

'자연' 피임법 역시 질외사정 또는 주기적 금욕법(오기노식피임법, 점액관찰법, 기초체온법)과 같은 여러 방법이 있다. 성욕을 자제하는 이런 방식은 신뢰성이 거의 없다.

바로 위에 신뢰할 수 있는 피임법 목록에는 살정제(실패율 18~20%), 프로게스토겐을 투입하는 피임주사(3개월마다 의사나 간호사를 통해 접종), 불임 수술을 통한 영구 피임이 있다. 책자를 만든 사람들에게 살정제는 신뢰할 만하며 피임주사는 강제성이 없고, 불임 수술은 평범한 피임 방법이다. 자연적인 피임법보다 피임 효과가 확실하다는 것은 분명하다. 그러나 이 책자와 같은 주제를 다룬 모든 공식 기사처럼 질외사정이나 오기노식피임법과 자연 피임법을 혼동하는 것은 젊은 사람이나 청소년에게 정보를 알려 주려는 사람에 대한 대단한 지적 불성실이며 정말 우려스러운 무지라고 할 수 있다.

실제로 자연 피임법을 신뢰하는 여성은 자신의 가임기 증상을 식별하는 법을 조금씩 배워 나간다. 이에 따라 가임기 동안 성관계를 하지 않거나 콘돔을 사용한다. 자연 피임법은 모든 여성에게 추상적으로 적용된 확률 계산을 기초로 하는 오기노식피임법과는 전혀 관련이 없다. 자연 피임법은 우리 몸이 우리에게 보내는 신호를 관찰하는 것을 기초로 한다. 여성 개개인의 독자성과 자기 자신을 아는 능력을 고려하는 것이다. 여성이 가임 시기를 알 수 있는 구체적인 증상으로는 자궁 경부 점액의 점도, 체온 그래프의 변화, 자궁 경부의 팽창이 있다. 자궁 경관 점액은 자궁 경부의 분비물을 가리키는 말로, 이 점액의 역할과 기능은 여성의 주기에 따라 변화한다. 비가임 기간에는 건조한 느낌이 있고 점액이 없다. 하지만 가임 기간에는 점액이 나와 비정상 정자의 움직임을 방해하는 것은 물론 자궁을 뚫고 들어오려는 병원균을 막는다. 점액에는 산성이 있어 산성에 약한 정자는 질 내에서 세 시간 이상 살아남지 못하고, 그 사이에 자궁 경부를 돌파하지 못하면 죽는다.

여성이 자궁 경부 점액과 경부의 팽창을 관찰하면서 가임 여부를 알아보면, 비가임 기간은 배란 5~9일 전, 배란 후 7~12일로 여성 주기의 3분의 2를 차지한다. 가임 시기에는 점액이 풍부해져 나팔관 안으로 정자들이 올라가기에 좋은 환경이 된다. 점액의 농도가 끈적일수록 질의 산성이 약화되면서 정자는 질을 통과할 수 있을 뿐만 아니라 정자의 모험에 필요한 에너지를 공급하며 기형 정자를 걸러내는 기능을 한다. 가임기에는 점액 때문에 축축한 느낌이 들며 점액이 점점 많아지고 진득해지고 투명한 색으로 변하는 것을 볼 수 있다. 점액 관찰은 빌링스

Billings 피임법의 기본이다. 호주의 존 빌링스John Billings와 에이블린 빌링스Evelyn Billings 박사 부부가 1964년에 개발한 피임법이지만 프랑스에는 1982년에서야 소개되었다. 빌링스 피임법의 효력은 최적의 조건일 때 96.9~98.5%에 달하지만, 성공률은 커플의 경험과 지식에 따라 달라진다. 프랑스에서는 대부분의 남성과 여성이 이 피임법을 몰라서 활용하지 못한다고 봐도 과언이 아니다. 젊은 여성들이 피임기구나 콘돔은 잘 알면서 점액은 무엇인지조차 알지 못한다는 사실은 많은 문제점을 시사하고 있다.

증상체온법 : 피임약만큼 효과가 있나?

자연 피임법에는 빌링스 피임법만 있는 게 아니다. 증상체온법은 기초체온 그래프를 분석하며 점액을 함께 관찰하는 피임법으로 오스트리아의 요제프 뢰체Josef Rötzer 의사가 1965년에 첫 지도서를 발간했다. 배란이 될 때, 난자가 빠져나간 난포를 황체라고 하고 이 황체에서 황체호르몬인 프로게스테론이 분비된다. 프로게스테론은 체온을 상승시킨다. 따라서 최소 3일 동안 아침에 눈을 떴을 때 체온의 상승 상태가 계속된다면, 배란이 끝난 게 확실하며 가임 기간이 끝났음을 의미한다. 기초체온법만으로는 피임법으로서 신뢰할 수 없지만 동시에 점액을 관찰하면 정확도가 높아진다. 잘 활용하면 피임약의 피임 수준까지 기대할 수 있으며, 콘돔이나 여성 피임기구 페서리pessary 또는 살정제보다도 효과가 좋은 것으로 나타난다.

학술지《인간생식Human Reproduction》에 2007년에 실린 하이델베르크, 쾰른, 팜플로나, 옥스퍼드 대학의 연구에서 증상체온법의 펄 지수Pearl Index*는 0.2~0.4인 반면, 피임약은 0.3~8, 피임링은 0.1~8, 콘돔은 2~15, 페서리 6~16, 살정제 18~29로 나타났다. 그럼에도 정부는 제약 연구소의 영향을 받기 때문에 정부가 자연 피임법을 다루는 연구를 직접 지원하지 않는 한 자연 피임의 실질적 효과를 객관적으로 산정하기는 힘들다. 그러므로 증상체온법과 오기노식피임법, 질외사정을 같은 부류로 취급하는 상황은 쉽게 사라지지 않을 것이다. 《인간생식》은 차치하고, 자연 피임 방법을 참고할 수 있는 수치는 자연 피임 증진에 애쓰는 협회의 자료에서나 볼 수 있다. *반대로 추론해 보면,* 화학적 피임에 대한 연구 대부분은 기업에서 재정 지원을 받고 있다. 이런 기업은 우리가 생각하는 방법론적 측면과 이익 사이에서 갈등을 일으키며 화학적 피임을 상업화한다.

유럽의 약물 부작용 감시 위원회의 대부분은 실제로 미국 식품의약품 품질 안정성 인증기관인 FDAFood and Drug Administration를 신뢰하고, 한 국가의 임상시험 75%가 사설 기금으로 마련되며 기업 로비가 공공 보건 정책에 실로 엄청난 영향력을 끼친다.[45] 그러므로 그 무엇보다 이와 같은 공공 보건 주제에 편파적이지 않은 연구를 추진하는 것이 시급하다. 특히 프랑스 여성들은 최근 문제되는 보건 문제 관련 사건으로 경각심

---

* 1년간 특정 피임법을 사용한 100명의 여성 중 임신한 수를 나타낸다.

이 높아져 피임약을 대거 회피하게 되었으며, 더욱 자연적이고 여성의 육체를 존중하는 피임법을 사용하려는 움직임이 커졌다. 여성들이 질외 사정이나 오기노식피임법을 선택하고 피임약을 거부하게 된다면 이 또한 엄청난 발전이 아닐 수 없다! 본질적인 변화의 움직임 앞에서 정부는 자연 피임법을 의도적으로 무시하면서 정보를 제공하지 않은 데 비난을 받아도 할 말이 없을 것이다. 자연 피임법이 효과가 있다고 가정한다면 이 방법을 비난했던 사실은 참으로 추접스러운 일이 된다. 자연 피임법 이 피임 효과가 없다고 가정한다면 객관적인 연구로 증명해야 한다. 만약 수많은 커플이 증상체온법의 효과를 증언한다면,[46] 이 방법의 도입을 진지하게 고려해야 한다.

몸에 주의를 기울이세요

물론 자연 피임법은 여성만이 아니라 이를 실행에 옮기는 커플 두 사람 모두가 서로의 감각에 주의를 기울이고 신뢰하며, 여성 생리학에 올바른 지식이 있다고 가정한다. 그런데 우리 사회는 신체보다 뇌를 우선시하고, 감각은 허상이자 상대적이라고 치부하며 너무 과소평가한다. 따라서 여성은 몸이 보내오는 신호를 인지하는 능력을 신뢰하지 않으려는 경향이 강하다. 마찬가지로 남성은 배우자의 심한 변덕과 일반적인 여성의 히스테리를 조롱하면서, 여성의 주기 변화나 인공 호르몬의 부작용 반응을 나타내는 다양한 지표를 진지하게 생각하려 하지 않는다.

빌링스 교육에 30년 경력을 자랑하는 한 전문가는 나에게 이제 여성의 기분과 행동에 따라 여성의 주기가 어떤 상태인지 알 수 있다고 이야기했다. 이것은 부부가 서로에게 깊은 관심을 기울일 수 있는 방법을 배우는 정말 아름다운 교육이다! 그러나 모든 젊은 사람이 여성의 생식 메커니즘을 배운다고 해도 여성이 이런 과학 교육을 충분히 지지하지 않는다면 기분은 적합한 지수가 될 수 없다. 이것은 성생활 입문을 위해 콘돔만 연례적으로 전시하던 현실에 흥미로운 대안이었다.

자연 피임법은 단지 성생활하고만 관련된 게 아니다. 성생활을 누리는 시간은 짧다! 증상체온법은 여성에게 자신의 몸이 지닌 예민함에 주의를 기울일 수 있도록 한다. 불안하고 건강에 좋지 않은 삶의 방식, 불만이나 눈에 띄지 않는 건강 문제는 여성의 주기가 제대로 순환하지 못하도록 하는 직접적인 원인이다. 관찰은 살아가는 방식의 질을 평가할 수 있게 하며, 정치적 변화의 지렛대가 될 수 있다. 마찬가지로 배우자에게 여성을 더 신경 쓰도록 강요함으로써 커플의 애정 성숙도를 함께 늘려 가도록 한다. 더 나아가 자연 피임법은 여성이 자신의 몸에 관심을 갖도록 함으로써 젊은 여성이 처음으로 호르몬의 대혼란을 겪는 순간을 에로틱하게 마주할 수 있도록 한다. 주의를 기울인 육체, 즉 여성의 욕망은 각자의 주기와 함께 변화한다. 그리고 연구에 따르면 배란에 가까워질수록 얼굴 표정이 더 아름다워지고 체취도 더욱 자극적으로 변한다는 사실도 알 수 있다.

어릴 때 합성 호르몬 말고는 아무것도 몰랐던 여성은 당연히 힘도, 성적 욕구도 점유할 수 없으며 자신의 매력을 발산할 줄 모른다. 모든 호르몬 흐름을 엉기게 하는 피임은 여성의 성적 충동에 큰 영향을 미친다. 《나는 이제 피임약을 먹지 않겠어J'arrête la pilule》의 저자인 사브리나 드뷔스카Sabrina Debusquat는 산부인과 의사 베랑제르 아르날Bérangère Arnal의 '피임약은 불가역적인 방식으로 젊은 여성이 성생활을 배우는 것을 방해한다'[47]는 말을 인용한다. 따라서 주기를 관찰하는 일은 여성 자신의 욕망에 귀를 기울이는 것이다. 이처럼 여성의 몸을 알아 갈수록 육체관계를 즐기는 법을 배우게 된다. 예를 들어 나는 증상체온법을 배우면서 여성의 오르가즘에 회음이 핵심적인 역할을 한다는 사실을 알게 되었다. 자신의 성감대가 어디에 있는지 알지 못한 채 콘돔을 끼우는 법을 배울 때는 성생활이 위험하고 고통스럽기까지 한 의무가 되기도 한다. 사춘기 때부터 자연 피임 방법을 교육하면, 책임감을 가지고 성관계할 수 있는 법을 배울 수 있다. 매우 미묘한 여성 생리학의 법은 한 여성에서부터 다른 여성까지, 한 주기에서 또 다른 주기까지 달라지기 때문에 여성 생식력의 논리를 이해하려면 장기적인 학습이 필요하다. 하지만 이 학습은 에로틱한 세상으로의 입문이기도 하며 2장에서 이야기했던 아르스 에로티카의 전제다.

자연의 발전

다행스럽게도 자연 피임법은 지속적으로 확대되고 있으며, 커플이 성적 독립성을 갖출 수 있도록 많은 수단과 교육이 계속 발전하고 있다. 프랑스 르 클레Le Cler, 독일 센시플랜Sensiplan, 스위스 생토테르SymptoTherm는 자원봉사자들이 증상체온법 증진을 위해 활동하는 단체다. 생토테르는 여성이 온라인으로 관찰할 수 있는 애플리케이션을 홈페이지에서 무상으로 제공한다. 곧바로 체온 그래프를 예측하고 생식력의 변화를 보여주는 프로그램이다. 이 애플리케이션은 산욕기, 수유기, 폐경기, 불규칙한 주기, 생식 능력 저하 또는 그 반대 상황 등 특수한 상황을 고려해서 출산을 장려하거나 지연시킬 수 있도록 돕는다. 또한 복잡한 계산을 대신해 주고 여성이 관찰한 증상을 꼼꼼하게 해석해 준다. 이 교육용 소프트웨어의 기획으로 확인된 목적은 바로 여성이 애플리케이션 없이도 지내는 법을 배우는 것이다. 이처럼 우리는 자신을 더 많이 알게 돕고 해방을 누리도록 하는 기술과 상품에 의존하도록 하면서 인간성을 상실하게 만드는 기술의 차이가 무엇인지 잘 알 수 있다.

생토테르는 '여성을 자유롭게 하는 애플리케이션'과 같은 도구를 소개한다. 이런 새로운 애플리케이션 외에도 시판 중인 수시로 체온의 변화를 저장하는 체온계(사이클로테스트Cyclotest), 소변 검사를 통해 호르몬 수치의 변화를 예측하는 배란 테스트기(클리어블루Clearblue), 아침의 기초체온을 측정해 주는 측정계(레이디 캄프Lady-Comp) 등이 있다. 하지만 현실은 질외사정이나 오기노식피임법은커녕 자연 피임법을 억제시키려고 난리다! 여성이 제약 산업과 국가의 다양한 가족계획 기관에 의존했을 때 이익을 보는 사람들 때문에 자연 피임법은 시대에 뒤떨어진 것으로 간주된다. 고대 시대에는 피임 기구가 16세기에는 콘돔이 혁명적이었듯, 현재로서는 증상체온법이 혁명적인 발명처럼 보인다. 증상체온법은 혁신적이고 무상이며 생태학적이고 책임감까지 주는데 부작용이 없기 때문이다. 이 방법의 발전은 자신의 몸을 제대로 알고자 하는 여성들의 희망을 나타낸다.

일부 배움이 충분하지 않은 사람들은 자기 관찰 방법이 여성의 자연적인 리듬에 대한 연구를 근간으로 했음에도 여성의 생식력에 개입하며 '자연'의 자연적인 흐름에 맡기지 않는다고 지적할 게 뻔하다. 이것을 고려하면 '자연적 제어'보다 '출산의 자율적 제어'라는 표현이 더 정확한 것 같다.

스마트폰 애플리케이션은 뭐가 덜 자연스러운가? 이와 같이 이해된 자연은 반대론자들의 낡아빠진 전설 속 사고방식을 드러내는 운명과 혼동된다. 자연을 존중한다고 해서 수동적으로 우리의 생물학을 포기한다는 의미가 아니라, 제한된 자연 법칙 안에서 행동한다는 것을 뜻한다. 진짜 독립성을 얻고자 하는 목적으로, 자연은 선하고 진실하기 때문에 자연 그 자체를 존중하는 것은 필요하지 않다. 내가 화학적 피임과 여성의 의존 관계와 달리 출산의 자율적 제어를 더욱 마음 편하게 이야기하는 이유는 바로 이 때문이다. 생토테르가 배포한 안내서에는 '자연에서 기인한 피임을 자연적 피임이라고 잘못 칭했다. 이것은 오히려 정말로 생태학이 통합된 문화적 피임의 문제'라고 설명한다. 자연 피임법을 장려하는 사람과 여성의 해방을 기술적 소외에 의존하게 하는 사람 사이에서 누가 미개인일지 생각해 본다.

불투명한 작동

피임약을 복용하는 여성은 피임약을 상업화하는 제약 회사뿐만 아니라 여성이 피임약에 접근할 수 있도록 하는 유통사, 허가하는 정부 그리고 약을 처방하는 의사에도 의존한다. 이 관계자 중 하나가 자칫 잘못하면, 여성은 그날 자신의 생식력을 제어할 수 없는 상태에 놓이고 꼼짝없이 금욕을 감내해야 한다. 생식력 제어를 쥐고 있는 사람이 소비자가 아니라 실험실, 산부인과 의사, 입법부이기 때문에 피임 방법과 인공 생식 방법으로는 실제로 생식력을 제어할 수 없다. 화학적 피임의 대량 확산과 관련된 모든 재정적 사회적 이익을 생각하면 심히 우려스러운 장악이 아닐 수 없다! 이 기술은 진정한 자율성을 허용하기는커녕 관계자들의 양심을 빼앗았고 여성이 자신의 몸을 통제하지 못하도록 했다. 여성은 출산을 제어하는 데 자신의 지식이 아닌 상품을 소비하며 관리하게 되었기 때문이다. 이것이 바로 내가 여성과 여성의 행동 사이에 벽을 만드는 타율적 기술을 자율적 기술과 비교하는 이유다. 타율적 기술은 행위로는 더 이상 제어할 수 없고 주체와 대상, 즉 여성과 여성의 몸을 해체한 다음 여성을 전문가와 상업의 권력에 넘겨 버린다. 타율적 기술은 일련의 전문 지식을 기초로 만들어졌다. 나는 개인을 개인 자신도 모르고 스스로는 복제할 수 없는 장치에 의존하도록 하는 모든 기술을 가리켜 '타율적'이라고 부른다.

실제로 피임약(기구)가 작용하는 방식을 누가 알까?[*] 어떤 여성이 호르몬 피임(피임약, 피임 패치, 삽입관 또는 피임링)이 배란을 억제할 뿐만 아니라 이미 수태된 잠재적 배아의 착상을 방해하기 위해 자궁 내벽을 망가뜨린다는 사실을 진짜 알아챌 수 있을까? 합성 호르몬에 다른 상품에서는 금지되기까지 한 해로운 물질이 포함되어 내분비샘을 강력하게 교란시킨다는 것을 누가 알까? 호르몬 피임이 육체가 이미 임신한 상태라고 착각하게 함으로써 배란을 방해한다는 사실을 여성에게 설명하는 경우는 드물다. 호르몬에 지배받는 여성은 이런 사실을 알지 못한 채 여러 해 계속 임신 상태에 있었다! 여성이 믿었던 월경은 여성을 안심시키는 동시에 화학적 지배 아래 있다는 사실을 잊게 하기 위한 시늉에 불과했다.

합성 호르몬제를 복용하는 여성은 배란이 되지 않으며 주기도 없다. 따라서 실제 월경 주기도 없다. 1주기용 피임약을 다 복용한 후 휴약 기간[**] 동안 나타나는 출혈은 갑작스럽게 호르몬 수치가 하락해서일 뿐 여성의 생물학적 기능이 전혀 없다. 이 가짜 월경을 사라지게 하기 위해 다시 피임약을 복용하지 않을 이유가 전혀 없다. 프랑스 의사이자 작가이기도 한 마르탱 뱅클레Martin Winckler가 블로그에 잘 설명해 두었지만, 피임약은 원래 배란이 중지된 상태를 유지하기 위해 휴약 기간 없이 연속으로 복용하려고 만들었다. 인위적으로 28일 '주기'로 피임약을 복용

---

[*] 환경호르몬인 비스페놀A는 캔 통조림이나 플라스틱 용기에 사용하지 못하도록 하면서 이보다 훨씬 유해성이 심각한 에치닐에스트라디올과 같은 호르몬제는 피임약에 사용하는 것이 허용된다.

[**] 다음 달 피임을 원한다면 이번 달 월경이 시작되고 5일 이내에 매일 한 알씩 복용한다. 총 21개를 복용하고 7일간 약을 먹지 않는 휴약 기간을 갖는데 이 기간 동안 생리가 발생한다. 휴약 기간이 지나면 곧바로 다시 이전에 먹던 시간에 맞추어 복용한다. 이렇게 복용하면 약을 먹는 21일 동안은 물론, 복용을 쉬는 휴약 기간에도 피임 효과가 유지된다. 배란 자체가 일어나지 않아 난자가 없기 때문이다.

하기로 한 까닭은 단지 여성들이 월경을 하지 않는 상태를 불안해했기 때문이다. 21일 동안 매일 피임약을 복용하고 가상의 월경을 하기 위해 7일의 휴약 기간을 둔다. 생물학적이고 심리학적인 속임수를 핑계로 쉰다니, 참으로 이상한 해방이다! 호르몬 피임이 출현했던 역사적인 내용을 알면 놀랄 것도 없다.

이와 마찬가지로, 생명 지구과학 수업 중에 구리선이 감긴 피임 기구 루프가 수정란의 착상을 방해하기 위해 자궁 내막을 손상한다는 사실을 설명해 주는 경우는 드물다. 루프의 효과는 자궁의 지속적인 염증을 기초로 한다. 자궁 내 피임 장치로 잘 알려진 루프는 세계에서 가장 많이 사용되는 피임 방법으로 매달 여성이 모르는 사이에 잠재적 유산이 일어나고 있다. 피임약을 경멸하는 사람들이 떼처럼 몰려든 루프는 심각한 부작용(자궁이나 나팔관 천공, 골반염)을 전혀 배제할 수 없으며 모든 여성에게 시술할 수도 없다.

당신이 무엇을 복용하는지 당신은 알지 못한다

루프 같은 화학적 피임은 결국 성욕 감소, 질 출혈, 두통, 유방통, 골반통, 정맥류와 같은 부작용의 영향으로 아프지도 않은 여성의 몸을 바꾸어 버린다. 특히 심근경색과 뇌졸중의 위험이 상승하고, 심부정맥 혈전증과 폐색전, 유방암, 자궁경부암, 간암의 위험을 높이며 지방질과 혈당 변화를 일으킨다. 프랑스 국립의약품안전청ANSM의 보고서에 따르면 피임약은 매년 프랑스에서 2,500건 이상의 혈관 내 혈전 형성, 약 20건의 조기 사망을 발생시키는 것으로 나타났다.

2017년 사브리나 드뷔스카가 통합한 자료를 살펴보면, 13~24명의 여성이 매달 피임약의 영향으로 사망한다. 30세 이하의 여성이 합성 호르몬제를 복용하는 중이거나 복용했을 때는 조기 사망 위험이 3배 높은 것으로 나타났다. 여성들이 알리지 않거나 의사가 인정하기를 거부한 다양한 부작용은 산정하지도 않았는데 이 정도라니! 심한 변덕, 성욕 상실, 질 건조증, 우울증, 체중 증가 등 비슷한 증언이 쏟아진다. 2012년 12월, 25세의 젊은 여성 마리옹 라라Marion Larat는 뇌졸중 피해를 입은 후 글로벌 제약 업체 바이엘Bayer을 고소했다. 마리옹 라라는 반신불수가 되었을 뿐만 아니라 지능이 저하되고 간질 환자가 되었지만, 근본적으로 바뀐 것은 아무것도 없었다. 피임약은 프랑스에서 항상 처음으로 사용되는 피임 방법이다.

수입이 좋은 사업, 의심스러운 결과

재정적 문제가 상당하다는 것을 인정해야 한다. 2015년, 바이엘은 2세대 피임약보다 2배 더 위험한 피임약 야스민Yasmin으로 7억 2800만 유로의 수익을 달성했다. 총 수익이 422억 유로임을 감안하면 큰 수익도 아니다. 바이엘은 2012년부터 2015년까지 미국에서 10,000명 이상의 고소인에게 20억 유로를 쏟아 부었다.[48] 재판관 앞에서 바이엘의 피임약

판매로 발생한 피해를 인정하기 않기 위해서였다. 프랑스 피임 시장에서 선두 기업인 마조렐Majorelle은 2016년에 예상하길 3년 만에 수익을 2배 올리겠다고 했다. 2015년, 마조렐은 100%의 성장과 함께 2,600만 유로의 수익을 알렸다.[49] 여성 몇 명의 인생이 이런 시장에 영향력을 행사할 수나 있을까? 이 질문을 다룬 기사를 보면, 혹시 누가 피임약을 신뢰하지 않으면 큰일이라도 날 듯이 불신을 경계하기 위해 항상 별로 대단하지도 않은 전문가가 있는 것을 볼 수 있다. 피임약에 대해 너무 많이 말하지 말자, 안 그러면 여성들이 깨어날 위험이 있다. 제대로 된 여론이 형성되지 못하게 하기 위한 협박은 늘 똑같다. 피임약은 사람을 죽게 하지만 낙태를 피하게 한다.

그러나 낙태 4건 중 약 3건(72%)이 이미 피임을 하는 중에 실행되었으며, 그중 42%가 피임약을 복용하고 있었다는 것을 기억해야 한다! 20~24세 여성들이 원하지 않은 임신을 하게 된 첫 번째 이유는 피임약 복용을 잊어서이며(42.3%), 콘돔이 찢어지거나 피임을 하지 않았을 때보다 훨씬 앞서 있다.[50] 2004년 피임에 관한 코호트 설문조사 보고서 코콘Cocon이 이미 지적했듯이 문제는 처방받은 피임법과 여성의 정서적 상황 간의 불일치라기보다 피임에 대한 이해가 적다는 데 있다. 이 보고서는 원하지 않은 임신의 대부분이 다소 의식적인 '위험한' 행동의 결과라는 사실을 강조한다. 띄엄띄엄 복용한 피임약, 계속 변경한 피임 방법, '여성의 삶에서 특별히 사회적이고 정서적인 상황에서 발생하는 많은 행동'[51]처럼 너무 의료화된 피임의 과정 중에 자칫 허술했던 순간과 '위험한 상황'이라는 개념이 연관되어 있다. 그렇다고 해서 서둘러 과실 행위에 결론을 내리지 말고, 임신중절이 의료화의 결여 때문이 아니라는 사실은 분간할 줄 알아야 한다.

아방가르드 전투

사회는 계속 피임약을 낙태와 맞설 유일한 방패로 내세우고 있다. 마치 모든 건강 위험을 막겠다는 어린아이의 으름장 같다. 그렇다고 피임약의 불편한 점과 좋은 점을 저울질하는 것은 그만큼 더 추잡스럽다. 여러분이 2011년 5월 캠퍼스 한복판에서 푹 쓰러졌던 미국 학생 미셸 프레거Michelle Pfleger처럼 열여덟 살에 폐색전증으로 죽는다면, 실험실의 통계가 무슨 의미가 있는가? 사회는 건강을 가장 귀중한 재산처럼 여기며 모든 다른 분야에서 여성을 보호하기를 바라면서도, 유독 신성불가침의 화학적 피임에 관련되어 있을 때면 한 발자국 뒤로 물러나 양보하다니 정말이지 믿을 수가 없다! 수많은 여성을 화학의 제단에 바치려고 준비하는 사람들은 심지어 1970년대부터 계속 발전 중인 건강을 존중하는 자연적 피임법을 멸시하기까지 한다. 기술 신봉자들은 자연 피임법을 선택한 여성을 멍청하고 무식한 사람이라고 생각하면서 경멸의 눈초리로 바라본다. 하지만 자연 피임법을 선택한 여성은 사실 자신의 몸을 잘 알고 있으며 산부인과 의사보다 더 예리한 경우가 많다. 의사들은 여성의 병력이나 가족 관계, 사회생활에 주목하기보다 진료실에서 처방만 해주면 끝이다. 성적 자주성을 가지고 기술적 소외와 건강 위험성에 대항하기로 결정하는 것은 피임약을 만병통치약처럼 생각하는 이들에게는 분별없고 시대에 뒤떨어지는 사람으로 비춰질 뿐이다. 50년 전부터 피임약이 모든 여성 운동의 깃발이 되어 버린 나라에서는 행복과 여성의 몸을 지키고자 하는 노력은 그저 안티 페미니스트적인 태도다! 그러나 1970년대가 되었을 때 미국 여성들이 피임약 문제를 쥐고 흔들었던 기억을 떠올려 보자. 워싱턴DC의 페미니스트 단체 *DC 여성 해방*의 활동가 앨리스 울프슨Alice Wolfson은 "여성은 기니피그가 아니다!"라고 소리 지르며 상원 청문회를 중단시켰다. 같은 해, 많은 의사에게 지원을 받은 여성 운동가 바버라 시먼Barbara Seaman은 피임약의 부작용에 대한 여론을 환기하기 위해 《피임약에 반대하는 의사의 주장 The Doctor's Case Against de Pill》을 출간했다. 1969년에는 모튼 민츠Morton Mintz가 《피임약에 관한 우려스러운 보고서The Pill : An Alarming Report》를 통해 최초의 피임약 시장에 투자를 이끌었던 실험들이 윤리적이고 방법론적인 현행 규범을 무시했다는 사실을 보여 주었다. 프랑스에서 피임약의 상업화가 만장일치로 여성의 승리로 환영받을 때조차도 미국은 합성 호르몬제의 등장과 동시에 비판적인 여론이 퍼져나갔다. 프랑스에서는 미국에서 발간된 책들을 찾을 수 없다고 말하는 것은 아무런 의미가 없다.

연료 고갈

화학적 피임을 비판한다고 해서 대자연을 맹목적으로 신뢰한다는 의미는 아니다. 사실 화학적 피임의 문제는 여성이 생식력의 지배자가 아니라 상실의 기술에 의존한다는 점이다. 해방의 전망이 어떠할지 이미 예상했던 것처럼, 여성은 자기 자신의 주인이기는커녕 신체를 세계화된 학술적 경제적 권력에 위임한 채 영원한 지배 논리에서 희생자로 남는다. 타율적 기술을 전적으로 신뢰하는 여성은 더 이상 자신의 감각을 신뢰하지 않는다. 여성은 생식과 불임의 시기를 스스로 느낄 수 없다고 생각하고 삶의 가장 중요한 견지를 제약 회사에 넘겨 버린다. 기술적 사고 방식은 여성을 여성의 몸과 분리한다. 여성이 스스로 생식 기간인지 비생식 기간인지 지각하는 법을 배우려면, 약간의 훈련과 강한 자아 존중감이면 충분하다. 피임약의 영향을 받은 지 10년이 지난 후에야 나는 빌링스 피임법을 통해 복잡한 내 몸을 세세하게 알게 되었고, 그로부터 여러 해가 지나고 나서야 나의 여성성을 되찾았다.

구체적으로 말해 보자면, 피임약 복용을 멈춘 후부터 나는 나를 벌하려는 것처럼 성관계를 할 때마다 몸을 움츠렸다. 마치 혼수상태로 몇 년을 있다가 갑자기 깨어난 듯이 만져지는 것을 거부했다. 나는 메말라 있었고 성적 욕구도 없었다. 이 문제를 진지하게 대하는 의사는 단 한 명도 없었다. 의사는 그 유명한 "긴장하지 마세요!"라는 말을 이번에도 잊지 않았으며, '나를 조금 밀어붙이라'고 조언하고 진정제를 처방해 주었다. 심지어 내가 억압된 강간의 피해자였다는 사실을 상기시키기까지 했다! 나는 과거의 성 경험을 몇 개월에 걸쳐 분석하고, 잊고 있었던 트라우마를 기억해 낸 뒤 자연 피임법 전문 빌링스 지도 선생님에게 이야기했다. 선생님은 놀라지 않았다. 선생님이 나에게 처음으로 던진 질문은 "과거에 피임약을 복용했죠?"였다. '그렇다'는 나의 대답에 선생님은 조용히 다음과 같이 말을 이었다.

"몸이 화학적으로 대접을 받았다면, 거기에서 벗어나 다시 제자리로 돌아오기 위해 시간이 필요해요. 아마도 그런 이유 때문에 지금 어려움을 겪고 있는 것 같아요."

정말 눈앞에 환해지는 듯했다. 마침내 나의 문제를 진지하게 생각해 주는 사람이 생겼다!

그 후 나는 합성 호르몬제가 실제로 어떤 유기체에는 마약과 같은 작용을 하기 때문에 결국 호르몬제 없이는 지내기 어려워진다는 사실을 알게 되었다. 합성 에스트로겐과 프로게스토겐은 천연 호르몬보다 최대 50배까지 강력하기 때문에 몸은 헤어 나올 수 없고, 천연 호르몬으로 만족하기가 어려워 고통을 겪게 된다. 피임약 복용을 그만두고 수년 동안 질 건조증, 불규칙한 주기, 난소통 및 호르몬으로 불쾌감과 같은 증상이 계속될 수 있다. 마찬가지로 피임약은 성욕의 필수 호르몬인 테스토스테론을 대폭 감소시키는데 육체가 자연스럽게 이 호르몬을 재생하려면 수년의 시간이 흐른다. 그동안 여성의 욕구에 결정적인 변화를 가져온다. 나를 진료했던 의사들은 "답은 당신 머릿속에 있겠죠"라고 말하는 것을 더 좋아했고, 앙탈 좀 그만 부리라는 듯 매번 나의 이런 증상을 무시해 버렸다. 앙탈이라고? 수 세기 전부터 모든 정신 이상의 타당성을 증명해 주던 히스테리라는 병명이 나에게 해당될 줄은 몰랐다. 그렇게나 좋은 신경증이 나에게 해당될 줄이야! 스스로에 대한 무시, 의사의 무시, 사회 전체의 무시 앞에서 상실감을 느꼈던 나는 몸이 쇠약해서 화학적 목발 없이는 섹스도 할 수 없다면서 원망했다. 피임약 때문에 야기된 문제를 해결하기 위해 다시 피임약을 복용해야 하는 것일까 하고 생각하기도 했다. 나는 피임약의 영향을 받지 않고서는 내 몸에 대해서 알았던 적이 없었다. 그렇다면 나의 진짜 몸이 문제가 있지 않다는 사실을 어떻게 알 수 있었을까? 내가 이 시련을 통과하고 내 자신의 몸을 다시 신뢰하기 위해서는 남편의 인내와 지원이 필요했다.

언어의 자유화

진실이 명백해졌다. 그래, 나는 수년 동안 지속되었던 폭력의 희생양이었다. 내 사생활의 화학적 폭력, 자연적으로 균형 잡힌 생식력을 엉망으로 만든 갑작스런 개입 그리고 결론적으로 나의 성생활 그 자체가 바로 폭력이었다. 내가 이런 이야기를 의사들에게 했지만 그들은 단번에 피임약의 혜택을 누린 탓이라고 하기보다 내 불감증을 탓하거나 성폭력에 대한 이야기를 꺼냈다. 나는 빌링스 지도 선생님이 아니었다면 프랑스 국립의약품안전청은 기입하지 않았을 역효과도 결코 자각하지 못했을 것이다. 이 깨우침이 시동을 걸더니 상황이 정상으로 돌아왔다. 나는 죄책감이 들지 않았고, 나의 몸은 더 이상 짐짝이 아니라 내 의지에 반란을 일으키는 체제의 집합체였다.

나는 나를 더 잘 알게 되면서 나에 대해 더 많은 평가를 했다. 나를 평가하면서 내 몸을 사랑하는 법을 배웠다. 나의 몸을 더 사랑하게 되면서 나는 다시 타인을 사랑할 수 있었다. 만약 내가 여기에서 내 성생활의 사적인 이야기를 누설한다면 이는 노출증 때문이 아니라 이런 민감한 현실을 둘러싼 조심스러운 침묵이 계속해서 거짓말을 하도록 하기 때문이다. 금기가 제거될 동안, 여성이 대담하게 증언하는 동안, 여성을 소외시키고 그녀의 몸과 성생활에 기생하는 약제들을 처방하는 일은 계속될 것이다. 만약 여성이 말을 하지 않는다면, 여성이 해야 할 말 대신 의사들과 실험실 그리고 관념론자들의 말만 넘쳐날 것이다.

다행스럽게도 마침내 뿌리 깊은 금기들이 산산조각 났고 여성들은 점점 피임약을 거부하기 시작했다. 제약 실험실에 반대하는 목소리가 커진 덕분에 화학적 피임과 맞서 싸우는 일이 파렴치하다고 인식하던 분위기가 사그라지고 있다. 《나는 이제 피임약을 먹지 않겠어》[52]와 같은 책들이 출간된 덕분에 미디어의 언어도 자유로워졌고 합성 호르몬을 향한 비판은 더 이상 비밀 결사체의 전유물이 아니다. 이제 페미니스트가 되어 피임약을 비난할 수도 있게 되었다. 이미 이것만으로도 발전이라고 할 수 있다.

6

인공 수정과 대리모, 하청부터 학대까지

얼마를 치르더라도 아기는 꼭

아무리 피임약을 대중적으로 비판하게 되었다고 해도 여성의 몸을 이용하는 사람들이 이대로 손을 뗄 것이라는 생각은 어리석다. 사브리나 드 뷔스카가 인용했던 장 클로드 그랑주Jean-Claude Grange 박사의 증언처럼 '결국 피임은 점점 더 여성의 몸에 대한 상품화 혹은 노예화와 같은 소비주의적 방식이라는 의견이 강해지고 있다.'[53] 그리고 장래성 있는 또 다른 시장인 생식 시장을 모르고서 호르몬 시장을 규탄하는 것은 어렵다. 피임약에 반대하는 사람들이 여성을 집으로 보내고 싶어 한다는 의심을 받아왔듯이, 의학에 도움받은 생식을 비판하는 사람들은 난임 커플의 고통을 모른 척한다는 공격을 받고 있다. 인공 수정은 적법성이 없어 고심하는 생물 공학의 새로운 토템이 되었다. 여성 몸의 본래 상태를 보호한다는 것은 아무리 임신을 막거나 돕는다고 할지라도 몸이 불러일으키는 탐욕과 몸이 발생시키는 이익을 거부하는 것이다.

시험관 수정, 세포질 내 정자 주입술을 비롯한 기타 시술에 해당하는 인공 수정을 하기 앞서 여성에게는 난소 생성을 자극하기 위해 다량의 합성 호르몬이 주입된다. 이 호르몬은 화학적 피임에서 문제되는 호르몬과 정확하게 일치한다. 시험관 수정과 관련된 정보를 제공하는 인터넷 사이트인 피브프랑스Fivfrance[54]에서 보여 주는 부작용 목록은 정말 끔찍하다. 가려움, 두통, 구토, 복통, 유방통, 안면 홍조, 체중 증가와 같은 단순 불편함 외에도 난소과잉자극, 정맥염, 폐색전증의 위험까지 찾아볼 수 있다. 피브프랑스가 말하는 장기적인 위험을 살펴보면 합성 호르몬제가 유방암, 자궁내막암, 자궁경부암, 난소암 등의 위험을 높일 가능성이 제기되는데도 이런 위험은 알려지지 않은 상태로 남아 있다. 인공 생식이 이루는 거대한 시장을 알게 되면, 등골을 오싹하게 하는 정보와 이익 갈등 문제에 직면할 수 있으며 이 주제를 다룬 연구가 많이 이루어지지 않았다는 사실도 알 수 있다. 만약 다른 이해관계와 얽힐 일도 없는 피브프랑스가 호르몬 치료의 위험성을 인정한다면, 앞으로 이루어질 연구는 우리에게 무엇을 마련해 줄까?

살아남은 여성들의 여정

관련된 위험에 대해서는 말할 것도 없고, 인공 수정이 즐거움의 일부가 되는 경우는 드물다는 사실을 떠올려야 한다. '아기를 바라는 소망과 불임 그리고 인공 수정의 사회적 네트워크'로 표방되는 인터넷 사이트 마이펄티myferti.com에 따르면, 인공 수정은 신체적 정신적 고통을 야기하며 부부는 물론 사회적으로도 상당한 고초를 겪게 만든다.

신체적 위험

과배란은 여성의 신체를 혹사시킨다. 갱년기 치료는 여성의 주기를 망친다. 여성으로서는 인공 수정이 시험관 수정보다 덜 피로한 과정이다. 난소 자극으로 인한 암 발생 위험의 증가는 관련성이 정확하게 밝혀진 건 아니지만, 관련이 아주 없는 것은 아니다.

심리적 어려움

힘겹게 건강 검진을 마치고 난 뒤 불임 진단을 받게 되면 심리적 어려움에 처한다. 수많은 연구에 따르면, 우울하고 불안한 증상이 두드러짐을 알 수 있다. 정작 불임의 원인이 남성에게 있더라도, 여성 본인이 환자의 입장이 되니 제일 큰 괴로움에 시달린다. 여성의 의학적 치료는 호르몬은 물론 성격에도 영향을 준다. 부부는 이런 변화로 삶이 송두리째 변한다. 의료적 과정을 거쳐 임신을 해도 자연 임신보다 유산율이 높기 때문에 심각한 불안에 시달린다. 희망은 실망으로 이어지는 경우가 더 많으며, 기다림은 정서적인 집착으로 이어진다. 아기를 갖고 싶은 바람은 아기에 대한 욕망으로 변할 수 있다. 몇 년 동안 지속될지 모를 치료 과정이 이어지는 동안 여성의 관심은 온통 치료와 채취 그리고 이식에만 쏠리게 된다.

애정 문제

부부의 삶은 그야말로 요동이 친다. 마음이 내키지 않을 때도 의무감으로 성관계를 해야 한다거나 그 반대로 마음은 동하지만 성관계가 금지된다거나 하는 식으로 말이다. 여성과 남성의 차이도 있다. 여성은 의사의 영향을 아주 많이 받는 반면 남성은 별로 그렇지 않다. 잦은 성관계로 싫증을 느끼기는 경우도 있다. 이런 이유로 이혼율이 아주 높아진다고 한다.

사회적 문제

검진을 받거나 주사를 맞으려면 아침에 해야 하는 경우가 대부분이다. 이런 이유로 직장에 지각이 잦을 수 있다. 치료 때문에 직장에서 일을 제대로 할 수 없는 것은 말할 필요도 없다. 많은 여성들이 결국 일을 그만두거나 안식년에 들어가기도 한다.[55]

비록 여성 본인이 불임이 아니더라도 비싼 대가를 치러야 하는 건 여전히 항상 여성이다. 인공 수정은 끝까지 여성을 '환자', '시술 대상자'로 만드는 기술적 논리를 밀고 나간다. 아기를 기다리는 커플의 힘겨운 고통을 부정한다거나, 그들의 소망의 적합성을 부인하는 것도 아니다. 최소한의 해결책도 제시하지 않으면서 부부에게 불임의 책임을 전가하자는 것도 아니다. 그러나 유일한 해결책이 여성에게 희생을 치르게 하는 기술밖에 없는지 한 번 더 생각해 볼 수 있다. 구글 검색창에 '인공 수정 실패'라고 검색해 보면, 반복된 임신 실패 후 힘겨운 삶을 벗어나려고 애쓰는 여성들의 침울한 블로그 글을 쉽게 발견할 수 있다. 인공 수정은 한 번 시도할 때 성공률이 10~15%밖에 되지 않으며, 시험관 수정은 20~24%, 세포질 내 정자 주입술은 26%밖에 되지 않는다. 임신에 성공을 했다고 해도 그 과정에 들어가는 비용이 엄청나다. 2012년 3월 2일자《르몽드Le Monde》의 기사 '시험관 수정: 실패, 말로 형용할 수 없는 슬픔FIV : À chaque échec, un chagrin sans nom'에서는 충격적인 증언을 보여 주고 있다.

　　너무나 의료화되고 오랜 시간이 소요되는 과정을 다시 생각해 보면, 나를 기다리고 있는 게 무엇이었는지 예전에 알았더라면 내가 그때처럼 용기를 낼 수 있을지 사실 잘 모르겠다. (중략) 나는 시험관 수정은 성공률이 아주 낮은 어려운 과정이라는 설명을 하기 위해서 꼭 증언하고 싶었다. 이 사실을 이야기하는 것을 잊는 경우가 많다. (중략) 무미건조해 보이는 의사들이 우리에게 할애하는 시간은 잠깐이다. 그리고 그들의 설명은 너무 과학적이어서 가끔은 이해할 수가 없다. (중략) 우리 딸이 태어난 건 3년 전이다. 정말 그렇게 예쁠 수가 없다. 하지만 이런 과정을 또 하라면 나는 다시 하지 않을 것이다. 아이 아빠와 나, 우리의 이야기를 이곳에 남겨 둔다.[56]

의학적으로 이루어지는 생식의 후보자들이 겪는 고통은 화학적 피임과 낙태 때문에 겪는 고통과 똑같다. 마피아 조직이 조직원들에게 조직 내 이야기를 외부로 발설하는 것을 금지하는 규율을 오메르타Omertà라고 하는데, 후보자들 역시 이 규율에 갇혀 더욱 고통스러워한다. 그 고통을 공식적으로 알리는 것은 구원자로서의 기술 신화를 위태롭게 할지 모른다. 불임 시술을 가능하게 해준다는 기술적 논리에 의문을 제시하느니 상처를 억누르는 편이 더 낫다고 생각하는 것이다. 불임처럼 피임도 가정과 실험실의 내밀한 곳에 숨겨 두어야 한다. 어떤 경우에도 그 상처들 때문에 사회생활의 문제를 만들면 안 된다. 불임 부부들 역시 그들의 고통을 공개적으로 인정하기 어렵고, 기술적인 해결책이 아닌 인간적인 지원을 찾고자 할 때 어려움을 겪는다고 증언한다. 기술적 치료를 강요받을 때 싫은 기색을 보이는 사람들은 눈앞에 제공된 기적적인 해결책을 거절했기 때문에 동정받을 자격도 주어지지 않는다. 기자 마오 에르만Mahaut Herrmann은《불임 주간, 모든 인공 수정보다 앞서가기 Semaine de l'infertilité, aller plus loin que le tout-PMA》라는 책에서 이와 같은 인간성 상실을 이야기한다.

> 많은 불임 부부들은 그들이 인공 수정을 거부했을 때 주위 사람들은 이해하지 못하며 그들의 선택도 지지해 주지 않는다고 이야기한다.[57]

행복을 제공하는 여자

불임 부부에게 제공되는 난모세포의 '기증자'가 이상한 사람일 경우, 인공 수정 때문에 감수해야 하는 위험과 희생은 더욱더 염려스럽다.

"행복 제공자가 되세요!"라는 프랑스 생물의학 사무소Agence de la biomédecine의 숭고한 슬로건은 난세포 기증의 현실을 묵과하고 있다. 해당 홈페이지에서는 '당신은 어떤 행복 제공자인가요?'라는 테스트를 해볼 수 있는데, 잠재적 제공자에게 다음과 같은 질문을 던진다.

"당신은 선물, 꽃, 초콜릿을 주는 것을 좋아합니까?"

"사람들과 모이는 자리(식사, 파티, 운동 등)를 마련하는 것을 좋아합니까?"

결론적으로 여러분의 대답이 어떠하든 '난세포 기증은 여러분의 이타성을 나타내는 좋은 방법'이라는 것이다! 난모세포 기증은 가족 식사와 같은 종류로 분류해 놓고 기증 방식의 난도難度에 대해서는 완벽하게 침묵한다. 뿐만 아니라 수정된 배아는 패랭이꽃 꽃다발이나 사탕 바구니와 비교되면서 제공 여성과 태어날 아이 사이의 유전적 관련성은 조용히 무시해 버린다. 사실 난모세포 '기증'은 여성에게 부담이 너무 큰 시술이다. 여성은 10~12일 동안 어쩔 수 없이 '과배란'을 유도하기 위한 피하 주사를 맞아야 하고 시술이 잘 진행되고 있는지 확인하기 위해 3~4번 채혈도 해야 한다. 그리고 나서 24시간 입원하는 동안 국소마취를 하고 질을 통해 난자를 채취한다. 남성과 달리 여성은 한정된 난자를 가지고 태어나는 만큼 더욱 괴로운 과정이다. 따라서 난자 불법 거래의 상징적이고 신체적인 부담은 정자 '기증'의 부담과 아무런 관련이 없다. 그런데 법은 자꾸 이 둘을 혼합한다. 여성의 몸은 특수성을 개의치 않고 여기서 또 한 번 남성의 몸에 보조를 맞추어야 한다. 마치 10일간의 주사와 국소마취를 감내하며 치른 난자 채취가 후유증도 전혀 없는 신속한 남성의 자위와 비교할 수 있는 것처럼 말이다. 그런 기증에 여성들이 싫은 기색을 보인다고 놀란다니 말이 되는가! 난자 기증이 충분히 이뤄지지 않는 이유가 정보 부족 때문이라고 설명한 글을 많이 보았다. 하지만 정작 여성 본인도 이를 둘러싼 정확한 방식과 법 조항에 대해서 모른다. 난자 기증을 장려하는 모든 캠페인은 기증의 이타성을 강조하면서, 기증하지 않는 여성들이 이기적으로 사회에서 귀중한 생식 세포를 빼앗는다고 암시한다. 그런 관점에서 보면 대다수의 여성은 무식하고 인색한 사람인 게 분명하다. 헌신과 이타주의라는 단어에서 피에르 부르디외 Pierre Bourdieu가 《남성의 지배La Domination masculine》에서 이야기한 지배 전략의 중심에 배치했던 자기희생, 신체 헌납에 대한 영원한 호소를 발견한다.[58] 생물의학 사무소의 광고 속 예쁜 선물 포장지로 싸인 난자는 이 문제의 현실을 더 잘 보여 준다. 이제 난자는 모든 탐욕과 합의의 대상이다.

몇 달러 더

줄기세포 연구를 위한 것처럼 시험관 수정을 위해 난자는 사치품이 된다. 국제 문제 전문 주간지 《쿠리에 엥테르나쇼날courrier international》이 생식 의학 문제 전문 변호사인 앤드류 보짐머Andrew Vorzimer를 인터뷰했는데, 그는 '생식세포 시장은 생식 의학의 무법천지다. 난자를 내어놓을 준비가 된 아시아 여성을 어떻게 구할까? 더 많은 돈을 제시하면 된다. 나는 여성들이 5만 달러 또는 심지어 10만 달러를 보상받는 계약서를 보게 되었다'[59]고 말했다. 아프리카나 라틴계 여성이 똑같은 시술에 최고 6천

달러를 희망할 수 있는 것과 비교하면 상당한 액수다. 이론적으로 난자
는 기증 혹은 힘들었던 과정에 보상의 대상이 된다. 아프리카 여성과
라틴 아메리카 여성은 중국 여성보다 고통을 덜 받고 있다고 믿어도 되
겠다.

난자 기증이 무상으로 이루어지는 프랑스에서는 수요가 공급을 아주
쉽게 초과한다. 2011년 프랑스의 생명윤리법은 여성의 난자 기증을 장
려하기 위해 여성들이 미래에 인공 수정하도록 더 많은 난자를 냉동시
키는 것을 허용한다. 여성에게 자신의 일부를 실험실에 넘겨준 데 감사
한다는 의미로 나중에 기술적 생식을 할 수 있도록 기회를 준다. 참으로
대단한 특권이 아닐 수 없다! 기증하는 여성들에게는 전혀 매력적이지
않은 제안이겠지만, 점점 더 많은 부부가 거래가 합법적인 국가들로부
터 난자를 들여온다. 인터넷 검색창에 '난자 삽니다'라고 입력해 보면 인
종은 물론 미적 기준이나 건강 상태에 따라 기증 여성을 고를 수 있는 진
짜 시장을 쉽게 발견할 수 있다.

불법의 위험을 감수하고 싶지 않은 사람들은 스페인이나 벨기에 등
기증 여성이 보상을 받는 다른 국가에서 시행한 인공 수정의 비용을 국
민의료보험기금을 통해 환불받을 수 있다. 해외 치료 환불에 대한 사전
합의 서류 한 장만 작성하면 된다. 사회 보장이 부담한 최대 4번의 체외
수정 시도에 해당하는 비용의 공제 총액은 1,581.93유로이다. 인터넷 사
이트 피브닷에프알fiv.fr[60]은 2014년 환급 승인이 신청의 88.3%, 10건 중
거의 9건의 서류가 통과되었다고 설명한다. 프랑스 국립해외치료센터
CNSE, Centre national des soins à l'étranger의 2015년 보고서에 따르면 1,499건의

서류가 검토되었으며 그중 1,265건이 승인되었다.[61] 이는 550만 유로 이상의 의료비와 65만 유로의 교통비에 해당하며 서류 1건당 평균 6천 유로 정도 된다.

전부 합해서 의료 보험은 140만 유로에 달하는 의료비를 환급해 주었고 교통비라는 명목으로는 40만 유로를 쏟아 부었다. 이 보고서는 해외에서 인공 수정 시술을 하는 환자의 50.2%가 40세 이상의 여성이며 당연히 일 드 프랑스 지역에서 수요가 가장 높다는 결과도 보여 준다. 난자를 무상으로 기증하는 것은 프랑스가 자신의 양심을 속이려고 생각해낸 촌극이다. 프랑스의 세금으로 환급해 주면서 신체의 양도 불가능성을 보호하고, 난자가 돈이 되는 국가에서 인공 수정을 시술하는 행태는 지극히 위선적이다. 스페인과 체코인의 신체는 프랑스인의 신체보다 존중할 만하지 않다는 이야기밖에 되지 않는다. 교통비까지 환급해 주면서 국내에서만 금지하는 것은 앞뒤가 맞지 않는 상황이 아닐 수 없다!

난자 '기증'에서 아이 '기증'까지

여론은 난자 거래에 대부분 호의적이며 이제 그 흐름은 대리모라는 존재까지 이어져 조심스럽게 '대리모 출산'라는 말까지 만들어 냈다. 해외에서 이루어진 인공 수정에서 발견했던 위선이 대리모 출산에서도 똑같이 나타났다. 대리모 출산으로 태어난 아이에게 프랑스 국적 부여를 허용함으로써 2013년 12월 12일의 토비라Taubira 법무장관의 공문에는 해외로 대리모 출산을 하러 가는 부부들에 대한 합법성을 암묵적으로 인정했다. 2016년 12월 7일자《리베라시옹 Libération》의 기사 '인공 수정, 대리모 출산, 입양: 종자의 공격 PMA, GPA, adoption : le coup de semence'을 살펴보면, 정확히 파악할 수는 없지만 해외에서 대리모 출산으로 태어난 약 2천 명의 아이들이 현재 프랑스에서 살고 있다고 한다.[62] 몇 년 동안 모두 상스러운 밀매라고 규탄했던 대리모 출산이 이제는 진정한 사회적 토론을 형성하는 중이다. 이런 분위기에 발맞춰 '대리모 출산, 찬성하는가 혹은 반대하는가?', '대리모 출산에 대해 토론 중', '대리모 출산: 이제 자유롭게 이야기해 보자'와 같이 점점 더 많은 기사들이 쏟아지고 있다.

익명으로 이루어지는 무료 '난자 기증'은 한계가 드러났지만 단지 도와주려는 의도인 '이타주의 대리모 출산'이 가능할 것이라는 주장이 있다. 하지만 아무리 여성들이 무상으로 난자를 채취하는 데 순응한다고 하더라도 타인의 아이를 무료로 품는 것을 상상하기란 어렵다. 그럼에도 대리모 출산을 정당화하기 위해 기증과 희생이 똑같은 의미로 사용된다.

광고 캠페인이 다른 사람의 꿈을 실현하기 위해 자궁을 빌려주는 여성들의 이타주의를 찬양한 건 언제부터였을까? 우리는 2013년 2월 13일 공영 채널 LCP에서 방영되었던 델핀 랑송 Delphine Lanson의 다큐멘터리 〈아빠로 태어나다 Naître père〉에서 이런 선전 활동을 이미 예감했었다. 프랑수아와 제롬의 가족을 만들기 위한 여정을 따라간다. 그들은 그들의 정자와 기증자의 난자로 쌍둥이를 임신해 줄 대리모로 미국의 농부인 콜린을 선택한다. 난자를 기증하는 여성은 절대 언급되지 않을 뿐만 아니라 콜린은 마치 현대의 영웅, 21세기 용기 있는 어머니처럼 연출되었다.

전 프랑스 정부 대변인이자 사회당 정부에서 교육부 장관을 지낸 나자트 발로 벨카셈Najat Vallaud-Belkacem의 노력으로 2010~2011년의 생명윤리법 재검토가 이루어졌던 것도 같은 맥락이다. 나자트 장관은 "모든 관계가 지극히 상업적으로만 형성되는 소비주의적 사회의 모습이 반영된 것이며 개인주의 사회의 거울을 보는 것 같다. 대리모 출산에 반대하는 사람은 자기희생 속에 엄연히 자리하고 있는 인정과 자유 그 이상에 대해서는 알지 못한다"고 결론을 내렸다. 우리는 여기에서 무지와 자기희생이라는 근거로 대리모 출산을 거부하는 사람들을 판단하고 있다는 사실을 알 수 있다. 다른 사람을 위한 서비스로 임신을 거부하는 사람은 소비주의적 논리에 눈이 멀어 멍청한 동시에 이기적이라는 의미다. 타인의 아이를 뱃속에 품는 것에 싫은 기색을 보이는 여성은 다른 사람들은 보여 주었던 인간성과 자유 그 자체를 업신여긴다는 것이다. 다른 사람들이 그렇게나 필요로 할 때 자신을 위해 자신의 자궁과 난자를 지키다니 얼마나 이기적인가!

밀매 중인 아이

나로서는 대리모에 반대하는 논거를 제시하는 것이 정말 힘들다. 그만큼 불쾌하고 지긋지긋한 일이다. 우선 어떤 이유로 여성이 대리로 임신을 하게 되며 왜 외국에서 임신을 한 아이를 파는지 생각해 보아야 한다. 이유는 단순하다. 대리모가 이 작업을 할 때 보수를 받지 않는 나라가 단 하나도 없다는 것이다. 보수가 낮을 때는 보상이라고 부르는데, 이 경우 대리모는 윤리적이라고 규정된다. 보수가 높거나 부정한 방법으로 돈을 긁어모으는 중개인이 포함되어 있을 때 우리는 인신매매라고 부르며 대리모는 판매인으로 고발당한다. 예를 들어, 캐나다는 '윤리적'이거나 '이타적'인 대리모 출산만 허용하며 대리모들은 보상을 받지 않는다고 생각한다. 단, 뒤따르는 불편들에 대해서는 최대 2만 2,000 유로에 한해서 '보상'을 받을 수 있다. 지나치게 악의가 있지 않다면야 빚에 시달리거나 일할 능력이 거의 없는 등 경제적인 어려움에 처한 많은 여성을 위해 이 정도의 대가가 충분한 동기가 된다는 것에 공감할 것이다.

인류학자 델핀 랑스Delphine Lance는 '이타적인 대리모 출산'과 '상업적 대리모 출산'의 사이에서 주장하는 차이를 연구하기 위해 우크라이나와 미국에서 여러 해를 보냈다. 프랑스 사회과학고등연구원EHESS의 박사학위 준비자인 델핀 랑스는 그 연구 결과를 모아 〈임신 과정 속 여성과 여성 신체의 위치: 대리모 출산(프랑스, 우크라이나, 미국)의 비교 분석La place de la femme et de son corps dans le processus gestationnel : analyse comparative de la gestation pour autrui〉이라는 제목으로 논문을 냈다. 이 논문의 결론은 시사하는 바가 매우 크다. 대리모 출산을 윤리적으로 여기는 미국에서는 '발주자'가 지불한 10만 달러 중 대리모가 받는 건 2만 5,000달러이다. 반면한 달 평균 급여가 200유로인 우크라이나에서는 총 3만 5,000유로 중 1만 유로를 받는다. 비율을 살펴보면 우크라이나 대리모가 미국의 대리모보다 더 많은 보상을 받는다. 하지만 미국에서는 1년 동안 9개월의 임신으로 행정 기관 처장급의 상당한 수준의 급여가 보장되는 셈이다. 델핀 랑스가 조사했던 모든 여성들은 보수를 받지 않았더라면 절대로 대리모 제의를 받아들이지 않았을 것이라고 확신했다. 대다수의 대리모는 난자 기증에서 시작한 사실 또한 확인할 수 있다면서 대리모와 난자 기증자 간의 논리적 연속성도 증명했다.

나는 작은 빵들을 따뜻하게 데우는 화덕에 불과해

대리모 상업에 포함된 비열한 재정적 이익을 떠올릴 필요도 없이, 아이가 내 안에서 느껴지고 그 아이가 곧 밖으로 빠져나올 거라는 단순한 생각만으로도 나는 몸이 떨려 소름이 돋는다. 엄마와 아이가 연결된 관계의 무한한 깊이를 발견하는 바로 그 순간에 헤어지는 게 하찮은 일이라고 한다. 무려 아홉 달 동안 공생했던 사이인데 말이다! 태아는 엄마의 리듬을 따라 산다. 엄마의 목소리, 엄마의 냄새, 엄마의 맛이 유일한 세상이기 때문이다. 엄마는 자신의 안에 작은 존재가 탄생했음을 인지한다. 엄마는 자신의 목소리와 손길에 아이가 움직이는 것을 느끼고 특별한 모든 방법으로 아이에게 애착을 갖는다. 나는 분만의 고통을 떠올려 보고, 또 내 아들이 태어났을 때 아들에게 느꼈던 무한한 사랑과 감사에 대해 생각하면, 몇 천 달러에 자신의 아이를 넘길 여성들이 정말 안타까워 마음이 아프다. 나는 대리모 출산을 지지하는 엄마들을 이해할 수가 없다. 대리모 출산은 '이타적인' 행위가 아니라 더러운 착취일 수도 희생의 행위일 수도 있다. 그리고 희생의 목적이 타인의 생명을 구하는 데 있지 않고, 생명을 양도하는 데 있다면 그 희생은 전혀 인간적이지 않다.

설령 대리모 출산이 정말 순수하게 이타적이고 무상이고 엄마와 아이에게 후유증을 남기지 않는다고 증명된다고 해도 나는 계속 완강하게 반대 입장에 있을 것이다. 기증이라는 단어는 여성의 몸을 마치 공유할 수 있는 재산이나 여성이 주인으로 있는 자원 양성소로 간주한다는 의미를 내포한다. 이것이 '나의 몸은 나의 것이다'라는 슬로건의 논리적 이면이다. 기증에 호소하는 것은 몸이 마음대로 처분할 수 있는 재산이라고 암시할 뿐만 아니라 생식력을 우리의 이기주의가 타인을 갈취할 수 있는 권리라는 뜻을 내포한다. 내가 고집스럽게 나를 위해 내 난모세포나 자궁을 지켜낸 탓에 엄마가 되고 싶은 여성에게 실제로 엄마가 되는 기쁨을 누리지 못하게 했을지도 모르겠다. 모든 '사적인' 소유가 가난한 사람들의 소유권을 박탈하고 몰수한다고 주장하는 사유화의 논리가 몸에 적용된다. 내 육체와 난자를 공유하지 않음으로써 나는 모든 여성과 남성도 가져야 할 권리를 독점할 수 있다. 따라서 나의 육체는 나인 것도 아니며, 내가 소유한 것도 아니다. 그런 소유는 몸무게를 잘못된 책임감으로 채울 것이기 때문이다. 철학자 피에르 조셉 프루동Pierre Joseph Proudhon의 유명한 정의를 조금이라도 몸에 적용할 수 있을 것이다. "생식력은 도둑질이다." 생식할 수 있는 여성은 이성애 커플과 마찬가지로 어떤 사람들은 누리지 못하는 생식력을 부당하게 차지했다는 죄책감을 느낀다. 육체를 다른 사람의 계획에 양도할 수 있게 하는 기술의 가능성은 몸의 기쁨이 더 이상 당연한 것이 아니라는 의미를 담고 있다.

따라서 여성의 육체는 기증에 대한 이야기를 할 때조차 다른 사람과 공유하는 게 아름다운 사유 재산으로 간주된다. 현금화가 되든 안 되든 난자 기증과 대리모 출산은 자식을 낳는 것을 외부에 발주할 수 있는 서비스로 생각한다. 대리모의 배는, 넓은 의미로 모든 여성의 임신한 배는 마치 상스럽고 호환이 가능하며 현금화할 수 있는 인공 부화기로 간주된다. 임신이 다른 아무 상품들처럼 수출되고 배아는 서로 교환하는 재산이 된다. 이 합의가 공짜라고 해도 문제가 바뀌지 않는다. 티에리 넬리센Thierry Nelissen과 미셸 프티Michel Petit의 다큐멘터리 〈그들은 대리모를 찾아 바다를 건넌다Ils franchissent les mers pour trouver la mère porteuse〉의 대리모 오필리아가 대리모 출산에 호의적일 때 "나는 작은 빵들을 데우는 화덕 같아요"라는 말을 했다. 오필리아가 전자레인지와 비교하는 대상은 모든 여성이며, 먹거리와 같은 종류로 분류하는 대상은 바로 세상의 모든 아기다. 생물의학 사무소의 실험에서 볼 수 있었던 초콜릿처럼. 임신한 나의 배는 화덕이 아니다. 나의 난자는 초콜릿이 아니며 나의 아기는 빵이 아니다. 빵집 주인이 동의를 했다고 가정하고 과자가 공짜라고 해도 어쩔 수 없다.

부품

생식 시장은 순수한 유전적 재료로 취급받는 여성의 육체를 향한 차별과 착취를 경험하고 있다. 여성의 신체를 단순히 장기가 든 가방으로밖에 대우하지 않고, 인간성 상실의 끝을 보여 주는 이 분야에서 성별의 해체를 지지하는 사람들의 목소리가 들리지 않는 게 이상하다. 대리모 출산은 '윤리적'이거나 상업적인 난자를 기증하거나 판매하거나 계속 문제가 되고, 심지어 자신의 생식 세포로 실현한 인공 수정도 문제시되고 있다. 이런 인공 출산 기술 때문에 생식 기능을 지닌 여성은 노예화된다. 모든 측면에서 자연주의 요법을 규탄하는 젠더 전문가들은 이상하게도 기술적 해석에 무관심하다. 대리모 출산을 하는 여성의 배는 임신한 배와 다른 것일까? 그렇다면 인공 부화기와도 다를까? 여성이 보여 주는 이타적인 희생을 존경심으로 우러러 보느라 이른바 '전통적인' 결혼 내에서 인간성 상실을 고발하는 페미니스트들의 눈을 멀게 해서는 안 될 것이다! 만약 당연히 무료로 출산한 기혼 여성을 마치 자궁에서 멀어진 가부장제의 희생자처럼 생각한다면, 대가를 바라지 않고 자신의 자궁을 낯선 사람에게 빌려주는 여성은 도대체 뭐라고 이야기해야 하는가! 난자를 판매하는 여성을 위해 여성은 희소성 있는 자원을 제공하는 공급자라는 똑같은 논리를 내세운다. 여성은 육체뿐만 아니라 육체의 상품들 뒤로도 완전히 사라진다! 남성우월주의자와 시장의 탐욕에 제공된 여성의 몸이 엉덩이, 가슴, 배, 난자 등으로 파편화되는 것을 고발하는 페미니스트들은 이러한 자아 분열에 소름이 돋을 게 분명하다. 실제로 이런 행위는 일부 사람들이 기술의 도움으로 대대적으로 조직한 여성의 몸에 대한 체계적인 평가 절하와 긴밀히 결합된다. 몸은 사람을 명확하게 규정하지 않으며, 이제 더 이상 의미를 가진 총체가 아니라 평범한 장기 덩어리이기 때문에 육체를 판매하고 빌려주거나 조각별로 최고 입찰자에게 주어도 무방해졌다. 극단적으로 생각해 보면 만약 내가 더 이상 자궁이나 난자가 아니라 질과 가슴뿐이라면 나는 왜 원하는 사람에게 그것들을 팔 수 없을까? 2012년 12월 16일 *피가로*에서 사업가 피에르 베르제Pierre Bergé는 결국 이렇게 말했다.

> 우리는 인공 수정이든 대리모 출산이나 입양이든지 간에 권리 안에서 구별할 수 없다. 나는 모든 자유를 위해 존재한다. 아이를 갖기 위해 나의 자궁을 임대하거나 공장에서 일을 하기 위해 팔을 빌려주는 것은 어떤 차이가 있는가? 이런 차이를 구분하는 것은 아주 충격적이다.

피에르 베르제에게 일관성의 훈장을 주어야 한다. 몸의 일체성 해체와 연관된 초자연주의는 육체를 평범한 기계 장치의 집합체로 간주하고, 갖가지 부품처럼 전부 다 시장에 놓일 수 있다는 의미를 내포한다.

자궁과 그 자궁에서 자란 아이를 파는 것처럼 엉덩이를 임대하듯 팔을 임대한다. 아이를 분만하듯 성관계를 맺는다. 십여 개의 난모세포는 새로운 가슴 한 쌍의 가치가 있다. 반대로 여성의 몸은 의미를 가진 일체이며 장기의 양도는 자연으로부터 인간을 소외시키는 방식이므로 비난받아 마땅하다는 양도 불가능성을 주장하는 사람도 있다. 신체를 파는 것도 그 신체를 없애 버리는 가장 좋은 방법이다. 그렇지 않은가? 몸이 수익을 올리거나 만들기 위한 재료일 뿐이라면, 몸을 마음대로 팔 수 있는 자유는 왜 주어지지 않는 걸까? 신앙이 없는 사람들 사이에서 똑같은 논리가 지배적이다. 무종교인들에게는 몸이 쾌락의 중립적 상태에 있는 도구일 뿐이며, 자유주의자들에게는 몸이 더 가치를 높이는 비활성 물질에 불과하다.

유전자가 있거나 없거나?

만약 육체가 아무것도 아니라면, 단지 행동과 의지로만 평가된다면, 성별은 구축되며 부모의 역할은 사회적인 것이라면, 커플 특히 동성 커플이 고집스럽게 그들의 유전적 자산을 자녀에게 전달하려는 노력은 어떻게 이해해야 할까? 만약 생물학적인 것이 아무런 의미가 없다면, 그저 최악으로 인간을 소외시키는 범주를 조직한다면, 여성의 몸을 길고 불확실한 인공 수정 과정으로 밀어 넣었을까? 차라리 이미 태어난 아이를 입양하는 편이 낫지 않을까? XX나 XY와 같은 유전적 결정이 가진 상실의 특징을 알리려고 애쓰는 사람조차 모든 여성을 위해 인공 수정을 할 권리, 모든 커플을 위해서는 대리모 출산을 할 권리를 강하게 찬성하는 것을 보면 참 이상하다.

만약 유전적인 것이 아무 의미가 없다면, 왜 유전자를 물려주고 싶어 할까? 내가 유전적으로 소녀이거나 소년인 것이 중요하지 않다면, 나의 눈동자 색깔이나 당뇨병 유전자만큼이나 중요하지 않은 특징을 아이들에게 물려주는 일은 하찮을지 모른다. 그럼에도 여성은 아이에게 한 생물이 가지는 모든 유전 정보인 게놈을 물려주기 위해 부작용이 우려되는 기술에 육체를 순응해야 한다. 오래전에 여성은 몸과 건강, 생명의 위협을 무릅쓰고 혈통을 존속시킬 의무를 강요받았다. 그 옛날에 비해 지금은 많이 바뀌었을까?

양심 사례와 보장된 이익

옛날처럼 오늘날도 여성의 몸은 끊임없이 괴롭힘을 당한다. 몇 살 때부터 피임약을 처방받을 수 있는가? 무료로 처방받는가? 이성적으로 수용하고 예상할 수 있는 건강상의 위험에는 어떤 것이 있는가? 장려하는 기술에는 어떤 것들이 있는가? 어떤 국가에서든 피임약을 수입할 수 있는가? 낙태할 권리는 있는가? 있다면 어떤 조건에서 할 수 있는가? 무료인가? 언제 인공 수정의 도움을 받을 수 있는가? 받아들일 만한 기술에는 어떤 것들이 있는가? 몇 살까지 도움을 받을 수 있는가? 무료인가? 몇 번 시도할 수 있는가? 불임의 기준에는 어떤 것들이 있는가? 누가 진단을 내리는가? 다른 자궁을 사용할 수 있는가? 난자도? 난자를 마련해 주는 여성과 아이를 뱃속에 품는 여성, 아이를 키우는 여성을 따로 분리할 수 있는가? 다른 커플의 냉동 배아를 이식할 수 있는가? 무료인가? 이식할 배아를 선택할 수 있는가? 의료상 필요에 따른 낙태를 실행할 수 있는 조건은 무엇인가? 낙태는 임신 몇 개월까지 실행할 수 있는가? 그 외에도 많이 있다. 여성의 몸은 계속해서 모든 입법화와 윤리적 논쟁의 대상이 된다. 문제가 바뀌더라도 지배는 지속된다.

피임과 인공 출산 기술은 해결할 수 없는 윤리적 딜레마를 발생시킬 뿐만 아니라 철학적이고 윤리적, 정치적, 과학적, 재정적인 어마어마한 쟁점의 그물 한가운데에 여성의 신체를 배치시킨다. 반다나 시바와 마리아 미스는 《에코페미니즘》에서 다음과 같이 말한다.

여성의 생식 능력은 다른 투자 산업 분야에서 더 이상 장래성을 볼 수 없는 순간에 이제 막 새로운 '투자 영역'으로, 과학자와 기술자 그리고 의학 분야 기업가를 위한 이익의 영역으로 발견되었다. 생식 기술은 여성이 필요로 해서 발전한 게 아니다. 자본과 과학이 성장과 진보의 본보기를 따라가기 위해 여성을 필요로 했기 때문에 발달했다.[63]

세계의 모든 실험실에는 엄청나게 많은 돈이 투자되고 있다. 혁신적인 생식 기술을 발전시키기 위해, 배아를 더 잘 진단하고 임신을 원할 때 혹은 원하지 않을 때 더 잘 통제하기 위해, 이 통제를 위해 임신 체제를 더욱 잘 이해하고 모방하는 법을 더욱 잘 알기 위해서다. 사회적 영역에서 사라지게 하고 싶고, 성적 정체성을 정의하는 것과 직접 관련이 없다고 주장하는 여성의 몸은 모든 의학과 생명윤리, 기술과학의 관심을 집중적으로 받고 있다. 여성의 육체는 실험실에서 발생하는 이익에 따라 문화 연구에서도 박탈을 감내한다. 그리고 어느 경우에는 거부되고 또 다른 경우에는 이용되며, 가치가 없다고 평가하거나 반대로 너무 지나친 가능성을 기대하는 사람들에게 무시당한다. 이는 여성의 육체를 통제가 가능하고 상업화할 수 있는 범주에 넣기 위해서다. 그 결과 여성의 몸은 해결할 수 없는 딜레마의 대상으로 변질되어 버린다. 결국 이 딜레마 때문에 피해를 보는 건 당연히 여성이지만 어떤 사람들은 이 상황을 이용해 파렴치하게 이익을 얻는다.

자 유 로 운 자 연

기술은 자연과 반대된다. 만들어진 것이 태어난 것과 반대되듯이 같은 이치다. '아이를 만든다'라는 표현은 출생을 기술화에 양도한 것이다. 아이는 케이크를 만드는 것처럼 만드는 것이 아니다. 자연nature과 출생 naissance은 라틴어 '나투스natus'에서 온 것으로 어원적으로 뿌리가 같다. '탄생nativité' 역시 나투스를 떠올리게 한다. 태어나느냐 생산되느냐, 이제 이것이 문제다. 자연은 태어나고 생기고 갑자기 나타난 것들의 집합체다. 예측하거나 계획하고 제작하는 능력은 없다. 오랫동안 탄생은 이런 갑작스런 출현의 패러다임이었고, 모든 생산에서 벗어나 존재의 값을 치르지 않는 것을 상징했다. 예측할 수 없는 생명을 분출하는 여성의 몸은 남성은 만들어 내지 못하는 존재들의 집합체인 '어머니로서의 대지', 즉 자연을 논리적으로 구체화했다. 여러분이 무당벌레라고 한다면 나이아가라 폭포와 어떤 공통점이 있을까? 여러분의 존재는 사람의 작품이 아니다. 여러분은 존재 안에서 갑자기 솟아올랐다. 누군가 설계도를 그리거나 관할 당국의 통제에 따라 여러분을 계획할 필요도 없고, 계획을 실현할 것인지 투표를 하고 만들기로 결정이 나면 그 결과를 지지하는 과정도 필요 없다. 여러분은 그 어떤 권력의 승인도 필요 없다. 여러분은 이전 모델보다 개선된 신제품이 아니다. 아무도 여러분의 존재를 트집 잡을 수 없다. 탄생은 전형적인 무정부 상태의 행위다. 모든 통제를 벗어나고 생명이 모든 강압에 대해 자신의 우월성을 드러내는 절대적 자유로부터의 마지막 피난처가 바로 여성의 몸이다.

적어도 생식력을 통제하는 기술이 이 마지막 고립된 영역으로 모든 투기의 장소를 만들어 낼 때까지는 그랬다. 반다나 시바와 마리아 미스는 《에코페미니즘》통해 이 점을 이야기했다.

아이를 낳는 일은 자동차나 기계를 만드는 일과는 완전히 다르다. 여성은 머릿속으로 태어날 아기의 설계도를 그리지 않는다. 여성은 아기를 상상하거나 바랄 수는 있지만, 여성의 의지로 결정되지는 않는다. 몸 안의 아기는 자연이 형성될 수 있도록 돕기 때문에 만들어진다. 요컨대 여성은 과정도 '산물'도 마음대로 할 수 없다. 나는 아기가 태어날 때마다 새롭고 내가 찾던 성취감을 맛볼 수 있는 이유는 바로 예측 불가능하기 때문이라고 생각한다.[64]

자기 자신 안에 아이를 임신하는 것은 유례없고 자연 발생적인 경험을 하는 것이다. 그런데 인공 출산은 임신을 생산에 맞춤으로써 놀라움이 끊이지 않은 이 사건을 이미 경계표지가 설치된 여정으로 바꾸어 버린다. 반다나 시바와 마리아 미스는 다음과 같이 강조한다.

그러나 아이러니하게도 생식 기술을 이용하는 사람들에게는 이러한 욕망이 과거에 불임의 원인이었다. 뿐만 아니라 이 욕망은 기계 제작에 활용된 과학을 지도하는 것과 동일한 이념을 바탕으로 외부적이고 인위적인 방법으로 충족된다. 의료 생명공학 기술자들은 침입하듯이 필요한 '생식 요소'를 분리한 뒤(통제의 성격이 잘 드러나는 부분이다) 여성을 위한 아이를 만들어 낼 수 있을지도 모른다. 심지어 그들은 유전자 조작을 통해 부모가 원하는 대로 아이를 만들 수도 있겠지만 새로움과 자발성이라는 깊은 소망을 충족시킬 수는 없다.[65]

생명은 더 이상 자유롭게 나타나지 않으며 여성의 육체는 더 이상 자유를 수용하는 장소가 아니다. 생명은 계획의 결과이고 여성의 몸은 우리가 계획한 것을 생산하는 기계다. 실험과 인공 산물의 행렬과 함께 여성의 육체는 성능과 수익성이 요구되며 상업화할 수 있고 범주와 법률을 제정할 수 있는, 기술이 실현되어 온통 블록뿐인 세상 속으로 들어간다.

방해하는 자들을 막아라!

불임에 대적한다는 구실로 여성의 몸은 분할되고 매매되고, 기능을 혼란스럽게 하고 모방하려 온 다양한 물질에 순응한다. 아이에 대한 약속은 모든 저항을 잠재운다. 실제로 여성의 몸은 건강상에 우리의 소비자 본주의 사회가 야기한 큰 피해를 입는다. 불임은 다른 정보 없이 개인적인 비극이나 사회적 불의처럼 소개되는데, 사실 우리 삶의 조건과 환경 변화에 폭넓게 의존한다. 불임이 20년 만에 두 배가 되었다. 1992년에 프랑스 커플 중 8.5%가 1년 동안 시도했음에도 아이를 갖는 데 실패했고 2012년에는 16%까지 올라갔다. 6쌍 중 1쌍이 불임 전문가를 찾아 상담한다. 30년 사이에 서양 남성 인구의 정액 속 정자 농도가 반으로 감소했다. 학술지 《인간생식》에 2015년 3월 30일자로 실린 한 연구 결과에서 오래전부터 알려진 살충제 사용과 불임 증가 간의 연관성이 확인되었다.[66]

환경 속에 보편적으로 존재하는 화학 물질인 내분비계 장애물질 때문에 남성의 호르몬 체계에 균형이 깨져 버렸다. 프랑스 국립보건의학연구원의 2015년 10월 자료에 따르면, 내분비계 장애 물질이 인체에 미치는 영향은 생식 기능 저하, 생식 기관의 기형, 생산 조직이나 호르몬 표적 기관(갑상선, 유방, 고환, 전립선, 자궁 등)에 종양 발달, 갑상선 기능 교란, 신경계통 발달 장애, 성비 불균형 등이 있다. 내분비계 장애 물질의 효과는 아직 잘 알려지지 않고 있다. 이 물질은 농산업과 녹지 보존에 사용하는 살충제, 온갖 플라스틱과 PVC의 프탈레이트, 통조림통이나 영수증에 함유된 비스페놀A, 절연체로 사용되거나 산업폐기물 형태로 버려진 다이옥신, 용매로 사용된 독성 글리콜에테르 등 여기저기 흔하게 존재하기 때문에 더욱 위험하다. 가장 나쁜 점은 이 물질들이 없어지지 않고 잔류한다는 것이다. 다시 말해 이 물질은 수십 년 동안 물속이나 공기 중에, 자연 성분에 오래 남아 있다. 우리는 이런 사실을 의식하지 못하고 내분비계 장애 물질을 들이마시며 급성장의 30년을 살아온 것이다! 알레시스 에스쿠데로Alexis Escudero는 그의 책《인간의 인공 생식 La Reproduction artificielle de l'humain》에서 "'모두를 위한 인공 수정'은 슬로건 그 이상이다. 인공 수정은 자본주의가 자신의 손해를 일시적으로 완화하기 위해 우리의 몸에 부과하는 계략이다"[67]라고 목소리를 높였다.

치료제가 독약일 때

어처구니없게도 프랑스 국립보건의학연구원에 따르면 에스트로겐, 테스토스테론, 프로게스테론과 같은 '천연 호르몬제나 합성 호르몬제'가 내분비계 장애 물질의 중요한 원인이 된다고 한다. 호르몬의 효과를 흉내 내는 합성 물질은 피임, 호르몬 대체 요법, 호르몬 요법과 같은 치료에 많이 사용된다. 임신을 방지하고 인위적으로 임신이 잘 되도록 하기 위해 사용되는 합성 호르몬제가 사실은 불임의 원인 중 하나다. 불임을 치료하겠다는 호르몬제 때문에 불임이 될 수도 있다니! 말도 안 되는 말이지만 믿을 수밖에 없다. 의도적이건 아니건 불임의 원인이 되는 호르몬을 수년 동안 흡수한 여성들이 임신에 성공하기 위해 또 호르몬 치료를 받게 된다. 여성들은 많든 적든 내분비계 장애 물질을 자발적으로 삼키고 병에 걸리면 이 병을 치료하겠다면서 마지못해 또 다른 장애 물질을 소비한다. 물론 이런 기술을 판매하는 사람들은 자화자찬할 게 뻔하다. 그들은 여러분이 아이를 갖고 싶어 하는 소망을 충족시켜 준 게 아니라 끔찍한 결핍을 채운 게 아닐까? 이런 훌륭한 홍보 전문가들은 단지 당신에게 그들이 끔찍한 결핍을 만들어 낸 장본인이라는 말을 조심할 뿐이다. 간단히 말해, 피임 체제는 '공공의 포로'를 만든다. 이 포로는 독약을 사고 피임 체제는 기다렸다는 듯이 해독제를 판다. 그리고 이 해독제 역시 유독성이기 때문에 포로의 굴레에서 벗어날 수가 없다. 바로 자신의 꼬리를 계속 먹으며 자라는 뱀인 우로보로스의 모습과 같다.

기술적 논리는 여성을 포로로 하여 계획된 불임의 모든 조건들을 확립한다. 여성은 직업의 성과에 대한 걱정 때문에 부담을 안고 임신을 계속 더 연기하고, 그와 동시에 여성의 자연적 생식력이 감소한다. 여성은 임신을 미루기 위해서 몸을 망가뜨릴 뿐만 아니라 환경까지 오염시키는 화학적 피임약을 복용한다. 자본주의 사회는 여성의 생식력에 해로운 독성 제품과 생활 양식을 대거 확산시키면서 여성에게 임신과 출산을 미루도록 강요한다. 이러한 강요의 직접적인 피해자인 여성은 다른 대안 없이 인공 수정의 한가운데로 향하게 된다. 실패율이 매우 높은 인공 수정 과정 속에서 여성은 부작용의 우려되는 치료를 감내해야 하는데, 치료 자체에 독성이 있다. 기술 체제는 물론 불임을 치료하고 있다고 우기겠지만 불임에 일부 책임이 있다. 따라서 기술이 야기한 문제에 대한 유일한 해결책이 기술 자신이라고 자처하기 유리한 입장에 있다! 사실상 불임이 사회의 쟁점으로 드러나고 있는데, 생식력과 연관된 모든 것을 따라 단순하게 병원 진료실에서 비밀스럽게 해결해야 할 기술적 문제처럼 다루어진다. 임신과 출생 제어와 마찬가지로 아이에 대한 소망도 사회적 문제로 간주되지 않는다. 여성은 질문에 대답할 필요도 없이 아이에 대한 권리를 가지라고 독촉당한다. 예전에 피임약과 낙태할 권

리, 다시 말해 여성의 난자로 사회를 평화롭게 할 의무를 재촉당했던 것
과 똑같은 현상이다.

값비싼 태아와 쓸모없는 태아

피임약과 낙태를 위한 것처럼 인공 수정에 대한 신뢰할 수 있는 대안이
전혀 검토되지 않고 있다. 하지만 한편으로는 연간 낙태 건수를, 또 다
른 한편으로는 인공 수정과 입양의 요청 건수를 살펴볼 때마다 양쪽이
서로를 무시한다는 느낌을 받는다. 프랑스 통계청INSEE에 따르면, 2014
년에 2만 5,208명의 아이가 인공 수정으로 태어나며, 14만 3,778건의
인공 수정 시도 중 82.7%가 실패한다.[68] 프랑스 입양 사무소에 따르면
2014년에 입양된 아이는 935명에 불과했다.[69] 5,129건의 신청이 있었고
3,616건의 승인이 있었던 것을 고려하면 74.2%의 어린이가 입양에 실패
했다.[70] 동시에 프랑스 국립인구연구소INED는 2014년 낙태 건수가 21만
1,764에 달하며, 100명의 아기가 '살아서' 태어난다고 하면, 27.1명의 아
기는 낙태된다고 집계했다. 인공 수정 시도와 입양을 목적으로 하는 승
인 요청을 통산하면, 아이를 기다리는 커플의 수가 매년 낙태된 태아의
수보다 훨씬 적다.

　그런데도 임신 중절과 인공 수정 양쪽을 동시에 해결하기 위한 이중
적 대안을 마련한다거나 많은 여성이 정신적 외상을 입을 수 있는 의료
행위에 노출되지 않도록 하는 등 이 문제와 저 문제를 통하게 하는 방

안을 고민하기보다, 원하지 않은 임신 따로 간절히 원하는 임신 따로 양쪽을 철저하게 분리해 방안을 찾느라 바쁘다. 사회학자 뤽 볼탕스키Luc Boltanski는 그의 뛰어난 책《태아 상태La Condition fœtale》를 통해, 우리가 사용하는 기술이 가진 가능성이 근본적으로 태아를 두 가지로 구별하는 집단적 정신분열증을 일으켰다고 매우 강조한다.[71] 한쪽은 말도 꺼내지 않는 낙태된 태아로 '가치 없는 태아'이며, 다른 한쪽은 너무 기대하기 때문에 모든 유전자 조작을 정당화할 수 있는 '감히 가치를 평가할 수 없이 귀한 태아'이다. 뤽 볼탕스키는 태아의 이 두 가지 종류 간의 '차별'이라고까지 말한다. 사실 생물학적 관점에서 보면 두 태아 사이에는 차이점이 전혀 없는데 말이다.

원하지 않은 임신으로 낙태 당한 태아에게는 살아 있는 존재로서의 자격을 부정하면서, 채 임신도 되지 않은 태아에게는 인간성을 부여한다. 법학자 마르셀라 이아쿱Marcela lacub은 저서《출생의 권리 생각하기 Penser les droits de la naissance》에서 낙태를 해야만 했던 태아(첫 번째가 장애를 가진 태아이다)의 수에 상관없이, 원하는 아이에게만 인간성을 인정하자고 제안한다.[72] 아이를 기다리는 커플과 낙태를 고민하는 여성이 서로 접근할 수 있도록 왜 아무것도 하지 않았는지 더 이해할 수 있다. 태어나기만 하면 모든 기술적 만용을 정당화하는 태아와 비밀스러운 존재로 모른 척해야 하는 태아, 반드시 구분 지어야 하는 이 두 종류의 태아 사이에서 혼란스러워 할 위험이 있기 때문일 것이다.

무슨 수를 써서라도 낙태 찬성

이 까다로운 주제를 섬세하게 다룬 제이슨 라이트맨Jason Reitman 감독의 2007년 영화인 〈주노Juno〉는 반동분자들과 낙태를 반대하는 입장에 기울어진 영화라며 낙태를 찬성하는 사람들의 비난을 받았다. 이 영화가 무엇을 잘못했나? 영화 〈주노〉는 임신한 청소년인 주노 맥거프Juno MacGuff의 이야기다. 주노는 낙태를 하지 않고 아이를 기다리는 30대 부부인 마크와 바네사에게 아이를 주기로 결정한다. 영화 끝에 주노의 아이이자 자신의 아이를 품 안에 안은 바네사를 통해 비극적인 상황이 기증의 기회가 되고 커다란 행복의 기회가 될 수 있다는 것을 보여 준다. 그런데 낙태 찬성 입장은 주노가 낙태를 해야 했다고 항의한다. 낙태 찬성 입장은 선택의 여지가 없을 권리를 보호하려는 것 같다. 낙태를 찬성하는 입장에서는 바네사와 마크가 전문 병원을 찾아갔어야 하고, 정해진 시간에 성관계를 했어야 하며 매일 스스로 주사를 맞았어야 한다. 뿐만 아니라 정액이나 난자를 마련하고 전문가에게 그들의 몸을 맡겼어야 한다. 그것 역시 그들의 권리다! 일부 페미니스트들이 '기술 = 자유 = 선택'이라는 공식 때문에 판단을 제대로 하지 못하는 것은 믿을 수 없는 일이다. 또한 그들은 원하지 않은 임신을 한 여성이나 불임 때문에 괴로워하는 여성들을 위해 새로운 관점을 제시해 준 영화를 반동적이라며 비난하기에 이르렀다.

다른 사람의 아이를 임신하기 위해 돈을 지불하는 여성은 원하지 않은 임신이라는 비극을 연대의 기회로 바꾸는 게 낫다는 생각에 반기를 든다. 익명 출산*으로 태어난 아이의 출신에 대한 권리를 질문하는 경우가 많지만, 생식 세포 기증, 배아 이식 또는 대리모로 태어난 아이들의 경우에는 이성적 사유를 확장시키지 않는다. 그런데 인위적으로 비극적인 상황을 만드는 대리모 출산과 달리 이런 대안은 사건의 상태를 이용할 것을 제안한다. 낙태를 하는 것과 아이를 다른 사람에게 넘기는 것 모두 아이를 포기하는 여성의 고통이 크지만, 낙태를 하기보다 아이를 맡기기로 선택하는 엄마는 타인의 욕망을 채워 주기 위해서가 아니라 아이가 살아갈 수 있도록 하기 위해 그런 선택을 하는 것이다. 너무 단순하지만 나는 만약 임신한 여성이 아이를 맡아 줄 커플을 만날 수 있다면, 그녀는 지역보건사회기관DDASS, Direction département des affaires sanitaires et sociales의 비인격적인 건물에 아이를 버린다는 느낌이 덜할 것이다. 어쨌든 페미니스트라고 불릴 만한 여성은 여성들이 기술적 의존에서 해방될 수 있도록 도와줄 가능성이 높은 발의들을 장려해야 할 것이다.

다른 사회가 가능하다

그런데 그렇게 하기 위해서는 임신이 단지 기술적 문제가 아니라 사회적 쟁점이어야 한다. 아이는 결코 여성 혼자서 만드는 것이 아니다. 임신한 여성을 보호하고 그녀가 엄마가 될 수 있도록 도와주는 아빠와 의

---

* 익명으로 출산을 하고 동시에 양육권을 포기하는 제도를 말한다. 2014년 프랑스에서의 익명 출산은 625건으로 집계되었다.

사, 사회 전체가 협력해야 한다. 요즘은 개인의 방과 실험실의 친밀함만을 위해 사회 전체의 협력을 부정하려는 경향이 있다. 피임약이나 임신 진단 검사 앞에서 여성을 버리는 것과 똑같은 논리가 불임 커플을 홀로 의사 앞에 내버려 두게 한다. 자식을 낳는 문제에 집단적 해결책을 적용하자고 하면 커플의 사생활 속으로 결코 용납할 수 없는 난입을 한 것처럼 받아들인다. 마치 기술적이고 의학적 개입은 부작용도 없고 중립적인 해결책인 것처럼 말이다. 반대로 기술적 해답은 오늘날 사회적 개입의 형식을 띠는 것을 잊어버리는 경우가 많다. 공동체가 인공 피임, 낙태, 인공 수정의 방법들에 보상하기로 결정하면, 이것이 구성원들을 지원하는 최선의 방식인지 평가하면서 정치적 선택을 해야 한다. 이런 방법들에 대한 보상을 중지하자고 결정을 먼저 내릴 게 아니라 사회적 연대의 다른 형태를 고려해 볼 수 있는지 생각하는 것이 중요하다. 이처럼 시장의 요구에 여성의 몸을 끼워 맞추느라 여성에게 초래된 건강 위험들을 진지하게 받아들이는 사회를 상상해 볼 수 있다. 화학적 피임과 같은 이유로 자연 피임법에 대한 교육을 제공하고, 제약 실험실과 같은 자격으로 생리학 연구를 보조금을 통해 돕는 사회, 인공 수정의 절차처럼 입양 방식을 지원하거나, 가족계획과 마찬가지로 임신한 여성들을 위한 보호 기관 등의 여러 형태가 있을 수 있다. 또한 난자 기증을 위해 캠페인을 조직하기보다 우리의 오염된 환경을 정화하는 데 매달리는 사회, 40대 여성들의 인공 수정 비용을 환급해 주는 사회보다 여성이 자연적으로 생식력이 있을 때 엄마가 될 수 있도록 분위기를 조성하는 사회, 여성의 몸이 이용당하고 지배당하기보다 존중받고 보호받는 사회도 상상해 볼 수 있다.

　이제 개조해야 하는 건 우리가 여성의 육체와 생식력을 바라보는 시선 그 자체다. 여성을 남성과 다름없이 보고 여성의 몸을 거추장스러운 기계처럼, 여성의 자궁을 마치 예속시켜야 하는 비이성적인 동물처럼 보는 것을 그만두는 것, 바로 이것이 다시 읽고 비판할 필요가 있는 우리의 모든 철학적 전통이다. 이 전통을 통해 일반적인 몸과 여성의 특별한 몸에 대한 무관심이 우리의 모든 사고의 범주에 영향을 미치고 있다고 목소리를 높여야 한다.

7

남성들의 오랜 대립

조산사들과 박식한

오랫동안 철학은 남성들의 관심사였다. 철학의 상징이라고 할 수 있는 소크라테스는 철학을 육체적 생식의 반대인 정신적 창조라고 명시적으로 내세웠으면서도 왜 철학을 영혼을 낳는 기술이라고는 정의하지 않았을까?

개념 낳기

플라톤이 철학적 창조에 대한 은유를 전개한 것은 바로《테아이테토스 Theaitetos》다. 그런데 이 책의 전반에 걸쳐 규범으로 자리하는 것은 여성의 몸으로 상스럽게 만들어진 물질과 철학으로 훌륭하게 훈련된 영혼 사이의 대립이다. 신체와 영혼의 이원론은 철학적 담론을 넘어 여성의 몸의 체계적인 박탈에 대한 철학적 기초가 된다. 비인간적이라고 가정된 육체와 소위 자유로워졌다는 영혼 사이에서 여성은 남근중심주의가 된 개념 체계에 종속되어 있다.

소크라테스는 남성의 예술과 궁극적 업적인 철학을 여성의 과업이고 순수하게 수동적인 자식을 낳는 행위와 구별 짓는다. 플라톤에 따르면 조산사가 실행하는 분만은 어떤 분별력을 요구하지 않는다. 왜냐하면 진실과 거짓의 범주를 소환하지 않기 때문이다. 태어난 아이는 진실과 관계가 없다. 미련스럽게 물질적인 생명의 탄생은 생각의 탄생보다 품위가 없다. 플라톤은 '산파라는 역할의 범위는 결국 내 역할의 범위보다 더 작다'고 말했으며, 소크라테스는 우리에게 '가장 중요하고 가장 아름다운 일은 진실과 거짓을 구별하는 것'이라고 했다.[73]

이런 단언의 기저에 깔린 주지주의主知主義는 어리석은 육체 안에 든 생명이 추상적인 진실보다 '더 하찮다'고 전제한다. 생명은 여성에게 속해 있고 모든 분별력을 필요로 하지 않는다. 반면 영혼의 고귀함은 남성의 훨씬 더 중요한 용건이다. 철학의 이러한 정의는 소크라테스의 산파술에서 우선적으로 여성들을 배제할 뿐만 아니라 출산을 진실을 판단할 기준이 전혀 없는 신체적 활동으로만 규정지어 버린다. 출산은 분명 여성의 영혼도 아이의 영혼도 내포하지 않는다. 이런 난폭한 권력 행사가 소크라테스 철학의 기초가 되었고 이 기초를 통해 서양 철학이 시작되었다. 존재의 탄생은 영혼의 교육보다 현상이라는 것이다. 마치 철학이 여성과 어머니를 그 어떤 생명도 가지지 못한 자연적 생식력의 상징으로 정의하는 그리스 로마 신화의 잿더미 위에서만 발전할 수 있었던 것처럼 말이다. 여성은 자동으로 철학적 위엄에서 퇴출되었다고 아쉬워할 필요는 없다. 결국 소크라테스가 생각하는 영혼과 어쩔 수 없이 따르는 물질 사이에 전제한 구별을 인정하게 될지도 모르기 때문이다. 여성이 진실의 탐구에서 제거되었다는 말은 실제로 출산이 인간적인 활동과 영적인 활동 사이에서 자리를 차지할 자격이 없음을 인정하는 의미다.

그러면 이제 뭐 할 거예요?

오늘날에도 여성은 생명을 주는 것이 행위가 아니라 미래의 어머니에게 일어나는 수동적인 사건이라는 생각에 동화되는 경우가 너무 많다. 마치 갑자기 병에 걸리듯이 자기도 모르는 사이에 '덜컥' 임신이 되어 버린다고 생각한다. 의지도 추상적 지성도 임신과 출산에는 내포되지 않기 때문이다. 너무 많은 여성이 임신을 하고 출산을 했을 때 아무것도 하지 않는다고 생각한다. 어린 나이에 임신을 했던 나는 정말이지 참을 수 없는 이 질문을 몇 번이나 들었는지 모른다.

"그러면 이제 뭐 할 거예요?"

많은 사람들이 임신한 나에게 소크라테스의 주장처럼 아이를 낳는 일이 진지하지 않은 부수적인 일인 양 이야기했다. 그들은 임신을 정말 중요한 분별력과 지능을 필요로 하는 두 가지 활동 사이에 주어진 휴식처럼 생각하고 있었다. 철학을 아이를 낳는 것과 반대되는 것으로 규정함으로써 사실상 육체를, 특히 여성의 몸을 정말로 '중요한' 인간의 현실에서 배제한다.

그러나 모든 엄마는 출산이 마치 생명과 관계없는 추상적인 관념인 진실처럼 영혼을 무기력하게 내버려 두는 단순한 수동성이 아니라는 것을 안다. 생명을 낳는 일은 새로운 탄생이며 자기 자신으로 자신을 생성하고, 여성을 갑자기 죽음의 환경, 자신과 타인의 육체가 처한 현실 그리고 곧 여성을 짓누를 무거운 책임에 직면하도록 한다. 만약 진실을 영혼과 현실의 일치, 체험과 삶의 일치라고 정의한다면, 출산은 진실의 전형적인 판단 기준일 수 있다. 나는 세대의 계승, 죽음의 필요성, 무로부터 돌발적으로 튀어나오는 생명의 거대함, 나라는 개인의 복잡성, 분리할 수 없는 육체와 영혼, 약함, 사랑 그리고 수명이 무엇인지 엄마가 되면서 이해할 수 있었다. 출산이 이성적 사유의 대상이 아니었다고 해서 진실의 체제와 관련이 없는 것은 아니라는 사실을 깨달았다. 진실은 증명의 대상이 아니라 이해의 대상이다.

동굴에서 생명공학까지

우리는 플라톤이 개념과 생각의 세상에 접근하기 위해 엄마의 자궁에 초연했던 것을 통해 동굴의 비유를 떠올릴 수 있다. 한번 생각해 보자. 사람들이 오래전부터 어두운 동굴 속에 갇혀 있다. 그들은 그 안에서 현실을 잘못 알고 있다. 이것은 배아가 엄마의 몸 밖에 세상이 존재한다는 사실을 모르는 것과 똑같다. 동굴 안에 갇힌 사람들은 그들의 머리 뒤로 연이어 지나가는 꼭두각시의 그림자만 응시해야 한다. 그들은 누군가한 명이 태양 빛을 보기 위해 동굴을 빠져나가는 데 성공할 때까지(제2의 탄생) 현실 대신 환상을 가지고 살아간다. 대담하게 동굴을 빠져나가 해방을 맛본 사람은 물론 철학자를 말한다. 환상은 사상과 자연의 세상을 나타내며 태양은 모든 육체적 감각으로부터 정화된 지성을 상징한다. 고등학교 3학년 학생이라면 철학에 입문하기 위해 이 비유를 모두 배운다. 만약 플라톤 자신이 철학을 출산에 비유한 것을 기억한다면, 사람들이 갇힌 어두운 동굴과 아이가 만들어지는 여성의 자궁을 비교하지 않을 수 없다.

철학이 약속한 해방에서 기술이 약속한 해방까지, 어떤 사람들은 주저하지 않고 단 한 걸음만으로 둘 사이를 뛰어넘는다. 벨기에 루뱅 대학의 철학과 생명윤리 교수인 밀렌 보볼 봄Mylene Botbol-Baum은 육체적이지 않고 영적인 제2의 탄생을 향한 욕망이 서양 철학 전반을 관통하고 있으며 오늘날에 와서는 생물공학 분야에서 나타나고 있다고 말한다. 그리고 교수는《철학과 기술Les Philosophes et la Technique》에 기고한〈도나 해러웨이의 사이버 페미니즘 또는 '기술과학적' 자궁Le cyberféminisme d'Haraway ou "l'utérus technoscientifique〉을 통해 심지어 이 재탄생의 꿈, 즉 여성의 자궁을 이용하는 기술로 경쟁하고자 했던 오랜 야망은 '발달 유전학 기술의 발전을 이끌고 가는 욕망'일 수 있다고 한다. 그리고 이를 통해 밀렌 보볼 봄은 감추었던 오랜 욕망이 바로 생물학적 차이를 지움으로써, 태어나고 죽어야 하는 의무에서 자유로워진다는 결론을 끌어낸다.[74] 간단히 말하자면, 철학적 출산에서 인공 자궁까지 플라톤의 남녀 양성의 사람에서부터 트랜스휴머니즘의 사도들이 꿈꾸는 무성의 사이보그까지의 간격은 여성의 머리카락 굵기 정도로 아주 좁다.

지능에 의한 자연의 모호한 지배로부터 해방과 임신한 육체를 향한 경멸을 비교하면 혼란스러운 게 사실이다. 소크라테스를 생물공학의 선구자로 만드는 것보다 육체와 영혼, 사고와 지능, 여성과 남성에 대한 플라톤의 이원론이 두드러지게 나타나는 여러 철학적 전제를 생명공학이 어떻게 물려받는지를 보여 주는 것이 중요하다. 철학이 처음부터 여성의 육체를 평가 절하했고, 그 영향으로 여성은 자신의 몸을 의미 없고 하찮고 비인간적인 것으로 인식하게 되었다. 여성의 몸은 이성적이지 못하고 논증적이지도 않으며 실제 인간성에 미치지 못한다는 것이다. 밀렌 보볼 봄이 사이버 페미니즘의 선구자 도나 해러웨이Donn Haraway에 관하여 결론을 이끌어 낼 수 있었던 까닭은 바로 자식을 낳는 것에 대한 이와 같은 경멸 때문이다. 도나 해러웨이는 에세이 〈사이보그 선언Cyborg Manifesto〉을 통해 '여성 육체의 독창성은 육체가 야기한 반동적 접근과 원망에 대한 거부에 근거를 두며, 기술이 여성을 이전의 인류로부터 탈출하는 것을 보는 기쁨을 바탕으로 하고 있다'고 말한다.[75] 기술 덕분에 벗어날 수 있었던 것이 고작 '이전의 인류'라니! 여성 여러분, 여러분이 사이보그가 아니라면 원숭이라는 뜻이랍니다.

진짜 화덕

이런 위치는 새롭지 않다. 여성의 몸이 인류에 미치지 못하는 수동적이고 비인간적인 살가죽이라는 생각은 고전 철학의 일반적인 논거다. 모든 일이 남성의 활동을 더 잘 찬양하기 위해 여성이 무기력한 몸으로 축소되어야 했던 것처럼 이루어진다. 한편, 플라톤은 여성이 단순하게 육체적 출산만 하도록 하기 위해 지적 창조는 이루지 못하게 한다. 아리스토텔레스는 여성에게서 육체적 출산 자체를 앗아감으로써 한술 더 떴다. 그는 《동물의 발생에 대하여de generatione animalium》에서 '암컷은 항상 재료를 주고 수컷은 창조적 원리를 조달한다'고 말했다.[76] 여성은 자신이 남성의 정액에 생명을 불어넣는 수동적 물질인 것에 만족한다. 여성의 몸은 순수한 수용의 장소다. 아리스토텔레스는 임신을 빵 굽는 화덕처럼 태아를 '굽기 쉬운' 자궁에서 일어나는 단순한 열작용과 동일시하면서 임신 기간 동안 엄마의 활동을 부정하기까지 한다. 그는 '태아가 자궁 안에 있으면 추워서 더 천천히 만들어진다. 이어지는 형성은 일종의 열작용이다. 이 작용은 바로 익게 만드는 열기다. 더 뜨거우면 더 잘 익는다'[77]라고 말하기도 했다. 단순한 열작용이라는 임신의 정의는 대리모 출산의 조촉매로서 현실화된다. "나는 작은 빵들을 데우는 화덕 같아요"라고 말했던 오필리아가 떠오르는 순간이다. 오늘날 익히기라는 어휘의 범위가 모체외발생(모체 밖에서 태아가 형성되는 과정을 일컫는다 - 옮긴이)의 환상 속에서 이상한 발전을 보이고 있다. 완전히 독립적으로 따뜻한 환경에서 성장할 수 있는 일종의 화덕인 인공 부화기 말고, 실제 인공 자궁은 무엇인가? 우리는 모든 엄마를 함축하는 활동이라고 여기며 이깟 임신이라고 생각한다. 여기에서 엄마라는 존재는 기계로 대체할 수 있으며 가난한 여성에게 하청을 맡길 수도 있다. 프랑스 모체외발생 전문가인 앙리 아틀란Henri Atlan은 저서 《인공 자궁L'Utérus artificie》에서 임신을 서슴없이 '매우 복잡한 배관 문제'[78]라고 규정짓는다. 요컨대 난방 설비 전문가와 굴뚝 청소부의 일과 같다. 임신은 결국 요리의 역사로 남으면서 앙리 아틀란의 가스난로와 아리스토텔레스의 화덕 간의 비유가 현실화되고 있을 뿐이다. 그는 책에서 계속 자연적으로 아이를 낳고 싶은 여성을 '예를 들어 스스로 빵을 만들기로 결심하는 여성'[79]에 비유하기도 하는데, 정말이지 생태학자로서의 엉뚱한 생각이 아닐 수 없다!

앙리 아틀란은 그런 다음 대리모 출산에 반대하는데, 그는 임신을 여성이 벗어나야 하는 상실로 간주함으로써 신체적인 모성을 하청이 가능한 것으로 평가 절하하는 데 그도 동참한다는 사실을 잊는다. 그는 계속 《인공 자궁》을 통해 다음과 같이 단언하기까지 한다.

생식이 내재한 생리학적 강압 앞에서 여성을 남성과 동일하게 만듦으로써 인공 자궁이 여성의 사회적인 자유화를 완성하는 것은 바로 이 과정의 다음에서다. 따라서 피임약과 세탁기와 함께 겉보기에는 위험하지 않은 방식으로 시작된 혁명은 모체외발생으로 완성될 것이다.[80]

만능 조리기구인 테르모믹스 개발 이후 인공 자궁이라니, 기술 자본주의의 앞날은 여전히 밝기만 하다.

열등한 인간

결국 여성은 남성과 평등해지고, 다시 말해 남성과 똑같아지기 위해 기술이 필요하다. 테크노 페미니즘 뒤로 여성은 약화된 남성이라는 생각이 감추어져 있다. 이런 생각 때문에 여성은 연장과 장비를 갖추어야 하고 개선되어야 한다. 본질이 너무 나쁘게 생각되는 것을 고치기 위해 과학자들의 천재성은 전혀 지나치지 않다!

혁신과 기술적 진보의 숭배 뒤에는 여성에 대한 시대에 뒤떨어진 이해가 숨어 있다. 예를 들어 아리스토텔레스의 동물의 발생에 대한 연구에서 여성은 절단되고 불완전하고 제대로 완성되지 않으며 서식대로 만들어진 남자로 이해된다. 아리스토텔레스에게 여성은 '팔다리가 절단된 남자'[81]고 '메마른 남자'[82]다. 그리고 그는 '남자는 특별한 능력에 근거한 남자고, 여자는 특별한 무능력을 근거한 여자다'[83]라고 덧붙인다. 여성에게 지극히 근본적으로 부족한 게 무엇일까? 아리스토텔레스에 따르면 생식에서 유일하게 능동적인 요소인 정액이다. 정말이지 지극히 고대 그리스 도시 스타게이라에 사는 케케묵은 사람답지 않나? 아주 시대에 뒤떨어진 이해이지 않나? 그런데 불행하게도 여성이 절단되고 정액을 빼앗긴 남자라는 생각이 고대 문명을 관통했고, 천주교 교부들을 통해 되풀이되었으며 중세시대 동안 지속되었고 정신분석학의 아버지 프로이트에게서 승리를 외쳤다. 프로이트의 이론은 계속 우리의 사고방식을 여성의 성징으로 가득 채우고, 여성의 기술적 자유화에 대한 환상 속에서 이상한 발전을 발견한다.

프로이트에 따르면, 여자아이는 남근과 생식기를 빼앗겼음을 발견하기 전에는 오랫동안 자신이 다른 사람들처럼 남자아이라고 믿는다. 그리고 결코 그것을 되찾을 수 없음에 실망한다. 이것이 바로 그 유명한 '거세 콤플렉스' 또는 '남근에 대한 욕망'이다. 프로이트는 여성 신체의 특수성과 무의식 구조를 더욱 잘 부정하기 위해 남녀 간 본래의 미분화를 가정하는데, 정신분석학자 뤼스 이리가레이Luce Irigaray는 《다른 여성의 검시경Speculum of the Other Woman》에서 프로이트의 반복적인 주제를 잘 분석했다. 여성의 모든 정신 현상은 미분화 혹은 원시의 남성다움을 바탕으로 여성을 남근이 거세당했다고 여기는 인식에서부터 설명할 수 있을 것이다. 프로이트에게 중성은 곧 남성이며 남성은 곧 처음이다. 중성은 모든 완벽함의 기준을 상징하기 때문에 특히 선망의 대상이다. 뤼스 이리가레이는 《다른 여성의 검시경》에서 이 부분을 다음과 같이 설명한다.

남녀의 '차이'는 똑같은 선험적 추리에서 출발한다. 여자아이인 어린 남자는 확실한 특징이 적은 성인 남자가 되어야 한다. (중략) 남자로서 자신을 드러낼 가능성을 제외한 남자가 곧 정상적인 여자다.[84]

프로이트를 위해서 우리는 '남근의 상相'이 시작되기 전에 '여자아이가 어린 남자임을 인정해야 한다.'[85] 이런 착각은 또래 남자의 생식기를 발견한 여자아이가 자신의 차이와 '자신이 받았던 피해'를 인식하게 되면서 파괴된다. '여자아이는 자기애에 상처를 받은 자신보다 더 잘 분화된 남자아이와 비교한다.' 그리고 부당하게 생식기가 절단되었다고 느끼고 자신에게는 없는 것을 가진 남자라는 족속을 부러워한다. 프로이트는 여성의 모든 특수성의 기원으로서 이 정신적 외상을 관찰하면서 주저하지 않고 '손상'에 대해 말한다. 여성의 수줍음은 사실 '생식 기관의 결함을 숨기기 위한' 계략에 불과하다. 여성이 외모에 갖는 관심, 즉 '여성의 신체적 허영' 역시 남근을 향한 부러움으로 설명이 된다. 이 신체적 허영은 '여성의 타고난 성적 열등으로 더욱 소중하고 늦게 이루어지는 보상으로서 육체적 매력'을 말한다. 게다가 어린아이의 욕망은 남근의 욕망에 대용품일 뿐이며, 여성은 발기한 남근의 부재로 생긴 공백을 채우기 위해 엄마가 되고 싶어 하면서 "이 어린애 같은 욕망이 뒤늦게 실현되면 얼마나 행복할까! 특히 갓난아기가 그렇게도 탐나던 남근을 가진 남자아이라면 더욱 행복할 거야!"[86]라고 생각한다.

　여성은 평생 동안 남자이지 못해서, 이 환상적인 남근을 가지지 못해서 고통스러워할 것이다. 여성의 아름다움? 남근을 가지지 못한 데 대한 보상이다. 그렇다면 수줍음은? 남근이 없는 데 대한 수치스러움이다. 출산 자체는 남근의 대용품일 뿐이다. 이 얼마나 굉장한 지적인 속임수란 말인가! 물론 남근의 희미한 모방일 뿐인 어린이 역시 발기한 남근이라는 경이로움과 마주하면 자신의 결함을 발견한다. 만약 이 마법의 특징을 소유했다면 자신의 부족함을 발견하는 일은 분명히 없을 것이다. 프로이트가 무의식 속에 아리스토텔레스가 해부학적 진리라고 여겼던 것을 옮겨 놓았듯이 모든 사람이 그랬다. 왜 프로이트가 우리, 다른 우리, 팔다리가 절단된 불쌍한 여성에게 남근이 뭐가 그렇게 부러운 것인지, 여자아이는 왜 처음부터 보상받았다고 생각하지 않았는지 설명할 필요가 없다고 판단한 것은 뻔한 일이다. 남자아이가 유방과 질 그리고 자궁의 부러움을 언급했다는 사례는 어디에서도 찾아볼 수 없다. 자기 자신이 여자아이가 아니라는 사실을 알고 놀라는 경우도 없다. 내 아들이 나에게 언젠가 자신도 뱃속에 아기를 갖게 되는지 묻는다면, 프로이트는 어떻게 대답할까? 모든 곳에서 중립성은 남성이며, 잃어버린 혹은 정복할 에덴동산을 상징한다고 하는 것도 당연한 일이다. 프로이트에게는 여자아이나 여성이 자신의 몸을 자랑스럽게 생각하거나 육체로 쾌락과 기쁨의 원천을 만든다는 것은 상상도 못할 일이다. 남성 역시 여성의 임신하는 능력을 부러워할 수 있다는 것도 상상하지 못할 일이며 모성, 즉 엄마 배인 자궁이 남근만큼 본래적이며 혹은 남근보다 더 본래적이라고 생각하지 못할 것이다.

페미니즘의 프로이트적인 무의식

여성의 육체는 결함이 있고 비인간적이며 남성의 몸보다 부럽지 않을지도 모른다. 여성의 몸이 결핍과 부재, 소극성의 방식에 대한 것이라면 여성의 정체성을 구성할 수 없을지도 모른다. 그러므로 필연적으로 여성에게 유해한 분화에서만 성별의 차이가 생길 수 있다. 여성의 몸은 결함일 뿐이고, 출산조차도 남성의 활동에 보잘것없는 대용품일 뿐이기에 여성은 육체가 자신을 규정짓는다고 받아들일 수가 없다. 부재로 자신의 몸을 정의하는 것을 어떻게 내버려두겠는가? 여성의 육체는 부재까지도 불완전하다. 그래서 사라져야 한다. 심지어 너무 부재중이라서 존재하지 않고, 결코 존재한 적도 없으며, 정치적 무대 위에 존재하지 말아야 한다. 현대 페미니스트들은 여성을 몸으로 정의하는 것을 불명예스럽다고 여기는데, 아마도 현대 페미니스트들이 다소 의식적으로 자신들의 몸을 프로이트적이고 아리스토텔레스적인 이해에 동화했기 때문이다.

요즘 우리는 마치 성적 차이가 그 자체로 비인간적인 게 분명했던 것처럼 동일과 평등 그리고 미분화를 자주 혼동한다. 여성과 남성 사이에 내재하는 차이를 드러내는 것은 진짜 페미니스트인 우리의 가치를 단박에 떨어뜨린다. 여성은 시간에 남성과 다르게 관계되었다고? 여성은 주기가 있기 때문이다. 여성은 섹스에 남성과 다르게 관계되었다고? 여성은 임신할 위험이 있기 때문이다. 여성은 아이에 남성과 다르게 관계되었다고? 임신을 했기 때문이다. 여성은 일에 남성과 다르게 관계되었다고? 아이를 낳기 때문이다. 몸에 다르게 관계되어 있다고? 여성은 여성이기 때문이다. 여성에 대한 이런 식의 인식은 정말이지 여성혐오의 극치다!

프로이트적 스키마의 포로인 우리는 여성의 모든 특수성을 절단 부정하고, 남성의 체험에 비해 적은 양의 체험 등으로 이해한다. 하지만 프로이트에게처럼 일부 페미니스트에게도 묻고 싶은 게 있다. 직선으로 이어지는 시간 속에서 살아가면서 특별하게 부러운 게 무엇인가? 평생, 삶의 매일매일 생식력이 있는 것, 아이를 갖지 못하는 것, 아이를 키우지 못하는 것, 일주일 내내 일할 수 있는 것, 몸에 항상 동일하게 관계된 것이 부러운가? 도대체 왜 남자인 게 여자인 것보다 그렇게 좋은가? 여성의 몸에 어떤 사회적인 삶을 인정하지 않은 게 아니라면 왜 여성의 몸이 남성의 몸보다 더 비인간적인가? 단지 여성에게만 몸을 길들이라고 강요하는 사이비 중립성을 위해 성별의 차이를 부정하는 것은 결국 타고난 남성다움에 대한 프로이트적 가설을 인정하는 것이다. 그리고 여성의 몸에 대한 파렴치한 부정과 모성의 원시적 역할을 받아들이는 것이다.

멸종에서 거부까지

물론 여성도 남성처럼 사회 고정관념의 영향을 받는다. 물론 여성에게 강요된 역할들은 종종 개인의 인간성을 박탈하는 것이다. 물론 여자아이도 배트맨 놀이를 할 권리가 있고 탁구 선수가 될 권리가 있다. 물론 여성도 남성처럼 똑같이 존엄성이 있으며 적어도 남성만큼 발달된 지능을 가지고 있다. 지금 떠올려 볼 수 있는 게 이것뿐일까? 물론 여성의 운명에 오로지 모성만 있는 것은 아니다. 엄마가 되지 않는다고 여성성이 모자란 상태로 살아가는 것도 아니다. 하지만 여성이 생명을 낳는 구조적인 가능성을 무시하는 것은 좋게 말해도 무분별이고 나쁘게 말하자면 부정행위다.

사람들이 성적 미분화의 예로 자주 사용하는 상태와 시기가 있는데, 육체도 사람도 성장이 끝나지 않은 상태이며 성적 차이는 결국 고추가 있는 남자와 고추가 없는 여자로 귀결되는 시기이다. 이런 예는 허위이며 성의라고는 전혀 없는 설명이다. 유년기는 여아와 남아가 생체 구조로 구별되는 시기인 것은 분명하다. 하지만 이런 생리적 차이가 대수롭지 않다고 우기고 나서 염색체나 해부학적 변화에 그 차이를 귀착시키는 것은 위선적이다. 고추가 작든 크든, 보이든 보이지 않든, 삽입을 하든 삽입이 되든, 그건 사실 중요하지 않다. 우리는 여성의 성에 대해서 너무 좁게 표현하고 있지는 않은가? 이런 이해는 정말 여동생과 함께 고추를 만지작거리며 노는 남자아이나 할 수 있는 것이다. 그렇다면 다시 생각해 보자. 여성은 자신의 몸 안에 아이를 품는다. 언제까지나 그녀의 자궁 내 생명으로 낙인이 남을 아이다. 엄마의 몸에도 아이의 방문 흔적이 영원히 남을 것이다. 이렇게 기본적인 진실을 계속 이론의 여지가 있는 상태로 남겨 두고 있다.

이것은 네 머릿속에 있어!

자궁 내 아이의 인간성을 부정하는 것 역시 임신의 중요성과 마땅히 존중받아야 할 여성의 몸을 과소평가하는 일반적인 방법이다. 만약 아이가 영혼 없는 태아일 뿐이라면 임신은 그저 헛배가 부른 상태로 정말로 인간성이 상실되어 버린 상태가 된다. 사회가 아이에게 백지 증서를 주었을 때만 아이를 사람으로 인식하는 것은 또다시 여성에게서 인간이라는 존재를 낳을 수 있는 능력을 빼앗는 것이다. 아리스토텔레스는 아이의 영혼을 아빠의 정액, 신의 개입을 의미하는 중세 전통에 배치시켰다. 오늘날 아이의 영혼은 아빠의 계획과 사회 의료의 은총에 종속된다.

어쨌든 아이의 영혼과 관련된 드라마가 펼쳐지는 곳은 여성의 몸이 아니다. 잘되어 봐야 여성의 머릿속이다. 사람을 낳는 일에 대한 존엄성은 이미 빠져 버렸고 영혼과 의지로부터 인위적으로 분리된 여성의 몸은 빈 그릇처럼 제약 실험의 대지, 임대되고 대여된 대지가 될 수 있다. 아기는 오직 원했던 사람을 위한 아기일 뿐, 아기를 밴 몸을 위한 것이 아니기 때문에 아기는 그를 원하는 사람의 아기일 것이다. 대리모 출산, 인공 수정, 낙태는 여성의 몸을 근거로 두지 않고 아기를 낳겠다는 의지라고 포장된 거짓말에 근거를 둔다.

언제부터 태아가 인간으로 간주될 수 있는지 알기 위한 토론은 최근 일이 아니다. 이탈리아의 가톨릭 신학자 토마스 아퀴나스Thomas Aquinas는 남성 배아는 40일 후에 사람이 되며 여성 배아는 80일 후에 사람이 된다고 보았다. 여성 혐오 계승자답다. 17세기에 현미경의 발명은 임신의 순간부터 배아의 인간성에 찬성하며 그동안의 논쟁을 잠정적으로 해결했다. 이런 관점에서 배아의 비인간화는 '중세시대를 상기시키는' 퇴화다. 잘 생각해 보면, 현대 사회의 기술을 가능하게 하는 기본 개념은 과거와 다를 게 없다. 플라톤에서 토마스 아퀴나스까지, 여성이 그냥 세포 덩어리가 아니라 영혼을 낳는다는 사실을 인정하는 데 어려움을 느낀다. 다시 한번 말하지만 모든 것은 임신이라는 여성 육체의 특수성을 평가 절하하기 위해 일어난다.

생각의 배아

철학자들은 임신에 대해 거의 말하지 않으며, 말한다고 하더라도 여성의 경험에 대해서는 절대로 질문하지 않는다. 우리가 언급하는 임신은 몸과 여성의 느낌, 여성의 이야기로 만들어진 추상적인 개념으로 생각된다. 임신의 메커니즘을 분석하고, 태아의 성장을 자문하고, 육체적 경험이 아니라 연구 대상을 대하듯 질문한다. 고대 철학이든 중세 철학이든 근대나 현대 철학이든 철학에서는 일반적으로 여성의 목소리에 귀를 기울이지 않는다. 현상학자들조차 중성의 몸, 좋게 말하면 아빠의 몸을 숙고했다. 나중에 살펴보게 될 철학자 에마뉘엘 레비나스Emmanuel Levinas도 그랬다. 우리는 모성에 관한 철학도 여성의 몸이 경험한 것을 생각하기 위한 철학도 없다. 오늘날 여성의 몸이 몸을 제어하는 데 목적을 둔 기술 말고, 지적 영역에서 자신의 자리를 찾지 못하는 것은 논리적으로 당연한 일이다. 생각의 대상이기를 거부당했기 때문이다. 피임약에서부터 다양한 인공 수정 기술까지, 여성의 몸은 벗어나야만 하는 무게에 짓눌리는 지배의 대상이면서 동시에 무시해도 좋을 부속품으로만 모습을 드러냈다. 여성들은 자신의 몸에 남근 중심이 된 철학의 피상적이고 경멸적인 시선을 적용했다.

여성과 여성의 육체 간의 분리는 낳아 준 사람과 엄마 사이에서 생물공학이 허용하는 분열을 통해 완성을 이룬다. 이러한 대립은 임신을 일인칭의 경험이 아니라 연구의 대상으로 생각해야 한다고 고집하는 철학적 전통에 기초해야만 가능할 뿐이다. 의학적 궁금증으로 생각되는 임신과 임신을 하는 여성의 몸은 임신을 연구하는 학자와 임신을 경멸하는 페미니스트만큼이나 임신에 대해 질문하는 철학자에 의해 순수한 생물학적 사건으로 축소된다. 서양 철학의 모든 전통에서 육체와 영혼의 분리는 지속되고 있는데, 여성과 관련될 때 특히 문제를 야기한다. 여성의 몸은 임신을 매개로 영혼과 정신이 부여된 사람이 생겨나는 곳이기 때문이다. 그러나 이상주의의 희생양인 우리는 몸이 영혼을 낳을 수 있다는 사실을 인정하는 단계까지는 도달하지 못했다. 우리는 영적, 신적, 철학적, 기술적 또는 자발적 아이 낳기에 대해 생각해야 한다.

만약 태아의 인간성을 부인한다면 엄마는 단지 아기를 낳는 사람밖에 되지 않는다. 살덩어리를 낳는 살덩어리인 것이다. 중세의 논쟁에서부터 진전된 게 별로 없다. 유일신이나 아빠의 계획이 태아에게 영혼을 준다고 주장하면서 출산을 육체에서 분리된 현실로 만든다. 여성의 몸은 진정한 창조의 힘을 빼앗긴 채 무거운 짐이 된다. 여성의 몸에 가해지는 강압의 힘은 이렇게 모성의 의미와 아름다움까지 받아들인 다음, 이제는 싸우고 제거하는 부당한 결정을 내리는 힘을 발휘한다. 인공 생식 기술은 더욱 철저하게 수정을 분리함으로써, 임신과 출산은 마침내 여성을 여성의 몸에서 분리해 냈다. 난자를 채취할 수 있고 임신을 외부에 의뢰할 수 있는 여성은 억지로 자기 자신을 제외한 채 살게 되었다.

'근대적 여성'은 남성의 가치를 받아들인다 [87]

자신의 육체에 대한 여성의 정신분열증과 경멸의 상징이 시몬 드 보부아르인 것은 분명하다. 그녀의 자전적 작품인 《처녀 시대Mémoires d'une jeune fille rangée》는 내 지적 호기심의 시동 장치였다. 나는 그녀에게 많은 빚을 지고 있으며 그녀의 작품이 가진 힘과 박식함을 계속 찬양해 나갈 것이다. 그러나 그녀가 여성의 몸에 대한 가치가 떨어지는 데 폭넓게 기여했다는 사실은 인정할 수밖에 없다. 《제2의 성》은 여성의 몸과 엄마의 몸에 대한 놀라운 이야기가 가득한 책이다. 시몬 드 보부아르는 실존주의 원칙과 서양 이상주의의 오랜 유령들에 충성스러운 사람이다. 그녀는 개인이 보편성 안에서 인간과 뒤섞이지 않기 위해 '세상보다 위에서 두각을 나타내야 하며' '초월적인 존재가 되어야 한다'고 평가한다. 다시 말해 육체의 속박 상태에서 해방되려면 영혼으로 자신을 구축해야 한다는 것이다. 《제2의 성》의 마지막 장인 '해방을 향해서'는 여성 해방의 수단으로서의 시, 문학적 창작을 이야기하며 끝난다. 이 거추장스러운 살가죽은 끝이 나고, 예쁜 4행시들과 모호한 비유들이 산다! 당신의 육체가 당신을 두렵게 하는가? 소네트 한 편을 써보세요! 당신의 아이들이 당신에게 몰려드나요? 빨리 아침의 노래 오바드aubade를! 당신의 상사가 당신을 거세하고 남편은 당신을 무시하고 당신의 배는 당신을 짓누르는가? 노래 한 곡을 만드세요! 시몬 드 보부아르가 제안한 지적 창조에 의한 해방은 부르주아의 해결책일 뿐만 아니라 육체를 초월한 정신적인 해결책이다.

《제2의 성》은 여성 문제에 대한 진지한 해결책은 절대로 제안하지 않는다. 그저 간략하게 결론을 내리는 것으로 만족한다. "남성들과 여성들이 서로를 대등한 자로 인정하지 않는 한, 여성성이 이 상태로 영속하는 한 논쟁은 계속될 것이다."[88] 완강하게 여성의 여성성, 특수성을 요구하는 해결책은 인간성을 잃을 수 있을 뿐만 아니라 더 나쁘게 퇴보할 수도 있다. "'근대적' 여성은 남성의 가치를 받아들인다."[89] 역사적 페미니즘 지침서의 완성은 바로 '남자로서 생각하고 살기 위한 여성으로 존재하기를 멈추는 것'이다! 천 쪽에 달하는 이 책의 분량은 바로 거기에 이르기 위한 것이었다. 이 어마어마한 결론의 앞 장은 다 같은 이야기들이다. 여성의 아름다움의 문제도 절대 아니며, 생명을 낳고 아이를 키우고 보호할 수 있는 육체 앞에서 느낄 수 있는 긍지의 문제도 절대 아니다. 보부아르에게 여성의 몸은 최고의 의미로는 기쁨의 원천, 최악의 의미로는 짐짝이다. 성적 쾌락과 아이의 위협, 시몬 드 보부아르는 그녀가 기나긴 이야기를 통해 규탄했던 남성의 시선을 자기 자신에게 통합했다.

여성이 되는 '공포'

시몬 드 보부아르는 작품의 절반을 여성의 몸이 나타내는 인간성 상실을 보여 주고 그녀가 느꼈던 공포(이 단어가 반복된다)를 표현하는 데 사용했다. "여성이 되는 건 얼마나 불행한지! 그러나 여성일 때 최악의 불행은 사실 불행하다는 것을 이해하지 못한다는 것이다." 자, 이제 우리에게 예고되어 있다. 여성 여러분, 다음 인용 부분이 여러분을 분노하게 하더라도, 여러분이 마음 약하게도 여러분 자신을 사랑한다 하더라도, 여러분은 여러분의 불행을 알지 못한다. 게다가 여러분은 여성인 것을 모르며 이중으로 소외된다. '남성의 성이 손가락 하나처럼 고유하고 단순한'[90] 반면, 여성의 성은 죽은 사람처럼 '적시고' 흐른다.

만약 몸에서 오래된 벽이나 시체처럼 물이 축축하게 배어 나온다면, 몸은 액체를 배출하는 게 아니라 액화하는 것 같다. 이것이 혐오감을 주는 해체의 과정이다. (중략) 여성의 발정은 조개의 무기력한 움직임이다. (중략) 몸은 식충 식물처럼 곤충과 어린아이가 매몰되는 늪지를 감시한다. 몸은 흡인이고 빨판이고 부식토 같다. 몸은 송진이고 접착제이자, 남의 환심을 잘 사고 질척거리는 부동의 호출이다. 어쨌든 몸이 은밀하게 느끼는 것은 이런 식이다.[91]

다음과 같이 묘사된 처녀가 결혼식 날 밤 이후, 자신의 성에 혐오감을 느끼는 건 당연하다.

그녀는 자신의 여성성에 대한 극도의 공개에 혐오감을 자주 느끼고, 이 경험이 되풀이될 거라는 생각에 두려워한다.[92]

임신과 출산을 묘사할 때 시몬 드 보부아르의 혐오감은 더 이상 한계가 없다. 그녀는 임신과 출산을 전혀 경험하지 않았다. 시몬 드 보부아르는 대지의 어머니의 신화를 떠올리며 다음과 같이 썼다.

> 자궁(묘처럼 비밀스럽고 폐쇄적인) 안에서 형성된 이 흐늘거리는 아
> 교풀은 짐승의 썩은 시체의 무른 점성을 떠올리게 해서 몸을 부들부
> 들 떨면서 몸을 돌리지 않을 수가 없다. 생명이 만들어지는 곳은 어
> 디나 발아든 발효든 붕괴로 말미암아 일어나는 것이기 때문에 혐오
> 감을 느낀다. 달걀 흰자위의 배아는 죽음의 부패에서 완수되는 순환
> 을 시작한다.[93]

그리고 미래의 엄마와 남편의 관계를 설명하면서, 시몬 드 보부아르는
임신이 '남자의 품 안에서 억지로 꾸민 불가능한 융합'[94]을 어떻게 현실화
하는지 보여 준다. 한 번 더 말하건대, 남근이 없을 때 임신이 대신하는
것은 오르가즘이다. 시몬 드 보부아르는 자식을 낳는 것이 여성에게 육
체의 '수동성'을 받아들일 수밖에 없도록 하는 개인의 참사라고 여긴다.

> 자연의 계략에 붙들린 여성(미래의 엄마인)은 식물이고 동물이며
> 아교질의 비축, 인공 부화기, 달걀이다. (중략) 엄마보다 '알을 많이
> 낳는' 여성들은 육체를 위해 자유를 상실할 가능성을 탐욕스럽게 찾
> 는다. 가능성의 존재가 여성들에게 육체의 수동적인 생식력으로 증
> 명되어 조용하게 나타난다.[95]

남자의 임신

기타 등등, *기타* 등등. 똑같은 몸으로 시몬 드 보부아르가 젊은 여성에게 분별력 있는 여자의 미래를 제시한 것은 놀랄 일이 아니다! 만약 그녀가 출산의 기쁨을 상상해 보려고 했다면, 그녀가 진짜 확신하지 않는다는 느낌을 받을 수도 있었을 것이다. 시몬 드 보부아르는 20쪽 분량에 낙태와 원하지 않은 임신을 담은 내용으로 넘어가기 위해서, 처녀의 성에 관한 입문으로 43쪽, 여성의 동성애에 30쪽, 결혼 실패에 관해 조목조목 설명하느라 130쪽을 할애했다. 그녀는 임신이라는 사건이 끔찍한 고통이 된 여성들의 사례를 인용하면서, 임신의 모험에 십여 쪽을 할애하며 접근한다. 임신을 온몸의 개화, 증명, 찬양으로 겪은 여성들은 자신이 무슨 생각을 하는지 숨기려고 애쓴다. 자연과의 조화를 즐거워하는 여성들은 여전히 항상 자신의 자유와 우수성을 회피하려고 애쓴다. 암소와 유사한 이 여성들은 '엄청난 사실성 안에 있는 복부의 무게'를 느끼는 것이 행복이며, '그녀들의 새로운 중요성을 끝없이 심사숙고하고'[96] 중심을 가만히 응시한다.

시몬 드 보부아르가 더 높은 가치를 부여한 유일한 임신이 소설가 콜레트Colette의 임신이다. 그녀는 콜레트가 임신 중에도 집필했다는 이야기를 하는데, 문장 끝에 추접스럽게 '남자의 임신'[97]이라는 말을 언급한다. 임신을 역겨운 비극으로 경험하지 않으려면 남자나 동물로 살아야 한다. 얼마나 대단한 지적 기교란 말인가! 남근중심주의가 거기에서도 등장하다니! 남성은 그에게는 금지된 단 한 번의 경험, 즉 여성이 유일하게 우위를 차지할 수 있는 명백한 경험을 하기 위한 본보기 그 자체일 것이다. 여성에게 임신을 가르쳐야 하는 이 남자는 어떤 사람인가? 출산 전에 조용히 문장을 마무리 짓고는 쉼표를 찍듯 알을 낳는 작가다.

그러한 운명에 접근할 수 없는 여성들에게는 임신한 소들의 조용한 행복이 계속 지속된다. '인조' 뱃속, 즉 헛된 행복 속에 포함된 '자신들의 중요성이자 전체의 중요성을 무한히 곱씹을 수 있는' 시간이다. 뒤따르는 일련의 대립들은 우리가 귀머거리 여성혐오라고 규탄한 주지주의적 이중성을 완벽하게 예증한다. 한쪽에는 빛, 투명함 그리고 '영혼'의 '남성적 자유'가 있을 것이며 다른 한쪽에는 '밤'[98], '불확실성', '부자연스러움', 육체의 '혼돈', 즉 여성 육체의 전형적인 혼돈이 있을 것이다. 시몬 드 보부아르가 이 이원론을 신화적인 것으로 규정짓고 있다고 반박할 수도 있다. 하지만 이 이원론은 그녀의 작품 전체에 스며들어 있다. 그녀는 한쪽에는 내재성, 육체, 여성성을 다른 한쪽에는 우월성의 타자, 영혼, 남성다움을 배치한다. 이는 그녀가 육체를 직접 체험하고 정치적 원인 안에서 자신을 초월하는 활동가의 경험과 같은 초월성의 경험인 출산의 고난을 전혀 경험해 보지 않았다는 것을 잘 보여 주는 대조다.

자신을 초월한다는 것은 다시 말해 자기 자신과 다른 사람이 지나갈 수 있도록 자신을, 자신의 고통을 뛰어넘는다는 뜻이다. 이런 의미에서 출산이야말로 진정한 자기 초월이다. 그러나 시몬 드 보부아르에게 육체적 노동은 활동이 아니라 여성이 만족하는 자기 상실, '인위성', 다르게 말하면 본질적이지 않은 어떤 것이다. 본질적인 것은 바로, 명료해지고 초월하는 설계를 의미하는 영혼이다. 나는 환상과 인위성은 반대로 '세상을 넘어 모습을 드러내기'를 원하는 데 있다고 더욱 흔쾌히 말할 수 있을 것이다. 마치 세상은 벗어나야 하는 늪지 같았고, 과일 속에 든 애벌레처럼 주제가 세상이 아닌 세상 속에 있는 것과 같은 의미다. 또한 개인이 현실의 한계 그 자체로부터 해방되는 것을 뜻한다. '여건을 넘어 모습을 나타내는 것'과 '자신을 초월하는 것', 바로 보부아르식의 해방은 영혼 안에 있는 재창조의 꿈이다. 시몬 드 보부아르가 타락한 육체의 끈적끈적함 속 여성의 이러한 열작용을 위해 낡은 플라톤주의와 시대에 뒤떨어진 경멸에 충실한 임신, 곧 자연 속의 창조를 혐오하는 것은 당연한 일이다.

엄마의 수고

그러나 아이는 전혀 인위적이지 않다. 실존주의적 어휘를 사용하자면, 생성 중인 '순수한 자유'다. 일단 엄마의 지긋지긋한 몸에서 분리된 아이는 적어도 기쁨의 근원이 될 수 있을지도 모른다. 시몬 드 보부아르는 그녀의 회의주의를 제대로 숨기지 못한다. 젊은 엄마가 마침내 젖먹이를 품에 안았을 때, 엄마는 '아기는 새 얼굴일 뿐이고 아기를 맞이할 때 너무 아무렇지도 않은 자신의 무덤덤함에 몹시 놀란다. (중략) 현실에 아이가 있는 기쁨은 고작 이런 일인가 싶은 아쉬움과 뒤섞일'[99] 수 있다는 사실을 인정해야 한다. 무감동, 이것은 정확하게 내가 아들을 품에 안았을 때 느꼈던 감정이다! 단지 나의 아들일 뿐이고, 나로부터 태어난 나의 육체로 만들어진 새로운 존재, 자유와 생명에 부름받은 유일한 동시에 연약한 존재일 뿐이었다. 사랑이고 필요일 뿐인, 애정과 약속일 뿐인 존재였다. 나의 아들은 그뿐이었기 때문에 나는 완전히 무덤덤했다! 다시 한번, 여전히 냉담한 채로 남아 있는 여성들은 기뻐해야 한다. 시몬 드 보부아르가 출산의 기쁨을 다룬 이야기는 빨리 지나갔지만, 그녀의 일탈성에 대해서는 친절하게도 긴 이야기를 늘어놓았다. '그녀는 적개심을 가지고 이 낯선 작은 개인을 바라본다. 이 개인은 그녀의 육체, 자유 그리고 온전한 나를 위협한다.'[100] 그리고 마침내 시몬 드 보부아르는 '아이의 존재가 해롭다는 것은 의심의 여지가 없다'[101]라는 결론을 내린다.

이런 유산을 받은 우리 사회에서 피임과 낙태가 여성 해방의 유일한 깃발이 된 것은 당연한 일이다. 아이를 갖지 않는 것은 진정한 자유를 누리기 위한 왕도이며, 결국에는 남성의 길과 닮아 있다! 시몬 드 보부아르는 여성의 진정한 자유, 즉 여성에게 자신의 육체를 부인하고 출산을 포기하라고 강요하는 자유를 절대로 고려하지 않았다. 이 혐오스러운 육체와 여성의 삶을 위협하는 아이라는 유산을 보호할 필요가 없다. 시몬 드 보부아르가 제안하는 단 하나의 해방은 바로 추상적 관념이다. 추상, 떨어져 나가기, 멀어지기와 같이 분리, 구분의 의미인 추상적 개념이다. 우리는 동굴의 신화로부터 그렇게 쉽게 나오지 않는다. 자기 자신 밖으로 우리를 불편하게 하고, 우리가 우리의 일에 전적으로 몰두하지 못하도록 하는 이 육체와 중성적, 다시 말해 남성의 영혼으로 세계를 지배하는 작업을 밀어내야 한다.

미스터 유니버스

이 보편적인 숭배는 곧 남성다움의 숭배다. 남성다움의 숭배는 혁명적 징후의 영향을 받으며 서양 사회가 플라톤부터 심지어 그 이전에도 늘 데리고 다닌 것과 같은 낡은 여성혐오적 이중성을 추방했다. 동시대 페미니즘의 우상인 시몬 드 보부아르는 규범에서 벗어나는 것과는 거리가 먼 현대 페미니즘의 가장 빛나는 저명인사다. 예를 들어 정신분석학자 줄리아 크리스테바Julia Kristeva[102]에게 있어 시몬 드 보부아르를 끊임없이 원용하도록 하는 것은 이 초월성 때문일 것이며, 그녀가 도달하고 싶고 서양 철학 전체를 꿰뚫고 있는 보편성 때문일 것이다. 초월성과 보편성의 의미에는 감각 능력이 있는 육체를 포함하는 동시에 한 인간과 보편적 인간 사이에 보이는 개별적인 차이를 축소하려는 의도가 포함되어 있을 것이다. 프로이트의 열성적인 독자인 줄리아 크리스테바는 우리에게 '이런 보편성을 통한 구축의 기초가 되는 남근숭배'에 대해 경고한다. 항상 개별적이고 환원 불가능한 체험의 받침대인 육체는 사실 우리가 보편성을 추구하는 데 걸림돌이다. 육체의 차이가 있지만 성 평등을 생각해야 할 것이며, 상황의 불일치를 넘어 인류의 일체성을 지원하고 감정과 경험, 감각, 즉 체화體化에서 초연해질 수 있는 영혼을 상상해야 할 것이다.

반짝이는 남자

사람들은 나에게 20세기는 체화를 근본적으로 생각하려는 시도인 현상학이 탄생하는 것을 상세하게 보았다고 반박한다. 맞는 말이다. 하지만 거기에 바로 우리의 참사가 있다. 이 철학은 중성으로 나타났던 남성의 체화를 지지했다. 에드문트 후설Edmund Husserl, 모리스 메를로 퐁티, 마르틴 하이데거Martin Heidegger, 미셸 앙리Michel Henry 그리고 부성에 대한 너무 아름다운 책을 쓰기도 했던 에마뉘엘 레비나스와 같은 현상학을 다루었던 사람들이 남성이었다고 하더라도 이것은 그들의 잘못이 아니다. 에마뉘엘 레비나스가 저서 《전체성과 무한Totalité et Infini》을 통해 '생식력은 존재론적 범주로 자처해야 한다'[103]고 말했을 때, 그는 초월성 방식에 대한 생식력, 출산 행위에서 보통 이상의 능력을 발휘하는 아버지의 초월성, 여성이 받아들이는 계획을 생각했다. 그리고 '아들을 향한 아버지의 사랑은 타인의 단일성과 함께 생각할 수 있는 단 하나의 관계를 이행하며, 이런 의미에서 모든 사랑은 아버지의 사랑에 가까워야 한다'[104]고 말했다. 그에게 생식력은 무한한 시간으로 통한다. 무한한 시간이란 죽은 자들의 느린 노화에 승리를 거둔 출산의 순간을 말한다. 자식을 낳는 것은 영원히 순간을 다시 시작할 수 있게 해준다. 이와 같은 '순간의 재개, 즉 죽은 자와 늙은 자의 움직임에 대한 생식력의 시간 승리는 용서로, 이것은 시간이 하는 일 그 자체다.'[105]

물론 여기에서는 에마뉘엘 레비나스의 멋지고 매우 심오한 철학을 대충 훑어볼 수밖에 없다. 다른 관점에서 내 모든 사고를 키워 준 작가를 비판하는 것은 중요하지 않지만 체화에 대한 그의 생각이 부성 이론이라는 사실은 강조할 필요가 있다. 에마뉘엘 레비나스에게 있어 여성은 타인을 구체화한다. 이 타인의 얼굴은 나에게 불확실성과 초월성을 드러낸다. 남성이 여성과 통합되는 생식의 순간, 남성은 번식하고 시간에 승리를 거둘 타인을 낳는다. 그의 존재는 바로 이 생식력의 순간에 자신에 대한 정당성을 발견할 것이기 때문이다. 실제로 시간은 처음부터 시간을 돌이킬 수 없게 만드는 일련의 결정적 행위로 나타난다. 생식력의 순간은 반대로 무한한 가능성을 여는 행위며 그렇게 함으로써 시간의 불가역성을 중단시킨다. 생식력이 지나간 시간을 구원하고 가능성의 다양성을 향해 열리는 것은 바로 그 때문이다.

여성 육체의 '현상학'을 위하여

여성 육체의 현상학은 왜 늦어지는가? 왜냐하면 그래도 성의 이타성을 본질적으로 자각하는 철학자 에마뉘엘 레비나스의 시간 정의가 우리가 언급하는 육체에 대한 남성 현상학의 훌륭한 예이기 때문이다. 시간의 육체적 경험은 성별에 따라 상반되며 여성 현상학이 무엇인지, 근본적으로 다른 세상의 경험으로 여성성의 현상학적 정의를 개괄적으로 그려볼 수 있도록 한다. 내가 아는 현상학의 유일한 스케치는 카미유 프루아드보 메트리Camille Froidevaux-Metterie의 《여성의 혁명La Révolution du féminin》[106]에서 볼 수 있다. 그녀는 일단 여성의 경험을 시간과의 상당한 관련성으로 정의한다. 여기에서 시간이란《여성의 경험. 몸과 자기 자신과 타인 L'expérience du féminin. Le corps, soi et les autres》을 통해 알 수 있는데, '엄마가 될 수 있는 조건이 생겼음을 알리는 입구와 이제는 사라졌음을 알리는 출구는 사춘기와 폐경과 같은 결정적 순간으로 말미암아 박자가 맞추어지는 것을 말한다.'[107] 에마뉘엘 레비나스가 시간은 생식의 순간으로 항상 다시 회복될 수 있다고 기술한 것과 달리, 여성의 시간성은 불가역성으로 특징지어진다. 다시 말해 여성은 항상 생식이 가능한 게 아니며, 여성의 생식력은 생식의 순간뿐만 아니라 임신 기간 동안에도 작동된다.

남성은 죽을 때까지 생명을 전달할 수 있기 때문에 '자신의 영속성, 더 나아가 불멸성의 꿈을 키울 수 있다.' 여성의 경험은 지나가는 시간에 대한 비극적 자각으로 특징지어진다. 카미유 프루아드보 메트리가 '상실의 경험'이라고 부르는 이 자각은 매달마다 잠재적 생식력의 일시적 사라짐을 의미하는 월경의 상실, 집으로부터 나와 떠나게 내버려둘 수밖에 없는 아이에 대한 상실, 아름다움이나 가능성을 이제는 더 이상 돌이킬 수 없는 폐경으로 인한 출산 능력 자체의 상실을 말한다.[108]

가지고 있었고 또 이제는 더 이상 없는 재산을 가리킬 때의 상실과 단 한 번도 가져 본 적 없는 재산을 가리킬 때의 부재, 즉 프로이트가 환상을 품었던 부재를 잘 구별해야 한다. 전자의 경우, 여성은 부유함과 상처받기 쉬운 허약함*으로 특징지어지며, 후자의 경우, 여성은 부족과 결핍으로 규정지어진다. 반대로 시간에 대한 여성의 경험은 무엇이어야

---

* 플라톤의 《향연》을 보면, 풍요의 신 포로스와 결핍의 신 페니아 사이에서 사랑의 신 에로스가 태어났다고 한다.

하는지를 전달하고 보호할 긴급성으로 설명된다. 그렇기 때문에 페미니즘은 적어도 원시림이나 빙산들만큼은 본래적인 생명과 계승의 공간인 여성의 몸이라는 생태학에서 정치적으로 연장할 부분을 발견해야 한다.

시간에 관련해 차별화된 이 관계를 도덕적으로나 사회 정치적으로 인정한다면 얼마나 대단한 혁명인가! 그야말로 여성이 경험하는 학업과 경력의 방식과 모성과 유혹의 방식을 재검토해야 할 것이다. 그래야 여성의 현실을 정면으로 바라볼 수 있다. 여성은 희생하지 않고는 서른 살까지 학업을 계속할 수 없으며, 마흔 살까지 슈퍼우먼으로 살 수 없으며 인생의 남자를 발견하기 전에 연애 상대를 여러 명 만날 시간도 없다. 이게 여성들의 진짜 현실이다. 여성이 생물학적으로 열등하거나 사회적으로 억압을 당하기 때문은 아니다. 여성은 세상에서 사는 것, 즉 그녀의 시간적 삶이 남자는 모르는 한계를 부과하기 때문에 학업도, 일도, 연애도 할 수가 없다. 만약 여성이 가능성과 잠재성, 모성으로 정의된다면 그리고 가능성이 시간 속에 제한된다면, 여성이 자신의 삶을 꾸리는 방식에서 문제가 되는 것은 바로 여성의 정체성이다.

더 이상 포기하지 않기

너무 오랫동안 여성은 남성과 닮기 위해 자신의 몸을 포기했다. 남성은 종종 배꼽이 눈에 띄었겠지만 이제는 그 배꼽이 자신이 어디서 왔는지를 알려 주는 흔적이며, 자신이 여성의 몸에서부터 왔다는 것을 이해해야 할 때가 왔다. 남성이 구속받지 않고 즐기고 영원히 젊은 상태로 머물 자유가 있다고 생각하려면, 여성은 화학적이고 기술적인 변형에 따라 자신의 몸을 맞춰야 한다. 뿐만 아니라 여성은 자신의 체화가 가진 특수성을 포기해야 한다. 만약 여성이 포기하기로 했다면, 철학적 역사 속에서 여성에게는 발언권이 주어지지 않았기 때문일 것이다. 여성의 몸이 외부의 관점으로 연구되든 여성의 몸이 여성의 체험 속에서 간주되든, 그것은 여성의 몸이 아니라 남성의 몸이었다. 과학이 여성의 몸을 더 잘 이해하기 시작했던 그 순간조차도, 즉 17세기에도 철학자들은 이 문제에 관심이 없었다. 여성들은 지금까지도 이런 포기를 감내하고 있다. 탐욕스러운 과학자들은 여성 생식력의 비밀을 캐겠다면서 여성의 육체를 너무 마음대로 다룬다. 동시에 지식인들은 별 고민도 없이 여성의 몸을 이미 구축되고 하찮고 비인간적인 소여所與라고 간주해 버린다. 우리가 원하든 원하지 않든 이런 식의 대우와 강압에 시달리는 육체는 존재하고 있다. 이에 대해 말하기를 거부한다면, 철학이 시작된 후부터 여성들을 짓눌렀던 침묵의 규율 오메르타를 영속시키는 것이다. '본질주의'가 혁명적이라는 핑계로, 세상에 대한 여성의 특별한 경험을 생각하려는 모든 시도를 규탄하는 것은 여성에게 표현하지 못하도록 하고 침묵하도록 강요하는 것과 같다.

여성으로 존재하는 것은 무엇일까? 그것은 두려워하면서도 탐이 나는 타인의 가능성을 육체 속에서 경험하는 것이다. 이 가능성 안에 있는 타인의 잠재성이 여성의 미래를 특징지어 준다. 그리고 여성으로 존재하는 것은 육체 안에서 매달 봄의 흥분, 가을의 부패와 같은 계절의 순환을 재연하며, 인간이 자연의 존재이며 인간 안에 있는 생명은 죽기 전에 전달되기 바란다는 것을 내면 깊숙이 아는 것이다. 또한 여성은 자신의 몸으로 임신의 가능성이 숨은 결합을 통해 사랑을 하는 관계의 존재다. 그리고 타인의 존재를 돌볼 수 있고 키울 수 있는 육체를 가진 존재다. 여성은 생물학적 운명도 아니고 인위적인 구축도 아닌 남성의 경험으로 환원될 수 없는 자신만이 할 수 있는 경험에 대한 필요조건이다. 여성에게 여성 자신의 상황, 체화, 여성성을 생각하고 말할 수 있는 능력을 부여하는 것은 새로운 존재 방식을 지극히 단순하게 생각하기 위한 자연과 문화, 육체와 영혼, 소외와 자유 등의 이분법으로부터 벗어나는 것이다. 페미니즘의 미래는 이러한 발언과 신체의 해방에서 실현될 것이다. 어서 서둘러 여성들에게 여성의 모순은 상실이 아니라는 사실을 말해주어야 한다. 여성들의 몸은 아름답고 존엄하며, 사회는 여성의 몸을 존중해야 한다고 말해야 한다. 여성의 몸이 없다면 사회 자체가 존재할 수 없기 때문이다. 정치는 사회 구성원들 개인의 욕망을 목적으로 하는 게 아니라 그들이 살아가는 세대 안에서 그들의 삶을 목적으로 삼아 실현되어야 한다. 조금이라도 여성의 경험이 존재하고 변화한다고 인정한다면, 시간과 육체 그리고 자연에 대한 개별적 자각과 같은 여성의 경험은 정치의 기초를 제공할 수 있을 것이다.

체화된 생물학을 위해, 다시 찾은 육체

생명을 존중하는 이 정치는 자연을 복종시키고 파괴하는 대신 자연에 맞추고, 세대의 시간성 안으로 뛰어들며 자율적인 균형을 보호하고 연약한 생명을 방어한다. 그 이름이 바로 생물학이다. 그리스어로 오이코스는 집이고, 영토지만 재산이기도 하고 자손이기도 하다. 독일의 생물학자이자 철학자인 에른스트 헤켈Ernst Haeckel이 정의했듯이 '존재의 조건에 대한 과학'으로써 생물학은 공간 내 그리고 시간 내 균형을 보호한다. 자연은 살아 있는 사람과 태어난 것의 연속성 자체이기도 하며, 지리적 환경이고 동물이며 식물이다. 라틴어 나투스가 바로 이런 의미를 담은 단어다. 균형이 깨지기 쉬운 여성의 육체는 생명을 낳는 자연이다. 또한, 억압을 통해 우리에게 우리 자신의 동물성을 상기하게 하는 자연의 의미를 모두 담고 있는 '자연'이라는 단어의 다의성을 구체화한다. 페미니즘은 에콜로지즘, 즉 생태주의가 되어야 한다. 왜냐하면 가장 위협적인 균형이 우선 우리들이기 때문이다. 마음속 깊이 우리 자신의 자연성을 싫어하면서 어떻게 환경과 꽃, 나비들을 존중할 수 있을까? 우리 안에 있는 자연을 싫어하면서 어떻게 우리 밖의 자연을 보호할 수 있을까? 나는 임신을 했을 때 생태학을 분명하게 느꼈다. 나는 내 아이에게 황폐한 세상을 남기고 싶지 않았을 뿐만 아니라, 우리의 온전한 신체 상태를 위협하는 모든 해로운 산물로부터 아이를 보호하고 싶었다. 나는 내가 자연의 존재였다는 사실을 더욱 깊이, 분명하게 실감했다. 나는 내 몸을 다시 발견하면서 살아 있는 자의 균형이 얼마나 섬세하고 복잡한지 깨달았다. 그리고 얼마나 연약한지도 깨달았다.

여성의 몸에 대한 존중은 모든 생태학의 토대다. 왜냐하면 여성의 몸은 우리 자신의 자연성을 나타내며, 만들어지지 않고 태어난 것, 즉 살아 있는 자들을 의미하는 세대의 연속성 안에 우리를 새겨 넣기 때문이다. 생태학은 여성의 몸을 존중하는 조건을 통해서만 생명의 모든 측면을 통합할 수 있다. 이것은 우리의 외부 환경을 보호하기 위한 정당한 투쟁이면서 우리의 체화에 대한 표현 자체이기도 하다. 우리는 육체를 가졌기 때문에 생명을 전달할 수 있는 몸과 살아 있는 것들에 대한 존중과 보호는 우리의 정치, 윤리, 세계관의 기반이 되어야 한다.

체제보다 여성의 몸을 변화시키는 사회는 생태계보다 투자 자본을 보호하는 것을 선호하며, 주주들보다 미래 세대들을 더 쉽게 희생시킨다. 그런 사회는 문제를 해결하기 위해 기술을 신임하고 사회의 정치적 책임을 포기한다. 여성 신체에 대한 조종을 제약 실험실에 위임할 준비가 된 기술은 국가의 관리를 테크노크라트, 즉 기술 관료들에게 맡기는

데 전혀 어려움을 느끼지 않는다. 기술은 여성 신체의 유한성을 매일 인정하면서도 그 한계를 거절하고, 지구의 한계를 받아들이는 데 어려워한다. 기술에는 지구의 지평선이 무한한 것 같기 때문이다. 사회가 여성들에게 허락하는 자리는 일반적으로 살아 있는 사람을 위한 존중을 드러낸다. 같은 기술로 인간 배아와 식물 종자를 조작하며, 같은 기술로 생식세포를 매매하고 살아 있는 것에 특허를 준다. 화학 피임의 세계적 리더 기업 바이엘이 유전자 주입 종자의 세계적 리더 기업 몬산토를 인수한 것은 이에 대한 설득력 있는 증거다. 자유로운 것을 제어하는 이와 같은 논리는 항상 어디서든 적용된다.

여성의 육체는 전형적인 무상無償과 자유의 현장이다. 거래 없이 전달되는 무상의 생명과 법과 투자를 조롱하는 자유로운 생명을 여실히 보여 주는 현장인 것이다. 이 생명을 지배하고 이 생식력을 협상하기 위해 여성들에게 자유롭기 위해서는, 여성 자신의 몸을 마음대로 조종해야 하며 기술자와 전문가에게 관리를 맡겨야 한다고 믿게 한다. 그런 점에서 여성들은 인류 전체가 걸린 싸움의 선두에 있다. 미래의 상실이 실리콘 밸리의 실험실에서 준비되고 있다. 피하 마이크로칩, 나노로봇, 뇌 임플란트, DNA염기서열결정 등이 있다. 우리에게 모든 것이 통제 아래 있고, 육체가 개선하고 길들여야 할 지방 덩어리일 뿐인 세상의 상징들인 부작용 우려가 있는 기술을 강요하는 것은 여전히 건강과 해방을 생각하기 때문이다. 우리의 호르몬을 조종하는 피임부터 우리의 뉴런을 밀매매하는 뇌 임플란트에 이르기까지, 복종 기술을 향한 육체의 복종, 기술 앞에서의 정치 회피, 기술 체계에서의 인간 상실과 같은 항상 똑같은 복종과 관련된다. 오늘날 여성이 자신의 생식력을 기술적으로 관리해 달라는 제안만 받듯이, 미래의 남성 역시 기술적 요구에 몸을 적응하거나 아니면 기술 발전으로부터 제외된 집단으로 합류하라고 독촉당할 것이다. '상승된' 사람이 되기를 거절한 사람에게는 절단된 여성, 즉 남성과 똑같은 상태가 되기를 거절한 여성과 똑같은 답이 돌아올 것이다.

"네가 선택한 거잖아!"

그러고 나면 사람들은 조심스레 시선을 돌릴 것이다.

몸에 대한 기술적 관리에 맞서고 전문가들의 관리와 정치적 무기력에 맞서려면 단 한 가지 해결책밖에 없다. 바로 자발적 관리다! 기술 권력과 투자 권력으로부터 지켜야 하는 첫 번째 오아시스, 곧 지켜내야 할 첫 번째 구역은 바로 우리의 몸이다. 몸은 곧 이 땅 위의 우리의 존재 조건이다. 우리가 사랑하기 위해 기술 체계에 의존하면서, 어떻게 그 체계로부터 해방되기를 바라겠는가? 우리가 우리의 몸을 조작하도록 수용하면서, 어떻게 자연 풍경을 훼손시키는 데 맞서 싸우겠는가? 우리가 스스로 생식력을 기를 수 없다면, 아무리 밭을 잘 가꾸고 약용 식물의 씨를 뿌리는 게 다 무슨 소용이겠는가? 질서가 잘 잡힌 자율성은 자기 힘으로 시작되는 것이다. 우리의 사생활이 계속 전문가의 힘에 달려 있다면 자급자족 마을을 세워도 아무 소용이 없다. 반대로 우리가 살아 있는 자들의 균형을 보호하는 자율적 공간, 즉 진정한 생물학적인 공간을 재건하자고 주장할 수 있는 것은 단지 자유로운 몸과 영혼뿐이다. 그것은 바로 가정이다.

01 jenaipasconsenti.tumblr.com

02 Michel Foucault, Histoire de la sexualite, tome I : La Volonte de savoir, Paris, Gallimard, 1976, p. 183.

03 Michel Foucault, 《Les rapports de pouvoir passent a l'interieur des corps》, *entretien avec Lucette Finas, La Quinzaine litteraire*, 1er janvier 1977, no 247.

04 Barbara Ehrenreich et Deirdre English, *Sorcieres, sagesfemmes et infirmieres : une histoire des femmes soignantes.*

05 http://marieaccouchela.blog.lemonde.fr/2014/09/09/il-y-a-deux-siecles-je-serais-morte-en-couches-vraiment/.

06 Chantal Birman, *Au monde. Ce qu'accoucher veut dire. Une sage-femme raconte…*, Paris, Editions de La Martiniere, 2003. p. 201.

07 Jenaipasconsenti.tumblr.com.

08 http://forums.futura-sciences.com/contraception-gynecologie-grossesse-sexualite/229332-1er-examengynecologique-normal.html.

09 http://blog-trendy.letudiant.fr/qu-est-ce-que-j-en-sexe/2013/10/29/premier-rendez-vous-chez-le-gyneco-commentca-se-passe/.

10 http://www.letudiant.fr/trendy/bien-etre/love-sexo/premier-rdv-chez-le-gyneco-comment-ca-se-passe.html.

11 Michela Marzano et Claude Rozier, *Alice au pays du porno. Ados : leurs nouveaux imaginaires sexuels,* Paris, Ramsay, 2005.

12 http://www.letudiant.fr/trendy/bien-etre/love-sexo/premier-rdv-chez-le-gyneco-comment-ca-se-passe.html.

13 *Cosmopolitan,* http://www.cosmopolitan.fr/,comment-sederoule-un-examen-gynecologique, 2510858, 1626737.asp.

14 Martin Winckler, *Le Choeur des femmes,* Paris, P.O.L., 2009, pp. 216-217.

15 A propos de la gestation pour autrui. Sylviane Agacinski, *Corps en miettes,* Paris, Flammarion, 2009.

16 Camille Emmanuelle, *Sexpowerment. Le sexe libere la femme (et l'homme),* Paris, Editions Anne Carriere, 2016.

17 Jean-Claude Soufir, 《La pilule contraceptive masculine existe-t-elle?》, *sante.lefigaro.fr*, 4 mars 2013.

18 Martine Rothblatt, *L'Apartheid des sexes : un manifeste pour la liberte de genre*, Ronan Denniel Editeur, 2006.

19 Colette Guillaumin, *Sexe, race et pratique du pouvoir*, Donnemarie-Dontilly, Editions iXe, 2016, note 6, p. 59.

20 Laure Bereni et *alii, Introduction aux etudes sur le genre, Paris*, De Boeck Superieur, 2012, p. 38.

21 Comme le montre cet article du *Huffington Post date du* 26.09.2017 : http://www.huffingtonpost.fr/2017/09/25/pendant-la-fashion-week-un-pro-nous-montre-commentil-retouche-les-mannequins-trop-maigres-sur-photoshop_a_23222318/.

22 Nancy Huston, *Reflets dans un oeil d'homme*, Arles, Actes Sud, 2012, p. 144.

23 Nancy Huston, *Reflets dans un oeil d'homme*, Arles, Actes Sud, 2012, p. 156.

24 《London Fashion Week : a model reveals what it's like to have your period during the thoughest time of year》, *The Independant*, 16 septembre 2016.

25 Beauvoir, *Le Deuxieme sexe*, tome II, Paris, Gallimard 1949, p. 414.

26 Nancy Huston, *Reflets dans un oeil d'homme*, Arles, Actes Sud, 2012, p.272.

27 Nancy Huston, *Reflets dans un oeil d'homme*, Arles, Actes Sud, 2012, p.291.

28 Eliette Abecassis, *Un heureux evenement*, Paris, Albin Michel, 2005, p. 97.

29 《Bebes sur mesure》, documentaire realise par Thierry Robert et diffuse sur la chaine Arte le 10 octobre 2017.

30 《Phenomene : un bebe apres 40 ans !》, *Elle*, no 3385, 12 novembre 2010.

31 Chantal Birman, *Au monde. Ce qu'accoucher veut dire. Une sage-femme raconte…*, Paris, Editions de La Martiniere, 2003.

32 Chantal Birman, *Au monde. Ce qu'accoucher veut dire. Une sage-femme raconte…*, Paris, Editions de La Martiniere, 2003.

33 Elisabeth Badinter, *Le Conflit. La Femme et la Mere*, Paris, Flammarion, 2010.

34 Elisabeth Badinter, *Le Conflit. La Femme et la Mere*, Paris, Flammarion, 2010.

35 Elisabeth Badinter, *Le Conflit. La Femme et la Mere*, Paris, Flammarion, 2010, p. 101.

36 https://www.co-parents.fr/co-parentalite.php/.

37 Vandana Shiva et Maria Mies, *Ecofeminisme*, Paris, L'Harmattan, 1998, p. 246.

38 Vandana Shiva et Maria Mies, *Ecofeminisme*, Paris, L'Harmattan, 1998, p. 312.

39 Helene Bonhomme, *Il y a une fabuleuse dans chaque foyer. 50 pensees pour la reveler*, Paris, Editions Premiere Partie, 2015.

40 Friedrich Nietzsche, *Considerations inactuelles*, traduit par Henri Albert, Paris, Mercure de France, 1907, p. 217 et 220.

41 Karl Marx et Friedrich Engels, *L'ideologie allemande*, 1845-1846 (premiere edition en 1926) : 《L'interet individuel》, Paris, Nathan, 1989, collection 《Les integrales de philo》, traduction de Hans Hildebrand, p. 56-58.

42 Henri Leridon, 《La seconde revolution contraceptive : la regulation des naissances en France de 1950 a 1985》, presentation d'un Cahier de l'INED, *Population*, vol. 42, n° 2, 1987, pp. 359-367. Cite par Sabrina Debusquat, dans *J'arrete la pilule*, opuscule cite, p. 197.

43 *The Margaret Sanger Papers Microfilm Edition*, University Publications of America, Smith College Collections, 1996. Cite par S. Debusquat, opuscule cite, p. 69.

44 Maurice Merleau-Ponty, *Phenomenologie de la perception*, Paris, NRF Gallimard, coll. Bibliotheque des idees, 1945, p. 106.

45 Voir a ce propos l'excellente enquete de Sabrina Debusquat, *J'arrete la pilule*, editions LLL 2017, particulierement le chapitre III.

46 *Ils ont ose les methodes naturelles ! Une ecologie de la sexualite pour un amour durable*, Celine et Gaetan Marion, Editions Saint-Paul, 2015.

47 *Ils ont ose les methodes naturelles ! Une ecologie de la sexualite pour un amour durable*, Celine et Gaetan Marion, Editions Saint-Paul, 2015, p. 138.

48 Source :https://www.letemps.ch/economie/2015/12/17/bayer-confronte-un-proces-symbolique-pilules-yasmin.

49 《Majorelle ameliore des medicaments delaisses》, *L'Usine nouvelle*, le 7 mai 2016.

50 Selon le rapport de l'Inspection generale des affaires sociales (IGAS) remis le 2 fevrier 2010 a Roselyne Bachelot, alors ministre de la Sante et des Sports.

51 Enquete de cohorte sur la contraception, publiee in 《Medecine de la Reproduction,

Gynecologie Endocrinologie, vol 11, n°5-6, septembre-decembre 2009, p. 343.

52 *J'arrete la pilule*, Sabrina Debusquat, editions LLL, 2017.

53 *J'arrete la pilule*, Sabrina Debusquat, editions LLL, 2017, p. 189.

54 http://www.fivfrance.com/page_effets_secondaires_traitement_ovaires.html. Consulte le 27 octobre 2017.

55 https://www.myferti.com/index.php?page=pma_incovenients/.

56 《FIV : A chaque echec, un chagrin sans nom》, publie dans *Le Monde*, 2 mars 2012.

57 《Semaine de l'infertilite, aller plus loin que le tout-PMA》, publie dans *La Vie* le 21 mai 2015.

58 Pierre Bourdieu, *La Domination masculine*, Paris, Editions du Seuil, 1998.

59 *Courrier international*, 《 Etats-Unis, des ovules qui rapportent gros》, Los Angeles Times, 25 mai 2012.

60 https://www.fiv.fr/dossier-de-remboursement-secucpam-don-d-ovocyte-fiv-do/.

61 Rapport d'activite du CNSE pour l'annee 2015, pp. 51-53.

62 《PMA, GPA, adoption : le coup de semence》, publie dans *Liberation* le 7 decembre 2016. http://www.liberation.fr/france/2016/12/07/pma-gpa-adoption-le-coup-de-semence_1533742.

63 Vandana Shiva et Maria Mies, *Ecofeminisme*, Paris, L'Harmattan, 1998, p. 198.

64 Vandana Shiva et Maria Mies, *Ecofeminisme*, Paris, L'Harmattan, 1998, p. 160.

65 Vandana Shiva et Maria Mies, *Ecofeminisme*, Paris, L'Harmattan, 1998, p. 160.

66 *Human Reproduction*, Volume 30, Issue 6, 1 June 2015, Pages 1287–1289, https://doi.org/10.1093/humrep/dev065

67 Alexis Escudero, *La Reproduction artificielle de l'humain*, Grenoble, Le Monde a l'envers, 2014, p. 29.

68 Selon le rapport annuel de l'agence de biomedecine 2015. https://www.agence-biomedecine.fr/annexes/bilan2015/donnees/procreation/01-amp/synthese.htm.

69 《L'adoption a l'etranger s'effondre》, *Le Figaro*, 2 janvier 2015

70 Selon le site de la federation Enfance&Familles d'Adoption (EFA) : http://www.adoptionefa.org/les-demarches/lagrement.

71 Luc Boltanski, *La Condition foetale*, Paris, Gallimard, 2004.

72 Marcela Iacub, *Penser les droits de la naissance*, Paris, PUF, 2002.

73 Platon, *Theetete*, 148e-151d.

74 Mylene Botbol-Baum, 《Le cyberfeminisme d'Haraway ou "l'uterus technoscientifique"》, in Pascal Chabot et Gilbert Hottois (dir.), *Les Philosophes et la Technique*, Paris, Vrin, 2003.

75 《Cyborg Manifesto》, in Donna Haraway, Simians, Cyborgs, and Women: *The Reinvention of Nature*, New York, Routledge, 1991. Une traduction francaise a paru en 2007 chez Exils Editeur.

76 Aristote, *De la generation des animaux*, livre II, chap. v, 11.

77 Aristote, *De la generation des animaux*, livre IV., chap. vi.

78 Henri Atlan, *L'Uterus artificiel*, Paris, Editions du Seuil, 2005, p. 29.

79 Henri Atlan, *L'Uterus artificiel*, Paris, Editions du Seuil, 2005, p. 113.

80 Henri Atlan, *L'Uterus artificiel*, Paris, Editions du Seuil, 2005, p. 115.

81 Aristote, *De la generation des animaux*, II, 3, 737a.

82 Aristote, *De la generation des animaux*, I, 728a.

83 Aristote, *De la generation des animaux*, I, 82f.

84 Luce Irigaray, *Speculum*, Paris, Editions de Minuit, 1974, p. 27.

85 Freud, 《La feminite》, *Nouvelles conferences sur la psychanalyse* (1915-16, 1916-17).

86 Freud, 《La feminite》, *Nouvelles conferences sur la psychanalyse* (1915-16, 1916-17).

87 Simone De Beauvoir, *Le Deuxieme Sexe*, Paris, Gallimard, 1949, p. 485.

88 Simone De Beauvoir, *Le Deuxieme Sexe*, tome II : *L'Experience vecue*, Paris, Gallimard, 1949, p. 486.

89 Simone De Beauvoir, *Le Deuxieme Sexe*, tome II : *L'Experience vecue*, Paris, Gallimard, 1949, p. 485.

90 Simone De Beauvoir, *Le Deuxieme Sexe*, tome II : *L'Experience vecue*, Paris, Gallimard, 1949, p. 456.

91 Simone De Beauvoir, *Le Deuxieme Sexe*, tome II : *L'Experience vecue*, Paris, Gallimard, 1949, p. 456.

92 Simone De Beauvoir, *Le Deuxieme Sexe*, tome II : *L'Experience vecue*, Paris, Gallimard, 1949, p. 79.

93   Simone de Beauvoir, *Le Deuxieme Sexe*, tome I : *Les Faits et les Mythes*, Paris, Gallimard, 1949, p. 197.

94   Simone de Beauvoir, *Le Deuxieme Sexe*, tome II : *L'Experience vecue, op. cit.*, p. 157.

95   Simone de Beauvoir, *Le Deuxieme Sexe*, tome II : *L'Experience vecue, op. cit.*, p. 156.

96   Simone de Beauvoir, *Le Deuxieme Sexe*, tome II : *L'Experience vecue, op. cit.*, p. 166.

97   Simone de Beauvoir, *Le Deuxieme Sexe*, tome II : *L'Experience vecue, op. cit.*, p. 166.

98   Simone de Beauvoir, *Le Deuxieme Sexe*, tome II : *L'Experience vecue, op. cit.*, p. 166.

99   Simone de Beauvoir, *Le Deuxieme Sexe*, tome II : *L'Experience vecue, op. cit.*, p. 173.

100   Simone de Beauvoir, *Le Deuxieme Sexe*, tome II : *L'Experience vecue, op. cit.*, p. 366.

101   Simone de Beauvoir, *Le Deuxieme Sexe*, tome II : *L'Experience vecue, op. cit.*, p. 189.

102   《Le statut de la femme dans la medecine : entre corps et psyche》, 11e colloque Medecine et Psychanalyse, Paris, 15-17 janvier 2010.

103   Emmanuel Levinas, *Totalite et Infini*, Paris, Le Livre de Poche, 1990, p. 310 (1re edition : 1961).

104   Emmanuel Levinas, *Totalite et Infini*, Paris, Le Livre de Poche, 1990, p. 310 (1re edition : 1961).

105   Emmanuel Levinas, *Totalite et Infini*, Paris, Le Livre de Poche, 1990, p. 310 (1re edition : 1961).

106   Camille Froidevaux-Metterie, *La Revolution du feminin*, Paris, Gallimard, 2015.

107   Camille Froidevaux-Metterie, 《L'experience du feminin. Le corps, soi et les autres》, *Etudes. Revue de culture contemporaine*, tome 417, septembre 2012, pp. 187-197.

108   Camille Froidevaux-Metterie, 《L'experience du feminin. Le corps, soi et les autres》, *Etudes. Revue de culture contemporaine*, tome 417, septembre 2012, pp. 187-197.